Mathews

Die Kunst, allein zu leben

Die Kunst, allein zu leben

Wie Sie Ihr Singleleben organisieren und in vollen Zügen genießen

Jane Mathews

Aus dem Englischen übersetzt von Nina Kavelar

TRIAS

Bibliografische Information der Deutschen Nationalbibliothek

Die Deutsche Nationalbibliothek verzeichnet diese Publikation in der Deutschen Nationalbibliografie; detaillierte bibliografische Daten sind im Internet über http://dnb.d-nb.de abrufbar.

Die englischsprachige Originalausgabe erschien 2018 unter dem Titel »The Art of Living Alone & Loving It«.

1. Auflage 2020

Rüdigerstr. 14
70469 Stuttgart
Deutschland

www.trias-verlag.de

Printed in Germany

Programmplanung: Katja Liese
Projektmanagement: Anja Bippus
Redaktion: Print Company Verlagsgesellschaft m.b.H.
Übersetzung: Nina Kavelar
Umschlaggestaltung:
CYCLUS · Visuelle Kommunikation, Stuttgart
Autorenfoto S. 3: by Franki Pollick Photography, from THE ART OF LIVING ALONE, first published in 2018 by Murdoch Books, an imprint of Allen & Unwin
Zeichnungen im Innenteil: Nadja Stadelmann, Luzern
Satz: Ziegler und Müller, Kirchentellinsfurt
gesetzt auf APP/3B2, V. 9
Druck: Westermann Druck Zwickau GmbH, Zwickau

ISBN 978-3-432-11008-0 1 2 3 4 5 6

Auch erhältlich als E-Book:
eISBN (epub) 978-3-432-11009-7

Liebe Leserin, lieber Leser,

hat Ihnen dieses Buch weitergeholfen? Für Anregungen, Kritik, aber auch für Lob sind wir offen. So können wir in Zukunft noch besser auf Ihre Wünsche eingehen. Schreiben Sie uns, denn Ihre Meinung zählt!

Ihr TRIAS Verlag

Kontakt:
kundenservice.thieme.de

Lektorat TRIAS Verlag
Postfach 30 05 04, 70445 Stuttgart

Abonnieren Sie unsere Newsletter:
www.trias-verlag.de/newsletter

Besuchen Sie uns auf facebook
www.facebook.com/trias.tut.mir.gut

Besuchen Sie uns auf facebook
www.facebook.com/mama.mag.trias

Folgen Sie uns auf Instagram
www.instagram.com/trias_verlag

Lassen Sie sich inspirieren
www.pinterest.com/triasverlag

»Das Alleinsein ist nicht der Preis, den man bezahlt, sondern der Preis, den man gewinnt.«

Alix Kates Shulman

Ich widme dieses Buch allen Solisten: Ihr seid meine Seelenverwandten.

Die Autorin

Jane Mathews ist Marketingexpertin, charismatische Rednerin und Trainerin. Als Autorin hat sie eine erfolgreiche Zweitkarriere gestartet. Sie beleuchtet die Lebensrealität von Frauen und bietet handfesten Rat und wertvolle Hilfestellung für die unterschiedlichsten Lebenssituationen. Sie will Frauen eine »Landkarte« an die Hand geben – damit jede ihren persönlichen Weg zu einem erfüllten Leben finden kann.

Jane Mathews lebt mit ihrem Hund Rory in Sydney, Australien.

Inhalt

Einleitung

Ich wollte eigentlich nicht allein leben. Die wenigsten wollen das. Nach meiner Scheidung plumpste ich per Bauchlandung in diese Situation. Wie bei einem verkrampften Blind Date sprang der Funke nicht direkt über. Mittlerweile genieße ich das Leben allein und kann es mir gar nicht mehr anders vorstellen. Für mich ist es kein Kompromiss und keine Übergangslösung auf der Suche nach dem Traumpartner. Ich bin glücklich, aber es dauerte eine Weile, bis ich es war.

Es gibt drei Arten von Solisten: die ewigen Singles, die Geschiedenen und die Verwitweten. Nur wenige entscheiden sich bewusst dafür, allein zu bleiben. Für die meisten ist es Schicksal. Aber warum wir allein leben, spielt keine Rolle. Im Prinzip wollen wir alle das Gleiche: nicht nur »das Beste daraus machen«, sondern ein abwechslungsreiches, erfülltes, freudvolles Leben führen. Ein Leben voller Chancen und Potenzial, in Technicolor statt nur in Schwarz-Weiß. Und mit Dolby Surround. Ein Leben, in dem ich regelmäßig zwei Sechsen würfle und unvergessliche Momente erlebe. Bei den Recherchen zu diesem Buch sprach ich mit vielen Frauen, die genauso ein Leben führten. Ich war zutiefst beeindruckt. Ihre Geschichten sind ein Teil dieses Buchs. Diese Frauen schwimmen wie ausgelassene Otter in ihrem eigenen Strom und genießen jede Wendung. Die Fähigkeit, gern allein zu leben, ist nicht schwer zu erlernen, erfordert aber einen gewissen Einsatz – wie das Erlernen einer Sprache. In diesem Buch verrate ich Ihnen, was mir und anderen dabei geholfen hat.

Es spielt keine Rolle, ob das Alleinleben für Sie der ultimative Kompromiss oder der ultimative Luxus ist – es hat auf jeden Fall auch seine Tücken: das Kochen für eine Person, die Urlaubsplanung, der Restaurantbesuch allein, das Haushaltsbudget und der manchmal schwer zu widerstehende Lockruf von Wein, Ugg Boots und Netflix. Und manche Hürden sind weniger klar definiert, etwa der Umgang mit der Einsamkeit und das selbstbewusste Leben in einer Gesellschaft, in der das Singledasein immer noch häufig (bewusst oder unbewusst) als Misserfolg dargestellt wird. Der Trostpreis sozusagen.

Wenn Sie eigentlich ganz gerne allein leben und vielleicht nur ein paar Tipps brauchen, werden Sie in diesem Buch fündig werden. Auch bei größeren Veränderungen kann Ihnen dieses Buch helfen. Um allein wirklich glücklich zu werden, lohnt es sich, jeden Aspekt des eigenen Lebens gründlich unter die Lupe zu nehmen – unter anderem Ihre Beziehungen, Ihre Gesundheit, Ihre Wohnsituation, Ihre Finanzen, Ihre Interessen und Ihre Spiritualität –, um dann aktiv zu werden. Zu jedem dieser Themen gibt es ein eigenes Kapitel. Manche der vorgeschlagenen Ideen werden Sie vielleicht ansprechen und andere weniger. Das ist okay. Ich zeige Ihnen den Plan und Sie wählen die Route.

Zehn Erkenntnisse, die ich beim Schreiben dieses Buchs erlangte:

1. Einige der selbstbewusstesten, kompetentesten, geselligsten, liebevollsten Menschen der Welt leben allein.
2. Sie müssen sich selbst mögen. Nur dann funktioniert auch der Rest.
3. Das Alleinleben ist eine Fähigkeit, die Ihr Engagement verlangt, aber Sie werden eine ganz neue Stärke in sich entdecken.
4. Betrachten Sie Ihre Situation aus einer anderen Perspektive. Leben Sie so, wie Sie es gerne möchten, ohne sich über Ihr Singledasein zu definieren.
5. Allein bedeutet nicht einsam.
6. Nur Sie sind für Ihr persönliches Glück verantwortlich. Ihr Leben liegt in Ihren Händen (wo es am besten aufgehoben ist).
7. Wenn Sie allein leben, haben Sie die Zeit und die Gelegenheiten, um herauszufinden, wer Sie wirklich sind und welcher Mensch Sie sein möchten.
8. Die meisten Menschen sagen nicht, was sie wirklich essen, wenn sie allein sind.
9. Die Welt gehört den Menschen, die aktiv werden.
10. Blusen mit Knöpfen auf der Rückseite sind des Teufels.

Ich fühle mich Menschen, die ebenfalls allein leben, sehr verbunden. Wir sind schon ein ganz besonderes Völkchen und haben viel zu bieten. Ich hoffe, dass Sie dieses Buch inspiriert und Sie einige nützliche Anregungen darin finden. Betrachten Sie es wie ein Gespräch mit einer guten Freundin.

Sie leben allein, darum sind Sie …

… einsam, traurig, verbittert, frustriert, lieblos, erbärmlich, isoliert, neidisch, verzweifelt, gestört, gelangweilt, uninteressant, eigenbrötlerisch, deprimiert, verängstigt, egoistisch, verletzlich, ausgeschlossen, überfordert, eine alte Jungfer, geschieden oder verwitwet, eine tragische Figur, entfremdet, verschmäht, freudlos, demoralisiert, beschämt, ungeliebt, eingeschüchtert, seltsam, bedürftig, ungenügend, entmutigt, finanziell benachteiligt, wertlos, unwichtig, verwahrlost, kauzig, jämmerlich, vom Pech verfolgt, bemitleidenswert, armselig, bedauerlich, ohne Freunde, ohne Partner, fehlerhaft, verloren, innerlich leer, abgesondert, ein Nichtsnutz, voller Selbstmitleid, unsichtbar, ungewollt, hilflos, vernachlässigt, vergessen, verlassen, verurteilt, im Stich gelassen, zaghaft, gefährdet, ein Versager, voller Reue, ängstlich, selbstsüchtig und hundertprozentig eine Katzenbesitzerin.

Nein! Nicht ich. Nicht Sie. Das Alleinleben bietet uns …

… Freiheit, Stolz, Zeit, Resilienz, Wertfreiheit, Unabhängigkeit, unverhoffte Freuden, Flexibilität, Raum zum Nachdenken, Gelassenheit, Kreativität, Mut, Selbsterkenntnis, Gelegenheiten zum Lernen und Erkunden, Solo-Reiseabenteuer, Eigenständigkeit, Stärke, Stille, Freiheit, Flucht vor Menschenmengen, Selbstwahrnehmung, Sinn, Zweck, Kontrolle, Selbstfürsorge, Authentizität, Integrität, Spontaneität, Veränderungen, Befreiung, Dekadenz, Selbstbestimmung, Selbstachtung, mehr Platz im Bett, Autarkie, Spannung, Autonomie, Freiheit, Ruhe, Frieden, Ganzheit, Kraft, Befähigung, Raum, Besinnlichkeit, Chancen, Rechtschaffenheit, Potenzial, Selbstvertrauen, Souveränität, Selbstbeherrschung, Freiheit, Möglichkeiten, einen Zufluchtsort, Selbstentfaltung, einen Zugang zu unserer Intuition, Ungestörtheit und einen unangetasteten Kühlschrank. Und habe ich die Freiheit erwähnt?

1 Allein leben

Ich bin dem Lockruf meines Betts erlegen. Mit dem Laptop auf dem Schoß schreibe ich in meinem Doppelbett. Eine Oase, gesprenkelt vom Licht der Wintersonne Sydneys. Gelegentlich unterbricht der quiekende Ruf eines Vogels die Stille. Ich trage noch immer die Jogginghose, die ich schon beim frühmorgendlichen Spaziergang mit meinem Hund im Park anhatte. Ich gehe vollkommen im Singledasein auf. Es ist Mittag und ich habe weder geduscht noch gefrühstückt. Kommt Ihnen das bekannt vor? Wenn man allein lebt, gibt es niemanden, der uns kritisiert, niemanden, der über uns urteilt.

So sehr ich das Alleinleben auch liebe, es hat auch seine Tücken. Nicht zuletzt, weil die Jogginghose theoretisch immer die angemessene Kleidung ist. Also hieve ich mich widerwillig aus dem Bett, dusche und begebe mich nach oben an meinen Schreibtisch. Wieder einmal wird mir bewusst, dass zum Alleinleben auch Disziplin gehört.

Ich teile mein Haus mit zu vielen Kochbüchern und einem widerspenstigen Airedale-Terrier, aber keinem Zweibeiner. Es dauerte lange, bis ich das Alleinleben genießen konnte. Ich musste erst vieles ausprobieren. Anfangs lebte ich nicht freiwillig allein. Als mir mein eheliches Nest unter den Füßen weggerissen wurde, musste ich – buchstäblich und im übertragenen Sinne – auf meine eigenen Ressourcen zurückgreifen. Aber langsam und unerwartet entwickelte ich mich vom flugunfähigen Grünschnabel zum selbstbewussten Überflieger. Mittlerweile liebe ich das Alleinleben und gehe souverän damit um. Das hätte ich echt nicht gedacht.

Sie schaffen das

Sie sind besser gerüstet, als Sie glauben. Denken Sie an vergangene Zeiten, die Sie darauf vorbereitet haben. Einige Beispiele aus meinem Leben:

- Eine Kindheit auf dem Land und eine frühreife Schwester, die nur den Jungs hinterherlief, führten dazu, dass ich viel Zeit allein verbrachte. Ich kam also schon damals damit klar.
- Meine Mutter gab ihren Beruf als talentierte Modedesignerin auf, um eine 60er-Jahre-Hausfrau zu sein, was sie immer ein klein wenig bereut hat. Tun Sie das, was Sie lieben!
- Als ich meinen ersten Job annahm, erkannte ich, dass ich richtig gut darin war. Schöpfen Sie aus Ihren Erfolgen.
- Ich habe in fremden Ländern gelebt, in denen ich niemanden kannte. Ich kann auch für mich selbst sorgen.
- Kinder kriegen. Ich bin kein Egoist.
- Das Gefühl unendlicher Traurigkeit und der Trennungsschmerz nach meiner Scheidung und dem Tod meiner Eltern. Ich habe also schon Schlimmeres überstanden. Dennoch werde ich geliebt.
- Mein erstes Buch wird veröffentlicht. Ich habe eine Stimme.

Wenn ich jetzt auf harte Zeiten zurückblicke, erkenne ich, dass sie mich stärker und fähiger machten, als mir damals bewusst war.

Stärke + Stärke + Stärke × Fähigkeiten = Kraft

Wenn Sie allein leben, werden Sie auf diese Kraft zurückgreifen müssen. Oft sind nicht einmal die großen Themen (Einsamkeit, Geld, Gesundheit, Karriere, »die Zukunft«, Weihnachten) die schwierigsten, sondern die kleinen Ärgernisse – tropfende Wasserhähne, das Schleppen unzähliger Einkaufstüten, der Umgang mit schlechten Nachrichten, das Rausbringen des Mülls, keinen zum Reden zu haben, nach der Arbeit Hundekotze aufwischen zu müssen, eine Küchenschabe zu töten, krank zu sein, schwere Sachen zu transportieren, lästige Bürokratie zu bewältigen, wenn das Klopapier ausgeht oder wenn man drei Tage hintereinander Hackbraten isst. Damit ist man schnell überfordert. Wenn ich den Deckel eines blöden Konservenglases nicht aufbekomme, könnte ich heulen. Dann fühle ich mich wie eine Marionette, der man die Fäden abgeschnitten hat. Manchmal fühle ich mich auch wie eine winzige Gestalt unter der großen Welle vor Kanagawa.

Aber dieses Gefühl wird vergehen, das verspreche ich Ihnen. Mit etwas Mühe, Planung und Offenheit für neue Erfahrungen wird es Ihnen mit der Zeit leichterfallen. Sie werden merken, dass Sie den Herausforderungen gewachsen sind. Mehr dazu im nächsten Kapitel »Mentale Stärke und Umdenken« (S. 23).

Veränderte Erwartungen

In meinen Lesebüchern in der Schule wurde immer nur ein ganz bestimmter Lebensweg dargestellt. In diesem Leben gibt es einen großen Mann mit kantigem Kinn, ein idyllisches Häuschen, rotbackige Kinder, die nur Holzspielzeug besitzen, und einen lebhaften, wuscheligen Hund namens Spot. In meinem Leben gibt es nur den Hund. Aber während ich so schreibe und meinem Hund Rory beim Schnarchen und Pupsen zuhöre, wird mir bewusst, dass selbst das nicht wie im Bilderbuch ist.

> *»Solitär – besonders schöner und großer, einzeln gefasster Brillant.« – Definition aus dem Duden*

Ich hatte nicht damit gerechnet, einmal allein zu leben, aber heute möchte ich mein Solo-Dasein nicht mehr missen. Ich habe meine Erwartungen verändert, nicht zurückgeschraubt. Im Gegenteil: Ich habe viel höhere Ansprüche, als ich als Teil eines Paares oder einer Familie je gehabt hätte. Aber nichts ist perfekt: Sie müssen realistisch bleiben und einige Ansichten verändern.

Wie die Gesellschaft uns sieht

Das Alleinleben ist immer noch mit einem gewissen Stigma behaftet, für Frauen mehr als für Männer. In unserer Gesellschaft sind Paare und Familien nach wie vor die Norm. Wenn Sie Ihren Familienstand angeben, haben Sie nur folgende Optionen: ledig/geschieden/verwitwet/verheiratet (die impliziten Bedeutungen dazu lauten: Der Zug ist abgefahren/Versager!/Wie traurig!/Glückwunsch). Wo ist die Option »glücklich single«?

Manchmal wirkt der unaufhörliche Strom an Paaren, besonders in Restaurants und auf Partys, eher belastend. Die Tiere tapsen in Zweierreihen in die Arche und Sie möchten rufen: »Warten Sie, Herr Noah! Hier ist noch ein einzelnes Tier!« Aber so steht es nicht im Text.

> *»Die Selbstwahrnehmung ist das kostbarste Geschenk; ein Schatz, so wertvoll wie das Leben selbst.« – Irvin D. Yalom*

Mir kommt vor, ich bewege mich in eine Richtung, während der Rest der Welt in die andere Richtung läuft. Wir Solisten sind die statistischen Ausreißer der Gesellschaft. Ein bisschen wie die Linkshänder, nur noch ungewöhnlicher. Das ist ein guter Vergleich, denn die Zahl der Alleinlebenden ist gleich hoch wie jene der Linkshänder – das sind ungefähr 10 Prozent der Gesamtbevölkerung. (A. d. Ü.: In Deutschland sind es etwa 20 Prozent.[1])

In den Medien werden Alleinstehende oft sehr klischeehaft dargestellt. Wie Miss Lonely Hearts aus Hitchcocks *Das Fenster zum Hof* oder die verrückte DeDe aus *Modern Family* oder die Bösewichte aus *Scooby Doo*, die vermutlich ganz allein auf verlassenen Rummelplätzen hausen. Ein anderes Klischee ist die verschlagene Katze, die nur darauf wartet, sich eines Tages über die Leiche ihrer Besitzerin hermachen zu können. Oder die einsamen, verbitterten alten Jungfern/Geschiedenen/Witwen, bei denen sich die Fertiggerichte im Kühlschrank

---

1 https://www.destatis.de/DE/Presse/Pressemitteilungen/2019/07/PD19_272_122.html

stapeln und die sich in die Welt der Reality-Shows flüchten, während sie auf den perfekten Mann warten. Wie Miss Havisham aus Dickens' *Große Erwartungen*, die einem Leben nachtrauert, das sie nie hatte. Oder die arme Belle im Disney-Zeichentrickfilm *Die Schöne und das Biest*, der es so sehr an menschlicher Gesellschaft fehlt, dass sie sogar mit dem Besteck spricht (oder singt?).

Als ich klein war, sagte meine ältere Schwester einmal zu mir, ich sei eine Hexe, weil meine dritte Zehe länger war als meine zweite. Daran bestand kein Zweifel. Der Beweis war klar zu sehen. Weinend rannte ich zu meiner Mutter: »Ich bin eine Hexe, ich bin eine Hexe – sieh dir nur meine Zehen an.« Wie raffiniert mich meine Schwester doch manipuliert hatte. Ich dachte gar nicht daran, den zweifelhaften Zusammenhang zwischen Zehenlänge und Hexendasein zu hinterfragen, sondern glaubte ihr aufs Wort.

Auch allein lebende Frauen erkennt man an bestimmten Merkmalen, auch wenn diese nicht so offensichtlich sind wie die Länge der Zehen oder die Konversation mit einem Löffel. Zu diesen Zeichen gehört ein fehlender Blickkontakt, unscheinbare Kleidung und eine gewisse gebeugte, wirkungsvolle Zerbrechlichkeit. Am anderen Ende des Spektrums gibt es die leicht verzweifelt überkompensierenden, übermäßig mitteilungsfreudigen Frauen, denen die Gesellschaft und die Aufmerksamkeit anderer Menschen fehlen. Beide Arten erkennt man leicht in einer Menschenmenge. Werden Sie nicht so! Wir müssen aufpassen, dass wir nicht zu exzentrisch oder zu transparent werden. Dazu müssen wir unser eigenes Vorbild sein und in unserem Auftreten klar signalisieren, dass mit uns alles okay ist.

Die am schnellsten wachsende Bevölkerungsgruppe der Welt

Wir sind ein starkes Heer! Von uns gibt es weltweit fast 300 Millionen. Wir sind der größte gesellschaftliche Trend seit den Babyboomern. Zwei Millionen Australier leben allein (ein Viertel aller Haushalte) und zwei Drittel von uns bevorzugen diese Lebensform. Einzelhaushalte sind der am schnellsten wachsende Haushaltstyp in Australien. Das australische Institut für Familienforschung prognostiziert, dass im Jahr 2026 die Zahl der Einzelhaushalte jene der traditionellen Familien übersteigen wird. (A. d. Ü.: In Deutschland sind Einpersonenhaushalte mit 41 Prozent der häufigste Haushaltstyp in Deutschland. Der EU-Durschnitt ist 33 Prozent.[2])

Der weltweite Trend sieht ähnlich aus. In den vergangenen 15 Jahren stieg die Zahl der Einzelhaushalte um fast 50 Prozent an. In den USA lebt mittlerweile in 32 Prozent aller Haushalte nur noch eine Person. Die Hälfte aller Haushalte in Manhattan sind Einzelhaushalte. Das wird nur noch von manchen Teilen Skandinaviens übertroffen, wo 60 Prozent aller Haushalte von Einzelpersonen bewohnt werden. Diesen Trend zum Alleinleben gibt es aber nicht nur im Westen – auch in China und Indien nimmt die Zahl der Einzelhaushalte stark zu (wenn auch von einer geringen Zahl ausgehend).

Allerdings hat sich nur ein Bruchteil dieser Menschen bewusst für das Alleinleben entschieden. Heute heiratet man später und die Bevölkerung wird immer älter, sodass es auch mehr verwitwete Menschen gibt. Außerdem sind viele Menschen single oder geschieden. Trotz der großen Zahl an Einzelhaushalten fühle ich mich immer noch wie ein Teil einer nicht offiziell anerkannten »Schattenbevölkerung«.

---

2 https://www.destatis.de/DE/PresseService/Presse/Pressemitteilungen/zdw/2017/PD17_31_p002.html

Alleinlebende tragen 35 Prozent aller Verbraucherausgaben. Warum also werden wir als Konsumenten ignoriert? (Jawohl, ich spreche von euch, ihr Lebensmittelhersteller, Supermärkte, Banken, Reiseveranstalter und Restaurants.) Wo sind die Produkte für Singles?

Eine einschneidende Erfahrung

Das Leben allein kann zu zahlreichen Veränderungen führen und dazu anregen, aktiv zu werden. Es schränkt die Möglichkeiten nicht ein, sondern eröffnet neue Chancen. Wenn Sie Han Solo sind, haben Sie viele Gelegenheiten, sich selbst zu entdecken, und Sie werden zu einer Meisterin der Eigenständigkeit. Wie ein Archäologe bringen Sie Ihr wahres, ungeschminktes Selbst zutage. Sie finden heraus, was Sie an sich mögen und was Ihnen weniger gefällt. Sie haben die Zeit und die Gelegenheit, an sich zu arbeiten und darüber nachzudenken, was Sie wollen und wie Sie Ihre Ziele erreichen.

Das Alleinleben gibt Ihnen genügend Raum, um sich Ihr gewünschtes Leben ohne Kompromisse auszumalen und zu verwirklichen. Wenn Sie noch nicht lange allein leben, geben Sie sich genügend Zeit, um Ihr altes Leben loszulassen, ganz gleich, ob es gut oder schlecht war. Lichten Sie den Anker und lassen Sie sich eine Weile ganz neutral dahintreiben, während Sie sich orientieren. Dann sind Sie in der richtigen Verfassung, um sich mit Ihrem neuen Leben anzufreunden. Es kann eine Weile dauern, bis Sie sich daran gewöhnen. Machen Sie sich also keine Vorwürfe, wenn es Ihnen anfangs schwerfällt. So geht es uns allen von Zeit zu Zeit. Die Verwandlung geschieht allmählich.

> *»Es ist das Privileg der Einsamkeit, im Privaten zu tun, was man möchte.« – Virginia Woolf, Mrs. Dalloway*

Allein oder mit sich selbst leben?

Man sollte nicht in dem Glauben leben, dass man den Kürzeren gezogen hat. Oder einem Leben nachtrauern, das man vielleicht hätte führen können, das man früher einmal hatte oder von dem man denkt, man hätte es verdient, wenn es einem nicht wie der Goldene Schnatz aus *Harry Potter* durch die Finger geglitten wäre. Sie befinden sich in der Realität, in Ihrem eigenen Haus des Lebens, und Sie sind es sich schuldig, jede verdammte Tür zu öffnen, um zu sehen, was sich dahinter verbirgt. Das Haus gehört Ihnen. Sie wohnen darin. Es macht einen großen Unterschied, ob Sie nur allein oder ob Sie mit sich selbst leben. Letzteres bedeutet Akzeptanz und Frieden. Sie bestimmen, wo es langgeht, und Sie allein tragen die Verantwortung.

Sie können aus Ihrem Leben eine Bento-Box voller Köstlichkeiten oder eine Büchse der Pandora machen. Derselbe Behälter. Sie treffen die Wahl, und jede Entscheidung beeinflusst unser Leben. In einem Buch sah ich dafür das Wort »Intentionalität«, was sofort meinen Blödsinn-Detektor ausschlagen ließ, aber der Begriff ist eigentlich sehr treffend. Gestalten Sie Ihr Leben nach Ihren Wünschen. Sie können es sich leicht- oder schwermachen – Ihre Einstellung macht den Unterschied. Und darum geht es im nächsten Kapitel.

> *»Leben bedeutet Veränderung, Veränderung bedeutet Reife, Reife bedeutet, sich selbst immer wieder neu zu erfinden.«*
> *– Henri Bergson*

Zusammenfassung

Denken Sie an jene Zeiten in Ihrem Leben, die Sie auf das Alleinleben vorbereitet haben. Sie schaffen das!

Verändern Sie Ihre Erwartungen.

Widerlegen Sie die gesellschaftlichen Klischees der alleinstehenden Frau.

Wir gehören zu einem starken Heer.

Das Alleinleben kann der Auslöser für grundlegende Veränderungen sein.

Leben Sie mit sich selbst, nicht nur allein.

2 Mentale Stärke und Umdenken

Alleinleben ist nichts für schwache Nerven. Ich bewundere Menschen, die gern allein leben. Bette Davis sagte einmal: »Das Alter ist nichts für Feiglinge« – genau wie das Alleinleben. Aber so schön es ist, genügend Zeit und Platz zu haben, birgt das Solo-Leben doch auch Fallstricke. Wir Singles lernten schon lange, bevor es Motivationssprüche gab, cool zu bleiben und weiterzumachen. Unser Mut steht jeden Tag auf dem Prüfstand. Allein zu leben sollte mittlerweile als ganz normal angesehen werden, aber so fühlt es sich nicht an. Wir sind ein ganz eigenes Völkchen. Manchmal fühle ich mich in einer Gesellschaft, in die ich nicht so richtig passe, unsichtbar und unbedeutend. Wir müssen knallhart sein, stark bleiben und das Beste aus uns machen. Ich habe mir ein dickes Fell zugelegt, aber zwischen Selbstschutz und Überempfindlichkeit liegt manchmal nur ein schmaler Grat. Dieser Balanceakt gelingt mir nicht immer. Und gerade, wenn ich einen tollen Tag habe, kann ein unbedachter Kommentar eines anderen Menschen alles verderben. Oft ist es mühsam, den anderen (und manchmal auch sich selbst) ständig verklickern zu müssen, dass wir tatsächlich gern allein leben.

Die folgenden zwölf Strategien helfen Ihnen dabei, die Tücken des Alleinlebens zu bewältigen.

Strategie Nr. 1: Herausfinden, wer Sie sein möchten

Nennen Sie drei Eigenschaften, die beschreiben, wie Sie gerne wären. Im Laufe der Zeit werden sie sich verändern, aber es hilft, sie als Grundwerte für Ihre Entscheidungen und Verhaltensweisen festzulegen. Manche Begriffe nützen Ihnen vielleicht kurzfristig, um ein bestimmtes Ziel zu erreichen. Andere werden Sie länger begleiten. Das liegt ganz bei Ihnen. Nicht alle müssen ernst gemeint sein. Wenn Sie gerade schwere Zeiten durchmachen, wählen Sie auch ein paar aufmunternde Eigenschaften.

Einige Beispiele: positiv, mutig, gütig, liebevoll, stark, höflich, mitfühlend, offen, tüchtig, freundlich, aktiv, gesellig, geduldig, glücklich, großzügig, leidenschaftlich, diszipliniert, engagiert und fürsorglich.

Verhalten Sie sich so, wie Sie gerne sein möchten, bis Sie zu diesem Menschen werden. Seien Sie das Licht, nach dem Sie suchen.

Strategie Nr. 2: Entscheiden, wie Sie reagieren

Sie werden sehr oft auf Ihre innere Stärke und Tapferkeit zurückgreifen müssen. Sie müssen akzeptieren, dass Sie vor negativen Gefühlen nicht davonlaufen können. Versuchen Sie auch nicht, sie zu verdrängen. Sie müssen sich ihnen stellen oder sich mit ihnen verbünden, sie ergründen und sie von innen heraus kontrollieren lernen.

Ich spreche aus Erfahrung. Manchmal werde ich nachts, zwischen Schlaf und Wachzustand, von Zweifeln und Ängsten geplagt. Ich mache mir Sorgen, dass ich alt und krank werde, allein sterbe und dass mich niemand vermissen wird. Jane, Jane, Jane, reiß dich zusammen! Wenn Sie allein sind, werden Sie manchmal vielleicht von irrationalen Gedanken überwältigt, die sich wie ein Mantel der Furcht über Sie legen. Diese Gedanken sind nicht logisch, nicht real und nicht wahr. Bei Tag sieht alles wieder anders aus. Denken Sie daran, dass Sie Ihre Gedanken kontrollieren und nicht umgekehrt.

Machen Sie sich das auch bewusst, wenn andere Menschen Sie verunsichern. Andere wissen oft nicht, welche Auswirkungen ihre Worte oder Taten haben können. Ich sage mir dann immer, dass diese Leute nur ihre eigenen Gefühle zum Ausdruck bringen. Wenn Sie impulsiv darauf reagieren, geben Sie Ihre Macht ab. Wenn mich jemand wirklich verunsichert, halte ich dieser Person in Gedanken einen verspiegelten Schild entgegen, um mich symbolisch zu schützen und um zu zeigen, dass es gar nicht um mich, sondern um die andere Person geht. Sie können nicht beeinflussen, wie sich andere Menschen Ihnen gegenüber verhalten, so wie Sie auch manche Situationen nicht verändern können. Aber es liegt in Ihrer Hand, wie Sie darauf reagieren. Sie können nicht die Windrichtung umkehren, aber Sie können die Ausrichtung Ihrer Segel anpassen.

> *»Menschen sind einsam, weil sie Mauern statt Brücken bauen.« – Joseph Fort Newton*

Genauso verhält es sich auch mit dem Alleinleben: Vielleicht wünschen Sie sich einen Partner oder eine Familie, aber die Realität sieht nun einmal anders aus. Ob Sie Ihr Singledasein genießen, hängt also ganz davon ab, wie Sie auf Ihre Situation reagieren. Meine eigenen Lebensumstände haben mir gezeigt, dass harte Zeiten stark machen. Der Sand in der Auster formt die Perle. Wenn im Leben etwas schiefläuft (und das wird es), stellen Sie sich jedes Mal einen Vorhang vor, den Sie öffnen, um Ihr stärkeres, klügeres Selbst zu enthüllen. Oder schnappen Sie sich einen Karton voller Eier, gehen Sie in den Wald, und werfen Sie die Eier mit voller Kraft gegen einen Baum. Spüren Sie mit Genugtuung, wie Ihre Wut verfliegt.

Strategie Nr. 3: Stellen Sie sich der Einsamkeit

Es ist Karfreitag. Das lange Osterwochenende steht bevor und ich werde es komplett allein verbringen. Mein Ex hat die Kinder auf einen »Familienausflug« mit seiner Freundin und ihrer Tochter mitgenommen. Autsch. Einerseits bin ich froh, vier Tage für mich zu haben – vier ganze Tage. Es gibt so vieles, das ich tun möchte und muss, nicht zuletzt an diesem Buch schreiben, meine E-Mails beantworten, einige Arbeiten erledigen usw. Im Großen und Ganzen freue ich mich darüber, aber wenn ich ganz ehrlich zu mir – und zu Ihnen – bin, hängt doch auch ein winziger Hauch von Einsamkeit in der Luft und wabert bedrohlich im Hintergrund.

> *»Einen Feind, der in deinem Kopf einen Stützpunkt aufgeschlagen hat, besiegst du nur schwer.«*
> *– Sally Kempton*

Das Alleinsein an sich ist nicht das Problem. Die Einsamkeit entsteht im Kopf und sie hat viele Gesichter. Manchmal erscheint sie als Traurigkeit, Teilnahmslosigkeit, Schlappheit, Ablehnung, Müdigkeit oder Depression. Sie ist spürbar. Sie ist real. Man sollte sie nicht einfach von der Hand weisen. Wie kann man sich der Einsamkeit also stellen?

Sie ist normal. Geben Sie sich ihr hin und machen Sie weiter

Einsamkeit gehört dazu. Punkt. Jeder Mensch, mit dem ich bei meinen Recherchen für dieses Buch gesprochen habe, griff das Thema Einsamkeit auf. Jeder spürt sie mehr oder weniger stark. Sie ist wie die dunklen Täler einer hügeligen Landschaft, die wir auf unserer Reise durchschreiten müssen. Man kann ihr nicht ausweichen. Schlagen Sie im dunklen Tal aber nicht Ihr Zelt auf. Tauschen Sie im folgenden Satz aus dem Buch *Flying Solo* von Carol M. Anderson und Susan Stewart das Wort »Kummer« durch »Einsamkeit« aus: »Sie können nicht verhindern, dass die Vögel des Kummers über Ihren Kopf fliegen, aber Sie können verhindern, dass sie ein Nest in Ihren Haaren bauen.«

Damit die Einsamkeit keine Wurzeln schlägt, können Sie innerlich und äußerlich daran arbeiten. Ersteres ist wirkungsvoller. Denn auch wenn Sie sich äußerlich mit Menschen umgeben, sind Ihre Gefühle immer ein Ausdruck Ihres inneren Selbst. Man kann ihnen nicht entfliehen: Sie würden nur vor sich selbst davonlaufen. Nehmen Sie die Gefühle also an, lassen Sie sie zu und lernen Sie, damit umzugehen. Susan Baumgartner beschreibt diesen Prozess in ihrem Buch *My Walden*: »Die Einsamkeit, die einst meinen Geist eroberte, erscheint mir nun wie ein lieb gewonnener Gefährte und trägt den freundlicheren Namen ›Alleinsein‹. Diese Veränderung geschah langsam und allmählich. Statt die Einsamkeit zu bekämpfen, lernte ich, sie in mir aufzunehmen und sie mit Gedanken und Fantasien und Plänen zu füllen. Ich gab ihr Struktur, damit sie nützlich wurde. Ich lernte, mich auf ihre beständige Präsenz zu verlassen. Es scheint, dass ich nun nie mehr einsam bin.«

Akzeptieren Sie, dass Einsamkeit zum menschlichen Dasein gehört – genau wie Glück, Trauer, Geburt, Tod, Liebe und Ekstase. Machen Sie dann mit Ihrem Leben weiter.

Einsamkeit ist relativ

Einsamkeit ist nie so schlimm, wie sie uns vorkommt. Im Jahr 1949 bekam Japan von der thailändischen Regierung die zweijährige Elefantendame Hanako geschenkt. Sie lebte 67 Jahre lang in einem kleinen Gehege im Zoo von Tokio und starb kürzlich, ohne jemals wieder einen anderen Elefanten gesehen zu haben. Man nannte sie »den einsamsten Elefanten der Welt«. Ich erwähne sie, damit Sie Ihre Einsamkeit relativieren. Ganz gleich, wie einsam Sie auch sind, auf der »Hanako-Skala« stehen Sie ganz weit unten.

Einsamkeit hat nichts mit Alleinsein zu tun

Wenn man genauer darüber nachdenkt (was wir selten tun), ist es nicht das Alleinsein selbst, das uns einsam macht. Ich halte es da wie Roy Sharpe (zitiert in: *Celebrating Time Alone* von Lionel Fisher). Er sagte, dass uns ein unproduktives, egoistisches, liebloses Leben ohne Freunde einsam macht. Sorgen Sie also dafür, dass Sie nicht zu einem Opfer der Einsamkeit werden, sondern führen Sie ein produktives Leben voller Liebe und sozialer Kontakte.

Sie sind wichtig

Manchmal denke ich, dass mich niemand vermissen würde, wenn ich auf einmal nicht mehr da wäre. Dann fühle ich mich einsam. Wenn ich mein Leben objektiv betrachte, weiß ich aber, dass ich anderen Menschen sehr wohl fehlen würde. Um mich daran zu erinnern, sammle ich in einem großen Album lauter Karten, Briefe und E-Mails von Freunden und meiner Familie. Ich bin ihnen wichtig. Das habe ich schwarz auf weiß.

Sie brauchen ein gewisses Selbstwertgefühl und müssen sich mögen. Sie müssen sich wichtig nehmen. Im Kapitel »Beziehungen« (S. 45) gehe ich näher darauf ein.

Lassen Sie sich nicht von der Angst vor Einsamkeit anstecken

Franklin D. Roosevelt sagte: »Das Einzige, wovor man Angst haben muss, ist die Angst selbst.« Er meinte damit, dass die Angst ein Bewusstseinszustand ist, der uns nur beeinträchtigen kann, wenn wir es zulassen. Angst ist keine echte Bedrohung, aber sie kann unsere Gedanken beeinflussen. Miles Tripp erzählt in seinem Buch *The Eighth Passenger*, dass die Lancaster-Bomber im Zweiten Weltkrieg eine Besatzung von sieben Mann hatten, aber man oft vom »achten Passagier« sprach. Jeder wusste, wer dieser unsichtbare Passagier war, von dem der Erfolg der Mission abhing. Dieser Passagier war die Angst, und die Männer wussten, dass man sie im Griff haben musste.

Die Angst vor der Einsamkeit kann uns stärker einschüchtern als die Einsamkeit selbst, die uns nichts anhaben kann. Lassen Sie sich nicht von dieser Angst lähmen. Packen Sie sie, stecken Sie sie in eine Kiste und beschäftigen Sie sich mit etwas anderem.

Sie sind nicht allein

Sie sind nicht der einzige Mensch, der sich einsam fühlt. Überall auf der Welt geht es anderen genauso und das verbindet uns. Ich bin mir ganz sicher, dass irgendwo irgendeiner der 300 Millionen (!) Singles sich gerade jetzt genauso fühlt wie Sie. Das soll Ihnen ein Trost sein.

> *»Der Mut ist die wichtigste menschliche Eigenschaft,*
> *denn er sorgt dafür, dass es die anderen Eigenschaften gibt.«*
> *– Aristoteles*

Vorsicht im Umgang mit sozialen Medien

Im Zeitalter des Internets muss niemand mehr unfreiwillig allein sein, aber irgendwie spürt man die Einsamkeit in dieser bildschirmsüchtigen, dauerverbundenen Gesellschaft besonders intensiv. Ich bin sicher nicht die Einzige, die sich beim Blick auf selbstgefällige Facebook-Beiträge komisch fühlt – neidisch, traurig, voller Angst, etwas zu verpassen –, wenn ich an einem verregneten Samstagabend allein zu Hause hocke. Ich weiß genau, dass ich nicht die glückliche Person bin, die inmitten einer lachenden Familie sitzt, die mit ihrem Partner zu Abend isst oder die zusammen mit ihrem Ehemann Abenteuer in Paris, Bali oder Bhutan erlebt. Unterm Strich kann man nicht sagen, dass Facebook gegen Einsamkeit hilft. Ignorieren Sie daher Ihre Pseudofreunde und nehmen Sie via Skype oder E-Mail Kontakt mit Ihren echten Freunden auf. Oder finden Sie eine Online-Gemeinschaft aus Gleichgesinnten. Fragen Sie sich, wie Ihnen die sozialen Medien nutzen oder schaden können, und passen Sie Ihr Online-Verhalten entsprechend an.

Ignorieren Sie die Tipps im Internet

Das Internet kann überaus nützlich sein. Manchmal serviert es uns aber auch nur einen Haufen Sch… Ratschläge gegen die Einsamkeit sind meistens von letzterer Sorte. Die folgenden Vorschläge habe ich innerhalb von fünf Minuten im Internet gefunden. Meine eigenen Kommentare stehen in Klammern dahinter. Diese Tipps bringen mich echt in Rage!

- »Arbeiten Sie an Ihrer sozialen Kompetenz. Manchen Wissenschaftlern zufolge entsteht Einsamkeit vorwiegend aus einem Mangel an sozialen Fähigkeiten, die man benötigt, um Beziehungen aufzubauen und aufrechtzuerhalten.« (Was soll man dazu noch sagen ...)
- »Gehen Sie raus, um Spaß zu haben. Vielleicht beobachten Sie ja gerne Vögel und wissen es nur noch nicht.« (Geht es noch herablassender?)

- »Halten Sie Ausschau nach potenziellen Freunden.« (Das klingt komisch und verzweifelt.)
- »Bleiben Sie positiv.« (Du warst noch nie einsam, oder?)
- »Denken Sie nicht über Ihre Einsamkeit nach. Gehen Sie lieber raus! Gehen Sie irgendwohin, wo viele Menschen sind. Es macht nichts, wenn Sie niemanden davon kennen, manchmal kann allein die Gegenwart anderer Menschen aufheiternd sein.« (Oder die Einsamkeit noch verschlimmern.)
- »Treten Sie einem Verein bei, etwa einem Gartenverein. Dort treffen Sie richtig dufte Leute, haben Spaß an Ihrem Hobby und können Ihr gärtnerisches Wissen mit anderen teilen. All das hilft, damit Sie sich WENIGER einsam fühlen. (Steht hier wirklich »dufte«? Auch dieser oberflächliche Tipp stammt definitiv von jemandem, der noch nie einsam war.)
- »Seien Sie nicht niedergeschlagen. Lächeln Sie und lenken Sie sich ab, um die Einsamkeit zu vertreiben.« (Wäre es doch nur so einfach.)

Und zu guter Letzt mein Lieblingstipp:

- »Legen Sie sich ein Haustier zu. Wenn Tom Hanks jahrelang mit Wilson leben konnte, hilft Ihnen ein Hund oder eine Katze ganz bestimmt. Tiere sind tolle Gefährten. Pflegen Sie aber auch ein paar Kontakte zu Menschen, damit Sie jemanden zum Reden haben.« (Wir brauchen also mehr als nur die Gesellschaft eines bemalten Volleyballs? Wow, so einfühlsam wie Attila der Hunnenkönig …)

Aaahhh! Diese Tipps sind bestenfalls nutzlos, schlimmstenfalls herablassend und unglaublich unsensibel. Die Verfasser haben eindeutig noch nie den eiskalten Atem der Einsamkeit im Nacken gespürt oder sind in ihrem grauen Nebel versunken.

Erkennen Sie die Auslöser der Einsamkeit

… und entwickeln Sie passende Strategien dagegen. Manchmal reicht schon ein flüsterndes Pärchen im Restaurant und Sie spüren den stechenden Schmerz der Einsamkeit. Oder Sie spüren ihn, wenn Sie abends in Ihre dunkle, stille Wohnung kommen. Oder wenn Sie allein auf eine Silvesterparty gehen. Oder wenn Sie niemand vom Flughafen abholt. Oder einfach nur, wenn Sie ein Wochenende allein verbringen. Jeder hat seine ganz persönlichen Auslöser.

Finden Sie heraus, was in Ihnen das Gefühl der Einsamkeit hervorruft, und versuchen Sie dann, diese Situationen zu vermeiden oder sich ihnen mithilfe Ihrer Anti-Einsamkeits-Strategien zu stellen.

Die Anti-Einsamkeits-Strategien Stellen Sie sich die Einsamkeit als eine Tür vor. Diese Tür öffnet sich und zeigt Ihnen Dinge, die Sie wieder aufbauen. Was hinter dieser Tür liegt, hängt von der jeweiligen Person ab. Was für einen Menschen funktioniert, bringt einem anderen vielleicht gar nichts. Nur Sie wissen, was Ihnen hilft.

Hier sind einige Anregungen für Sie:

- Denken Sie an einen glücklichen Moment in Ihrem Leben.
- Vertiefen Sie sich in eines Ihrer Lieblingsbücher. (Ich liebe *Tim und Struppi*!)
- Hören Sie sich einen inspirierenden Podcast oder TED-Talk an.
- Besuchen Sie eine Kunstgalerie.
- Bringen Sie etwas Angefangenes zu Ende.
- Lernen Sie auf YouTube etwas Neues.
- Umgeben Sie sich mit möglichst viel Natur. Fahren Sie aufs Land oder besuchen Sie einen nahen Park.
- Abonnieren Sie einige Zeitschriften. Ignorieren Sie den herkömmlichen, retuschierten Promi-Quatsch und finden Sie unbekanntere Magazine, die zu ihren Interessen passen – etwa aus den Bereichen Kochen, Kunst und Kultur, Mythologie, Business, Politik, Wohnen oder Design. Verwahren Sie einige Ausgaben für einsame Stunden.
- Lassen Sie sich von den Profis helfen. Nicht von Therapeuten, sondern von Comedians. Finden Sie eine Comedysendung, die Ihnen ge-

fällt – ob im Internet, auf DVD oder als Hörbuch. Ich mag am liebsten die BBC-Radioshow *Cabin Pressure*.

- Helfen Sie anderen: Arbeiten Sie ehrenamtlich, gehen Sie jemandem zur Hand oder klemmen Sie einem Fremden einen 5-Euro-Schein und eine Nachricht unter den Scheibenwischer.
- Machen Sie einen Spaziergang entlang einer neuen Route oder tun Sie etwas anderes, das Sie noch nie zuvor gemacht haben.
- Rufen Sie eine Freundin an und sagen Sie ihr, wie es Ihnen geht. Es muss jemand sein, der Verständnis hat und Ihnen zuhört und Sie nicht mit Geschichten aus ihrem perfekten Leben zutextet. (Das perfekte Leben gibt es sowieso nicht.) Wenn man sich bei einer ungeeigneten Person aussprechen möchte, tut man sich damit nichts Gutes – im Gegenteil.

Einsamkeit oder Depression?

Eine Depression kann sich ganz schleichend breitmachen. In winzigen Dosen kann sie manchmal unausgesprochene Wahrheiten offenbaren. Wer schon einmal depressiv war, kann anderen Menschen besser helfen. Ich kenne die Gefühle der Leere, Verzweiflung und Wertlosigkeit, die eine Depression mit sich bringt.

> *»Die schlimmste Einsamkeit entsteht dann, wenn man sich mit sich selbst nicht wohlfühlt.« – Mark Twain*

Ich weiß, wie es ist, wenn man sich wieder aus diesem Sumpf herausziehen muss, ob mit fremder Hilfe (von einem Arzt oder Therapeuten) oder indem man die eigene Einstellung und das eigene Verhalten überdenkt. Andrew Solomon reiste bei seinen Recherchen für das Buch *Saturns Schatten: Die dunklen Welten der Depression* durch die ganze Welt und kam zu dem Schluss, dass das Gegenteil der Depression nicht das Glück ist, sondern die Vitalität – das Aktiv-Werden. Es ist schwierig, einer Depression allein beizukommen. Freunde sind nicht immer hilfreich, da ihnen das nötige Hintergrundwissen fehlt und sie sich auch nicht von Ihnen runterziehen lassen möchten. Holen Sie sich bei Bedarf also professionelle Hilfe.

Strategie Nr. 4: Von der Einsamkeit zum Alleinsein

Paul Tillich schrieb über die verschiedenen Begriffe, mit denen man die beiden Seiten des Alleinseins ausdrücken kann. Im Begriff »Einsamkeit« schwingt der Schmerz mit, aber das Alleinsein an sich, die Abgeschiedenheit, hat auch etwas Erfüllendes an sich.

Wenden Sie sich von der Einsamkeit, ihren Werturteilen und ihrer Isolation ab und begrüßen Sie das Alleinsein. Das Alleinsein wird bewusst und mit Stolz gewählt. Man entscheidet sich dafür, allein zu sein, während man nur unfreiwillig einsam ist. Machen Sie es wie Rumpelstilzchen und spinnen Sie das Stroh der Einsamkeit zum Gold des Alleinseins. Ein alter buddhistischer Spruch besagt: »Eine Haaresbreite Unterschied, und Himmel und Erde klaffen auseinander.« Auch Alleinsein und Einsamkeit liegen nur eine Haaresbreite auseinander, aber das reicht, um sie voneinander zu unterscheiden.

> *»Nur Geduld haben und die Karten neu mischen.«*
> *– Miguel de Cervantes*

Sarah Holbrook lebte eine extreme Form des Alleinseins aus: Sie verkaufte ihr Haus und ihr Geschäft und zog in eine Hütte in den Wäldern Amerikas. In Lionel Fishers Buch *Celebrating Time Alone* berichtet sie davon, wie sie das Alleinsein als ein wunderbares, kostbares Geheimnis akzeptierte, statt Angst davor zu haben.

Wenn Sie allein leben, müssen Sie in mehrfacher Hinsicht ganz bewusst umdenken. Betrachten Sie das Solo-Leben niemals als ein vernichtendes Urteil. Sehen Sie es mit anderen Augen. Das Alleinsein ist keine Bleikugel, die um Ihren Hals hängt. Lassen Sie sich von ihm mitreißen und von seinen schützenden Schwingen umhüllen. Es ist ein Mittel zum Zweck. Vertrauen Sie darauf und es wird Sie fürstlich entlohnen.

Strategie Nr. 5: Bewusst glücklich sein

Tolstoi sagte: »Willst du glücklich sein, so sei glücklich.« Er hatte die richtige Idee, lange bevor das »Zentrum für Glück« in Harvard entstand und Bücher wie *The Happiness Advantage* oder *Das Happiness-Projekt* bekannt wurden. Die Welt ist so, wie man sie wahrnimmt. Wenn Sie also das Gefühl haben, dass Ihrem Leben etwas fehlt oder dass Sie immer Pech haben, dann ist das auch Ihre Realität.

> *»Oft versuchen Menschen, ihr Leben rückwärts zu leben: Sie streben nach mehr Besitztümern oder mehr Geld, um das zu machen, was sie wollen, damit sie glücklicher werden. Aber das Gegenteil ist der Fall. Zuerst muss man der Mensch sein, der man wirklich ist, und dann die nötigen Maßnahmen ergreifen, um das zu erreichen, was man möchte.«*
> *– Margaret Young*

Das ist jetzt keine verlogene Aufforderung zum positiven Denken (komplett mit nervigem Smiley). Wissenschaftler (und der gesunde Menschenverstand) sagen uns jedoch, dass eine positive Einstellung zu positiven Resultaten führt. Denken Sie daran, wenn Sie morgens aufstehen und Ihrem Tag ins Angesicht blicken. Die Forschung bewies, dass Glück zum Erfolg führt – nicht umgekehrt.

Gyles Brandreth legt in seinem Buch *The Seven Secrets of Happiness* die Regeln dafür fest. Und er warnt: Man kann sich die Regeln nicht aussuchen. Und man muss alle befolgen. Diese Regeln sind:

Eins: Entwickeln Sie Begeisterung für eine Sache.

Zwei: Seien Sie das Blatt eines Baums. (Also ein Individuum, das aber auch Teil einer größeren Gemeinschaft ist.)

Drei: Zerschlagen Sie den Spiegel – seien Sie nicht narzisstisch.

Vier: Seien Sie offen für Veränderungen und neue Erfahrungen.

Fünf: Prüfen Sie, ob Sie glücklich sind. Wenn Sie mehr als die Hälfte Ihrer Zeit mit etwas verbringen, das Ihnen keine Freude macht, müssen Sie etwas verändern.

Sechs: Leben Sie im Hier und Jetzt. Kosten Sie die Gegenwart aus und sorgen Sie sich nicht allzu sehr um Ihre Zukunft.

Sieben: Seien Sie glücklich. »Entscheiden Sie sich dafür, optimistisch zu sein«, sagt der Dalai-Lama. »Das fühlt sich besser an.«

Dr. Martin Seligman nennt fünf Faktoren, die zum Glück beitragen: Vergnügen und positive Gefühle, Zielerreichung, Beziehungen, Engagement und Sinn. Die letzten beiden sind die wichtigsten Faktoren. Wenn wir mit Engagement bei der Sache sind und unserem Leben mehr Sinn verleihen, fühlen wir uns automatisch glücklicher.

Für Dr. Tim Sharp (»Dr. Happy«) gibt es sieben Elemente: Beziehungen pflegen, nach vorne blicken, Stärken einsetzen, gesund sein, optimistisch sein, dankbar und nachsichtig sein, Sinn stiften. Ich bin realistisch und erwarte nicht, dass mein Leben immer eine heile Welt ist. Aber ich hätte schon gerne ein paar große Portionen Glück darin und mir ist bewusst, dass ich Einfluss darauf habe. Wir spiegeln, was wir leben, und auch wenn die Umsetzung dieser Strategien eine Weile dauert, wird eine optimistische Einstellung Positives anziehen.

Strategie Nr. 6: Krafttiere

Wir Solisten sind Trapezkünstler ohne Auffangnetz. Kritik und verletzende Kommentare können uns leicht aus dem Gleichgewicht bringen. Ich bin immer wieder überrascht und enttäuscht, wie viele solcher Kommentare es gibt. Manche kommen von Fremden, andere von Freunden und »Freunden«. Die meisten dieser Menschen leben nicht allein und haben keine Ahnung, wie sehr uns ihre Aussagen verletzen. Das ist okay, das Leben geht weiter. Ich will jetzt zwar nicht übertrieben optimistisch klingen, aber schwere Zeiten bieten uns auch eine Chance zum Wachstum, auch wenn es Jahre dauert, bis wir eine Lektion gelernt haben. Das trifft vielleicht auch auf die Kritiker zu.

Wir müssen uns ein dickes Fell zulegen. Hüllen Sie sich in diesen metaphorischen Mantel und lassen Sie die Sticheleien von sich abprallen.

Ich habe von drei wilden Tieren viel über Resilienz gelernt und betrachte sie nun als meine Krafttiere.

Diese Tiere sind: eine Wildhündin, eine Löwin und ein Bison.

> *»Würde jeder von uns seine Probleme auf einen gemeinsamen Haufen werfen, sodass wir die Probleme der anderen sehen könnten, würden wir uns wieder unsere eigenen Probleme herausholen.« – Regina Brett*

Solo die Wildhündin

Als Kind besaß ich das Buch *Solo* von Hugo van Lawick. Darin geht es um eine kleine afrikanische Wildhündin, deren Geschwister von einem anderen Hund getötet wurden. Im Rudel hat es Solo sehr schwer und wird von den anderen ignoriert, aber sie gibt nie auf. (Wie die Geschichte ausgeht, können Sie auf wildfilmhistory.org unter »Hugo van Lawick and The Wild Dogs of Africa« erfahren.) Ich liebe das Foto von Solo mit ihren leuchtenden Augen und ihren zerbissenen Ohren. Sie ist der Inbegriff der Resilienz und ich werde sie nie vergessen.

Die Löwin

Als ich gerade mitten in der Scheidung steckte, beeindruckte mich ein Bild ganz besonders: das Flachrelief einer assyrischen Löwin im British Museum. Die Löwin war schwer verwundet, kämpfte aber dennoch weiter. Heute sehe ich mich auch als so eine unabhängige und stolze Einzelkämpferin, die ihre Stärke wiedererlangt hat.

Der Bison

Wenn ein schwerer Schneesturm aufzieht, sind Bisons die einzigen Tiere, die umdrehen und direkt darauf zugehen. Sie wissen instinktiv, dass das der schnellste Weg durch den Sturm ist. Vielleicht vermenschliche ich ihr Verhalten zu sehr, aber ein Tier, das sich so furchtlos einem Problem stellt, muss man einfach lieben.

Solos Ausdauer, die Widerstandskraft der Löwin und der Mut des Bisons, sich Schwierigkeiten zu stellen, erinnern mich daran, auch inmitten von Pessimisten, Lästerern und falschen Freunden stark zu bleiben.

Strategie Nr. 7: Machen Sie Ihr Solo-Abenteuer zu einem Projekt

Haben Sie schon einmal daran gedacht, Ihr Leben allein schriftlich oder anderweitig zu dokumentieren? Wie kommen Sie mit dem Singledasein klar? Was würden Sie anderen raten? Welche Probleme waren am größten und was haben Sie aus ihnen gelernt? Wie konnten Sie Ihre Einsamkeit in Freiheit verwandeln?

Mehrere Frauen haben über ihr Alleinsein geschrieben, unter anderen Joan Anderson (*Ein Jahr am Meer*), Anne Morrow Lindbergh (*Muscheln in meiner Hand*) und Alix Kates Shulman (*Drinking the Rain*). Lassen Sie sich von ihnen inspirieren.

Um glücklich allein zu sein, muss man daran arbeiten. Erforschen Sie das Alleinsein wie ein unbekanntes Land und kartieren Sie die Insel Ihres Solo-Daseins. Welche sind die positiven Aspekte, welche die Herausforderungen? Auf welche Bereiche sind Sie stolz und welche sind noch unerforscht?

Strategie Nr. 8: Selbstliebe

Wir Frauen sind oft sehr hart zu uns, manchmal noch mehr, wenn wir allein leben. Ich fühle mich wie ein tragender Balken, der alles stützen muss und dem das aber nicht immer gelingt. Wir verlangen so viel von uns, und wenn wir diese Ansprüche nicht erfüllen, kratzt das an unserem Selbstwert.

Nicht jeder Mensch leistet Erstaunliches. Wenn Sie nur eine Strategie aus diesem Buch in die Tat umsetzen, sind Sie vielen anderen voraus. Denken Sie am besten nicht an die anderen, sondern loben Sie sich für das, was Sie bisher erreicht haben, und sorgen Sie sich nicht um das, was Sie noch erreichen möchten. Es wird noch eintreffen. Jeder geht seinen eigenen Weg.

Strategie Nr. 9: Finden Sie Ihr ikigai – Ihren Lebenssinn

»Sag mir, was hast du vor mit deinem einen, wilden und kostbaren Leben?«, fragte die amerikanische Dichterin Mary Oliver.

In der japanischen Kultur hat jeder Mensch ein *ikagi*, einen Grund, morgens aufzustehen. Es ist ein Lebenssinn, eine gesunde Begeisterung für etwas, wofür es sich zu leben lohnt. Diesen Sinn zu finden, ihn zutage zu bringen, kann Ihnen den Weg weisen – so, als würden Sie Ihr Ziel in Google Maps eingeben.

Ich empfehle Ihnen unbedingt das Buch *Begeistert leben: Die Kraft des Unentdeckten* von Ken Robinson. Es enthält mehrere Techniken und Strategien, mit deren Hilfe Sie Ihr »Element«, also Ihren Sinn, finden können. Das Buch besteht aus zehn Kapiteln:

1. Finden Sie Ihr Element
2. Was können Sie tun?
3. Wie finden Sie Ihre Talente heraus?
4. Was tun Sie gern?
5. Was macht Sie glücklich?
6. Wie ist die innere Einstellung zum Leben?
7. Wo stehen Sie im Moment?
8. Wo sind Leute wie Sie?
9. Wie geht es jetzt weiter?
10. Ein sinnvolles Leben leidenschaftlich führen

Wenn Sie alle Übungen gemacht haben, wird Ihr *ikigai* zum Greifen nah sein, das garantiere ich Ihnen.

Falls Sie nicht nach Ihrem Lebenssinn suchen möchten oder Sie sich von dieser Aufgabe überfordert fühlen, ist das auch okay. Nicht jeder von uns hat große Pläne. Die Autoren Gary Keller und Jay Papasan raten in ihrem Buch *The ONE Thing*: »Stellen Sie es sich einfach als die EINE Sache vor, um die es in Ihrem Leben mehr gehen soll als um alles andere. Schreiben Sie sich etwas auf, das Sie gerne erreichen möchten, und beschreiben Sie, wie Ihnen das gelingen würde … Bestimmen Sie das Ziel, machen Sie sich auf den Weg und finden Sie heraus, wie er Ihnen gefällt. Mit Zeit kommt Klarheit, und wenn Ihnen der Weg dann doch nicht gefällt, können Sie ihn jederzeit ändern. Es ist schließlich Ihr Leben.«

Viele Erfahrungen, die wir machen, können uns den Weg zu unserem Lebenssinn weisen. Manchmal ist dieser Sinn bereits in irgendeiner Form Teil unseres Lebens, wenn auch nur am Rande oder in der Vergangenheit. Öffnen Sie Ihr Bewusstsein und stochern Sie mit einem Paar metaphorischer Essstäbchen darin herum. Ihre Aufgabe muss keine große, bedeutende Sache sein. Sie muss nur zu Ihnen passen. Sie müssen auch nicht zu angestrengt danach suchen, denn sie wird sich Ihnen zeigen. Das Leben gibt uns ständig Hinweise. Wir müssen sie nur beachten.

Strategie Nr. 10: Seien Sie sich gute Gesellschaft, Motivator und Ihr größter Fan

Sie sind Team Jane oder Team Sarah oder Team [Ihr Name]. Ein Ein-Personen-Team. Mit sich selbst verbringen Sie mehr Zeit als mit jedem anderen Menschen, darum sollten Sie sich gute Gesellschaft sein. Ich genieße meine eigene Gesellschaft, aber falls Sie das nicht tun: Wie können Sie das ändern? Menschen sprechen selten Komplimente oder Lob aus, also tun Sie das selbst. Warten Sie nicht, bis jemand zu Ihnen sagt: »Gut gemacht!« Klopfen Sie sich selbst regelmäßig auf den Rücken. Wie toll Sie doch einen Fuß vor den anderen setzen können!

Strategie Nr. 11: Raus mit der Negativität

In einem berühmten Moment der Theatergeschichte schlägt die Titelfigur in Ibsens Stück *Nora (Ein Puppenheim)* am Ende die Tür zu. Man nannte ihn »das Türknallen, das man auf der ganzen Welt hören konnte« und er war eine Metapher für Noras neu entdeckte Unabhängigkeit und ihre Flucht aus einer unglücklichen Ehe. (Was für die damalige Zeit, als Frauen den Männern noch gehorchen mussten, sehr ungewöhnlich war.)

> *»Für ein glückliches Leben braucht es nur wenig; man kann alles in sich selbst, in den eigenen Gedanken finden.« – Mark Aurel*

Wir müssen uns negative Gedanken eingestehen. Manchmal hilft es, sie zu benennen. »Du bist die Kleinlichkeit.« »Du bist die Ungeduld.« »Du bist der Frust.« Und dann müssen wir, genauso resolut wie Nora, die Tür vor ihnen zuschlagen.

Statt nur darüber zu jammern, wie und warum wir in eine bestimmte Situation geraten konnten, müssen wir reflektieren und uns eine Lösung überlegen. »Wenn du dich nur beklagst, wirst du zu einem lebenden, atmenden Scheißemagneten«, sprach es T. Harv Eker offen aus. Er fordert uns auf, das Jammern sieben Tage lang einzustellen und zu sehen, was sich verändert. Die Opferrolle bringt Ihnen kurzfristig Aufmerksamkeit, aber auf längere Sicht macht sie Sie weder beliebt noch erfolgreich.

Natürlich ist es manchmal schwer. Ich lebe schließlich nicht im Märchenland. Ich erschrecke mich jedes Mal, wenn ich an der Supermarktkasse ein »Danke« piepse, nachdem ich den ganzen Tag mit keinem Menschen gesprochen habe. Oder ich wache nachts auf, von Sorgen geplagt, und vermisse jemanden, der für mich da ist.

Kein Gedanke lebt kostenlos in Ihrem Kopf und negative Gedanken fordern ihren Tribut. Sie flüstern in Ihr Ohr: »Du bist alt. Du bist unattraktiv. Du bist ein Versager. Du bist zu dick. Wer würde dich schon lieben? Was leistest du für die Gesellschaft?« Frauen haben eigentlich so viel innere Stärke – umso lächerlicher ist es, dass wir uns von diesem Geschnatter beeinträchtigen lassen. Weisen Sie diese Gedanken mit entschlossener Kraft zurück. Wir müssen ihnen die Macht nehmen, bevor sie uns beherrschen. Lassen Sie nicht zu, dass Ihre Unzufriedenheit zur Gewohnheit wird. Sie ist eine emotionale Sackgasse. Befreien Sie sich, schütteln Sie die Negativität ab und machen Sie weiter. Sie bestimmen, welche Gedanken in Ihrem Kopf kreisen.

Einige Tipps, um den Soundtrack der Negativität abzustellen:

- Wenn Sie ein Problem haben, sprechen Sie mit jemandem darüber, aber nur einmal. Gehen Sie dann spazieren, meditieren Sie und/oder schreiben Sie Ihr Problem in ein Tagebuch oder auf einen Zettel, den Sie danach zerreißen oder verbrennen. Lassen Sie das Problem dann los. Jammern Sie nicht mehr. Es interessiert keinen.
- Sagen Sie sich, dass Sie damit aufhören müssen.
- Tun Sie etwas, um sich Ihren Zielen zu nähern, egal wie unbedeutend es erscheint.
- Machen Sie sich bewusst, dass Ihre nächtlichen Sorgen irrational sind und bei Tag durchaus wieder lösbar erscheinen.
- Ablenkung. Schreiben Sie die Namen all Ihrer Freunde auf oder all Ihre Lieblingsbücher oder ein Gedicht, das Sie kennen – irgendetwas.
- Treffen Sie sich mit einem positiven Menschen (mit einem »Energiespender«, keinem »Auslauger«).
- Überdenken Sie Ihr Problem und finden Sie positive Aspekte daran.
- Denken Sie daran, dass negative Situationen nicht ewig andauern.
- Stellen Sie sich vor, dass jemand anders das sagt, was Sie denken. Wie würden Sie reagieren?
- Helfen Sie einem anderen Menschen.
- Schreiben Sie Ihre Stärken auf.
- Stellen Sie einen Ordner mit aufbauender Musik zusammen. Zu meinen Lieblingsstücken gehören »Praan« von Garry Schyman und »On Earth as it is in Heaven« von Ennio Morricone aus dem Soundtrack zu *The Mission*. Drehen Sie die Lautstärke ordentlich auf!

Machen Sie es wie die Broadway-Darstellerin Sierra Boggess und sagen Sie zu sich: »Du bist gut genug. Du bist so was von genug. Unglaublich, wie genug du bist.«

Strategie Nr. 12: So tun, als ob

Die Worte, die wir wählen, beeinflussen unsere Gefühle, unsere Herangehensweise an Dinge und das Ergebnis. Je häufiger Sie sagen: »Ich will …« oder: »Ich brauche …«, desto geringer wird die Wahrscheinlichkeit, dass sich Ihre Wünsche erfüllen. Tun Sie stattdessen so, als ob Sie schon alles hätten, was Sie sich wünschen. Statt zu sagen: »Ich wünschte, ich wäre erfolgreich«, sagen Sie lieber: »Ich bin erfolgreich.« Statt: »Ich hätte gerne einen erfüllenden Job«, sagen Sie: »Ich habe einen erfüllenden Job.« Und dann verhalten Sie sich auch dementsprechend. Sie werden sofort merken, wie sich Ihre Einstellung verändert. Diese Denkweise führt viel eher zum Erfolg.

Ich weiß, wovon ich rede, denn ich musste mit über 50 Jahren einen Vollzeitjob finden und jetzt wieder einen anderen. Meine negative Stimme flüstert: »Ich bin zu alt, niemand wird mich einstellen.« Mir ist klar, dass das eine selbsterfüllende Prophezeiung ist, darum sage ich jetzt: »Ich bin für meine Klienten von Nutzen. Ich vertraue auf meine Fähigkeiten und ich bringe wichtige Erfahrung mit.« Wenn ich nur positiv denkend zu Hause sitze, *The Secret* lese und Kuchen esse, werde ich keinen Job finden. Wenn ich jedoch mein berufliches Netzwerk abgrase und einen tollen Lebenslauf verschicke, steigt die Wahrscheinlichkeit. Darum gehe ich mit Selbstvertrauen an die Sache heran und tue so, als ob.

> *»Mit jeder Erfahrung, bei der man innehalten und sich der Angst stellen muss, gewinnt man Stärke, Mut und Selbstvertrauen. … Man muss das wagen, was man sich nicht zutraut.« – Eleanor Roosevelt*

Wenn Ihnen das Vortäuschen schwerfällt, formulieren Sie Ihre Probleme in positive, praktische »Was-kann-ich-tun«-Fragen um.

Aus: »Ich kann mir das nicht leisten«, wird: »Wie kann ich mir das leisten?« Aus: »Ich kann das nicht«, wird: »Wie gelingt mir das?« Aus: »Das fällt mir schwer«, wird: »Ich arbeite daran.«

Aus: »Ich sollte«, wird: »Ich will.« Sie verstehen, was ich meine.

Machen Sie ein Bingo-Spiel aus positiven Wörtern. Notieren Sie sich sechs positive Wörter und bringen Sie sie im Laufe des Tages in Ihren Gesprächen oder E-Mails unter.

Es geht alles vorüber

Wenn Sie sich von allem überfordert fühlen und Ihr kleines Einer-Ruderboot zu kentern beginnt, bleiben Sie realistisch. Ihr aktuelles Problem macht nur einen winzigen Teil Ihres gesamten Lebens aus. In einem Jahr oder in fünf Jahren wird es schon ganz anders aussehen oder sich erledigt haben. Sie sind stärker, als Sie glauben.

Zusammenfassung

Allein zu leben erfordert eine unglaubliche mentale Stärke.
Zum Glück besitzen wir sie auch.

Finden Sie heraus, wer Sie sein möchten. (Die drei Adjektive.)

Sie entscheiden, wie Sie reagieren.

Stellen Sie sich der Einsamkeit.

Machen Sie aus »Einsamkeit« »Alleinsein«.

Seien Sie bewusst glücklich.

Schöpfen Sie Kraft aus Ihrem Krafttier (Wildhündin, Löwin, Bison).

Machen Sie Ihr Solo-Abenteuer zu einem Projekt.

Behandeln Sie sich gut.

Finden Sie Ihr *ikigai*.

Seien Sie sich gute Gesellschaft, Motivator und Ihr größter Fan.

Schlagen Sie die Tür vor der Negativität zu.

Tun Sie so, als ob sich Ihre Wünsche schon erfüllt hätten.

3 Beziehungen

Ich bin sicher nicht die einzige allein lebende Person, die sich gelegentlich fragt, wann man mein Verschwinden bemerken würde, sollte ich eines Tages in den Gully fallen. Eigentlich ein blöder Gedanke, aber kein schlechter Test, um sich bewusst zu machen, wie gut (oder schlecht) sie mit anderen Menschen verbunden sind oder sich verbunden fühlen.

Wir alle möchten geliebt werden (und beachtet und, im Gully-Szenario, vermisst werden), aber wenn Sie allein leben, haben Sie ein anderes Beziehungsgeflecht als andere Menschen. Eines, das sich häufiger verändert, wobei manche Beziehungen in den Vordergrund rücken und andere an Bedeutung verlieren – und zwar nicht immer jene, von denen Sie es vermuten. Sie erkennen, wie wichtig Freunde und Verwandte sind, nicht zuletzt als Auffangnetz und einzige Sicherheit zwischen Ihnen und dem Abgrund. Ich schwinge wie ein Pendel zwischen meiner Liebe zum Alleinsein und dem Wunsch nach Gesellschaft, Liebe, Lachen und gelegentlicher Intimität.

Paradoxerweise macht uns gerade unsere Fähigkeit, allein gut klarzukommen, zu angenehmer Gesellschaft. Studien ergaben ganz deutlich, dass Menschen, die allein leben, sozialer sind als Menschen, die mit anderen zusammenleben. Oder wie Albert Guinon sagte: »Menschen, die nicht allein sein können, sind meist die schlechteste Gesellschaft.«

Beziehungen verstärken unsere Gefühle. Das Alleinsein hilft mir, besser zu erkennen, welche Menschen in meinem Leben eine Rolle spielen. Und damit meine ich nicht, dass andere Glück haben, mit mir befreundet zu sein, sondern dass es für Menschen, die mir nicht guttun, keinen Platz in meinem (so kostbaren) Leben gibt.

Beziehungen von Alleinlebenden, nach Wichtigkeit geordnet:

1. Sie selbst
2. Familie
3. Freunde
4. Liebesbeziehungen
5. Menschen in Ihrer Umgebung

> *»Deine Aufgabe besteht nicht darin, nach Liebe zu suchen. Suche und finde nur alle Hindernisse in dir selbst, die du vor der Liebe errichtet hast.« – Rumi*

1. Sie selbst

Die wichtigste Beziehung überhaupt ist jene, die Sie mit sich selbst führen. Sie sind die Richtige für sich. Wenn Sie allein leben, ist es wichtig, dass Sie sich gut finden. Nicht Ihren Körper, sondern Ihre Seele, Ihre Persönlichkeit. Was aus Ihren Augen leuchtet.

Stellen Sie sich vor, Sie treffen jemanden, mit dem Sie sich sofort verbunden fühlen. Jemanden, der Ihre Ängste und Träume total versteht. Jemanden, der witzig ist, der Sie inspiriert und in dessen Gegenwart Sie sich wohlfühlen. Einen Menschen, mit dem Sie gern Zeit verbringen möchten. Das sind Sie! Erst wenn Sie diesen Menschen lieben, wird auch alles andere funktionieren. (Und erst dann können Sie auch die Liebe anderer annehmen.)

Man sagt, dass »das Wunder, von nur einer Person gebraucht zu werden, die Gesamtheit der Existenz ausmacht«. Manchmal müssen Sie diese Person sein.

Um glücklich zu werden, muss man einen unbezwingbaren Selbstwert entwickeln. Das ist leichter gesagt als getan, da wir oft unsere größten Kritiker sind. Bewerten Sie sich auf einer Skala von eins bis zehn, wobei zehn die völlige Akzeptanz und den absoluten Glauben an sich selbst bedeutet, und eins für die totale Selbstablehnung steht. Welche Zahl geben Sie sich? Sie müssen sich auf der Skala nach oben vorarbeiten, denn ein geringer Selbstwert kann all Ihre Beziehungen beeinträchtigen.

Frauen, die mit sich selbst unzufrieden sind, bringen der Selbsthilfeindustrie Millionen ein. Denken Sie daher um: Statt vieles an sich verändern zu wollen und nur mit wenig zufrieden zu sein, sollten Sie sich im Großen und Ganzen gut finden und an ein paar Aspekten arbeiten. Wenn Sie sich selbst nicht gut finden, wird es auch sonst keiner tun. Mir gefällt Suze Ormans begeisterter Kommentar: »Ich würde mit mir selbst eine Beziehung eingehen!« Wenn Sie erst einmal das Selbstvertrauen und die Stärke besitzen, kann sie Ihnen keiner mehr wegnehmen. In Liane Moriartys Buch *Vergiss ihn nicht* fiel mir ein Satz besonders auf: »Eine getrocknete Aprikose kann gar keinen Glanz haben.« Plustern Sie sich also auf.

So weit, so klar. Sie denken jetzt bestimmt: »Ach, was Sie nicht sagen!« Wie stellen Sie das mit der Selbstliebe und dem Entwickeln von Selbstvertrauen, das zu größerem Selbstwert führt, nun also an? Probieren Sie Folgendes:

Seien Sie sich eine Freundin

Die wichtigsten Gespräche finden in Ihrem Kopf statt. Pro Tag haben wir rund 50 000 Gedanken. Achten Sie daher darauf, dass es auch positive Gedanken sind. Mit dem negativen Geschwätz, das in unserem Kopf kreist, sind wir nur allzu gut vertraut. Wenn Sie mit einer Freundin so sprechen würden wie mit sich, wäre die Freundschaft wohl bald vorbei. Denken Sie über sich daher so, wie Sie mit einer guten Freundin sprechen würden. Oder erfinden Sie ein Alter Ego (geben Sie ihm einen Namen) und merken Sie sofort, wie sich Ihr innerer Monolog verändert. Wenn Sie fähig sind, einen anderen Menschen zu lieben, sind Sie auch zur Selbstliebe fähig.

Christopher Germer brachte es auf den Punkt: »Ein Moment des Selbstmitgefühls kann Ihren gesamten Tag verändern. Viele solche Momente verändern den Lauf Ihres Lebens.«

Schluss mit der Selbstkritik

Wir haben allerhöchste Ansprüche an uns und machen uns dann zur Schnecke, wenn wir diese nicht erfüllen. Stellen Sie sich vor, Sie wären ein Turnierreiter: Steigen Sie vom Pferd und machen Sie alle Hindernisse auf der Bahn niedriger. Fühlt sich das nicht besser an? Das ist kein Zeichen von Unfähigkeit – Sie sind einfach nur realistisch. Lassen Sie sich nicht vom Anker der Selbstvorwürfe oder Selbstzweifel in den Abgrund ziehen. Machen Sie aus Ihrer ellenlangen »To-do«-Liste eine »Geschafft«-Liste. Sie werden sich gleich zufriedener fühlen. Wenn Sie allein leben, können Sie ohnehin viel produktiver sein, und mit jedem Schritt in die Richtung Ihrer Ziele wird Ihr Selbstwertgefühl exponentiell ansteigen. Setzen Sie sich die Messlatte also nicht zu hoch. Sie müssen keine Erwartungen erfüllen, sondern dürfen Gelegenheiten ergreifen.

Selbstwert-Sammelalbum

Ich sammle in einem Album alle positiven Briefe, Karten und E-Mails, die mir meine Freunde (und Leser!) zugeschickt haben. Dazu gehören Dankesschreiben und aufbauende Briefe nach dem Ende meiner Ehe, aber auch Zettel, auf denen die Mädels aus meinem Buchclub ihre Persönlichkeit mit drei Adjektiven beschrieben. An trüben Tagen, wenn mir mein Alleinsein wie ein Stigma vorkommt, gibt mir das Album wieder neuen Aufschwung.

Auf der ersten Seite befindet sich eine Liste aller meiner positiven Aspekte. (Ich bin ein selbstkritischer Mensch und das Erstellen dieser Liste fiel mir nicht leicht.) Schreiben auch Sie eine Liste und lesen Sie sie laut vor. Oder mailen Sie sich die Liste. Wenn Sie ein positives Mantra haben, das Ihnen hilft, schreiben Sie es dazu.

> *»Entzünde das Feuer deines Lebens. Suche jene, die deine Flammen entfachen.« – Rumi*

Verinnerlichen Sie Ihr ideales Selbst

Stellen Sie sich vor, wie Sie aussehen, wenn Sie am glücklichsten sind: ein Bild, das Ihr innerstes Wesen einfängt und das Sie darstellt, wie Sie sich sehen wollen, ohne durch die Wahrnehmung anderer verzerrt zu sein wie in einem Spiegelkabinett. Das Bild kann ein Foto von Ihnen sein, auf dem Sie mit Ihren Freunden lachen oder am Strand spazieren oder aufs Meer hinausblicken. Es kann ein echtes Foto sein oder nur ein Bild in Ihrem Kopf, aber es sollte Sie daran erinnern, wie großartig Sie sind – besonders an grauen Tagen, an denen Sie sich niedergeschlagen und innerlich leer fühlen.

Entdecken Sie Ihr wahres Wesen

Das Alleinleben bietet Ihnen die Gelegenheit, sich selbst zu finden und wirklich kennenzulernen. In ihrem Buch *Unworthy* beschreibt Anneli Rufus, wie man einige Gefahren für den Selbstwert entschärfen kann: »Ihr Selbst, das sich nicht mehr verabscheut, ist kein Fremder. Es ist Sie, Ihr wahres, wiedergefundenes Selbst. Wir finden unser Selbst, das sich nicht mehr verabscheut, nicht in den Modestrecken der Zeitschriften, aber wir ›hören‹ unsere wahre ›Sprache‹ in Büchern, in Filmen, auf Bildern, in der Natur, in der Musik, im Lachen: wo auch immer sich echte oder erfundene Menschen befinden. Machen Sie ein Spiel daraus – ein feierliches, geheimes Spiel. Was ›spricht‹ zu Ihnen? Namen? Farben? Landschaften? Dialogzeilen? Alles davon ist ein Ausgangspunkt. Ein winziges Licht.«

Auch zu diesem Thema können Sie ein (digitales oder echtes) Album füllen. Sammeln Sie darin Bilder, die in Ihnen starke Gefühle hervorrufen und die wunderbaren Aspekte Ihres Selbst einfangen. Ihre »Jane-heit« oder »Kate-heit« oder »Sarah-heit«. Geben Sie sich vielleicht ein oder zwei persönliche Kennzeichen – eine Blume, die Sie immer im Haar tragen, ein leuchtend roter Lippenstift, eine alljährliche Dinnerparty an einem bestimmten Tag oder ein besonderes Schmuckstück.

Schluss mit Reue und Vorwürfen

Sie bestimmen, ob Sie Klettverschluss oder Teflon sind. Sie können an Sorgen anhaften oder sie von sich abgleiten lassen. Wir alle verspüren Reue, Schuldgefühle und Bedenken – aber diese Gefühle bringen uns nichts. Mit ihren Widerhaken halten sie uns fest. Reißen Sie sich los, streifen Sie Ihr »Schuld & Reue«-T-Shirt ab, machen Sie einen Schritt nach vorne und übernehmen Sie die volle Verantwortung für Ihr Leben. Selbst wenn Ihnen jemand Unrecht getan hat, sind Sie für Ihre Reaktion und Ihre Antwort verantwortlich. Blicken Sie nicht zurück, sondern nur nach vorne, und spüren Sie, wie Sie von Licht und Leichtigkeit erfüllt werden.

Wie Suze Orman sagte: »Erst wenn wir die emotionalen Fesseln des Bedauerns abgeworfen haben, sind wir frei, um weiterzugehen.«

Lernen Sie etwas Neues

Probieren Sie etwas aus, das Sie noch nie gemacht haben. Lernen Sie jedes Jahr etwas Neues – eine Sprache, Boxen, die Liebe zur Oper, Salsatanzen. Ich versuche mich gerade an der Kalligrafie – nicht die einfachste Aufgabe für jemanden mit meiner Ungeduld, aber ich staune, wie gut ich mich dabei fühle. Und dank YouTube haben Sie auch keine Ausrede mehr: Auf YouTube gibt es zu jedem Thema Lernvideos. Zu wirklich jedem.

Ein Ziel setzen und das Ziel erreichen

Sie schaffen das. Verlieren Sie fünf Kilo, gehen Sie einen Monat lang täglich 10 000 Schritte, essen Sie täglich fünf Mal Obst und Gemüse, oder suchen Sie sich einen neuen Job. Setzen Sie sich ein Ziel und arbeiten Sie darauf hin. Danach werden Sie Ihr Spiegelbild garantiert umarmen wollen.

Feiern Sie Ihren Geburtstag

Vor einigen Jahren war mein Geburtstag das reinste Trauerspiel. Niemand dachte daran, nicht einmal meine Kinder. Ich war so verzweifelt, dass ich es Fremden im Supermarkt sagte, nur um die Worte »Herzlichen Glückwunsch!« zu hören. Nie wieder! Mittlerweile habe ich mich doppelt abgesichert. Erstens: Ich gönne mir einen Verwöhntag für mich allein – ein Besuch in der Therme, im Kino oder in meinem Lieblingsrestaurant – und tu mir etwas Gutes. Ich kaufe mir auch Blumen und ein Geschenk. Zweitens: Ich lade Freunde zum Essen ein und sage Ihnen, dass ich Geburtstag habe (keine Geschenke nötig). So habe ich es in den letzten Jahren gemacht und mein Geburtstag war immer schön. Man muss den Tag planen und darf nichts dem Zufall überlassen.

Vorsicht: Selbstwert oder Selbstsucht? Passen Sie auf, dass Ihre positive Selbstfürsorge nicht in Selbstsucht oder gar den gefürchteten Narzissmus abdriftet. Wenn Sie sich zu stark auf sich selbst konzentrieren und Ihre Selbstverbesserung mit Übereifer betreiben, wirken Sie auf andere bald langweilig. Übertreiben Sie es also nicht. Sie sind aber nicht gleich ein Egoist, nur weil Sie etwas für sich selbst tun. Auf Mandarin hat das Wort für »ichbezogen« zwei Bedeutungen: »etwas aus Gier tun« und »etwas tun, das einem nützt«. Auf Deutsch gibt es diese Unterscheidung nicht, fühlen Sie sich also nicht schlecht.

> *»Sei dein eigener Palast oder die Welt ist dein Kerker.«*
> *– John Donne*

2. Familie

Ich habe eine enge Beziehung zu meinen zwei Kindern, aber sonst habe ich keine nahen Angehörigen mehr. Darum finde ich es schade, wenn Menschen kaum Kontakt zu ihren Familien haben. Familien sind so wichtig. Wir alle gehören irgendwie zu einer Familie, auch wenn wir keinen Kontakt haben oder die Familie zerrüttet ist. Es wird immer gute und schlechte Zeiten geben. Bevor meine Schwester starb, hatte ich ein Jahr lang nicht mit ihr gesprochen – was ich heute bereue und womit ich nun leben muss. Wenn Sie also noch Geschwister und nahe Verwandte haben, versuchen Sie, den Kontakt aufrechtzuhalten. Seit ein paar Jahren pflege ich einen engeren Kontakt zu meinen Cousinen in Südafrika. Mit Cousins und Cousinen kann man eine tolle Beziehung aufbauen: Meist ist man in einem ähnlichen Alter, hat aber durch die Verwandtschaft eine speziellere Verbindung als zu seinen Freunden.

Vielleicht – oder sogar wahrscheinlich – werden einige Ihrer Verwandten es »traurig« finden, dass Sie allein leben, und Sie bemitleiden. Lügen Sie nicht, aber zeigen Sie sich ihnen von Ihrer besten Seite, als ein Aushängeschild für uns Singles. Vermitteln Sie die positiven Aspekte des Alleinseins. Lassen Sie keinen Raum für Mitleid. Sie wollen sich schließlich einfach nur unterhalten und keine tausend Varianten der Frage »Geht's dir denn auch gut?« hören.

Wenn Ihre Eltern sterben, fühlen Sie sich einsamer als je zuvor. Anfangs können Sie sich der Trauer ergeben, aber nach einer Weile müssen Sie neben ihr bestehen. Aber es vergeht kein Tag, an dem ich nicht an meine Mutter und meinen Vater denke. Wenn ich im Gedächtnis ihre Stimmen höre, tut mir das Herz weh. Am Muttertag erhielt die britische Komikerin Sarah Millican eine überwältigende Reaktion auf ihren Beitrag auf Facebook: »An alle, die der Muttertag traurig macht: Fühlt euch umarmt. Egal, ob ihr euch nicht versteht, ob sie nicht mehr unter euch weilt oder was der Grund auch ist – ich denke an euch.« Das hast du schön gesagt, Sarah.

Ich bedaure es, dass ich meinen Eltern nicht mehr Fragen zu ihrer Kindheit, ihrem Kennenlernen, ihren Vorfahren und ihren schönsten Erinnerungen gestellt habe. Machen Sie es nicht wie ich. Je älter ich werde, desto mehr Interesse habe ich an meinen Ahnen. Manchmal bereitet die Vergangenheit den Weg für die Zukunft. Indem Sie mehr über Ihre Familie erfahren, verstehen Sie vielleicht besser, warum Sie so sind, wie Sie sind.

Familien können aber auch chaotisch sein und nicht immer so, wie Sie es gerne hätten. Eine nahe Verwandte meines Exmannes lehnte nach meiner Scheidung mein Angebot der Freundschaft ab. Das tat weh, aber ich hatte es zumindest versucht und musste nun loslassen. Die richtigen Menschen tauchen schon zur rechten Zeit auf, warum sollte man also die Hand, die einen beißt, füttern?

> *»Sei freundlich, wann immer es möglich ist.*
> *Es ist immer möglich.« – Tenzin Gyatso, 14. Dalai Lama*

3. Freunde

Als ich das Wort »allein« im Thesaurus auf meinem Laptop nachschlug, fand ich folgenden Eintrag: »Klein fühlte sich furchtbar allein: einsam, isoliert, abgeschieden, verlassen, im Stich gelassen, allein gelassen, verloren, freundlos. Antonyme: geliebt, erwünscht, unter Freunden.« Interessant, dass das Gegenteil von »allein« (zumindest im Fall von Klein) als »unter Freunden« definiert wird. Ich verbringe ja viel Zeit mit mir selbst, aber ich fühle mich nie, als hätte ich keine Freunde. Ich habe schließlich viele Verbündete. Freunde sind ein Geschenk, das man sich selbst macht. Und wenn man allein lebt, haben Freundschaften eine noch größere Priorität unter den Beziehungen. Umgeben Sie sich mit Freunden, die Ihre gewünschte Persönlichkeit reflektieren, denn Sie sind der Schnitt aus den fünf Menschen, mit denen Sie die meiste Zeit verbringen.

Seien Sie wählerisch

Freunde sind Ihr Auffangnetz, Ihr Resonanzkörper, Ihr soziales Leben, eine Quelle des Glücks und das Fundament Ihres Selbstwerts. Freundschaften sind wie Gärten – man muss Sie pflegen, damit sie gedeihen können. Aber man muss sie auch von Unkraut befreien. Wenn Sie also Freunde haben, die Ihnen nicht guttun, wird es Zeit zum Jäten.

Manchmal haben wir uns mit Freunden auseinandergelebt. Wir entwickeln uns weiter, unsere Umstände und Ansichten verändern sich, oder wir haben nicht mehr viel gemeinsam. Manchen meiner neueren Bekanntschaften stehe ich näher als einigen meiner alten Freunde –

weil wir etwas haben, das uns verbindet. Freunde kommen und gehen, nur wenige verlässliche Konstanten bleiben.

Manche falschen Freunde glauben, dass sie es gut mit Ihnen meinen, aber sie verbreiten eine übermäßige Negativität. Ein böses Wort oder ein abwertender Spruch kann uns mitten ins Herz treffen. Vor Kurzem verletzte mich ein Freund mit einem unbedachten Kommentar (der hilfreich gemeint war) und ich machte ihn darauf aufmerksam. Unsere Freundschaft hat einen Dämpfer abbekommen und ist vielleicht vorbei, aber ich bin froh, dass ich ihm meine Meinung gesagt habe. Manchmal muss man klare Grenzen ziehen. Was Sie zulassen, fördern Sie auch. Akzeptieren Sie keine Freunde, die denken wie Gore Vidal: »Immer wenn ein Freund Erfolg hat, stirbt ein kleiner Teil von mir.«

Eine Scheidung oder der Tod des Partners offenbart, wer Ihre wahren Freunde sind. Die meisten frisch geschiedenen Frauen erleben (so wie ich auch), dass manche Freunde bewusst oder unbewusst auf Abstand gehen. Sie merken, wie sich die Dynamik der Freundschaft auf ihren neuen sozialen Stand ausrichtet. Manchmal müssen Sie Ihren Freunden ganz offen sagen, dass Sie gerne weiterhin zu gesellschaftlichen Anlässen eingeladen werden möchten, auch wenn dort sonst nur Paare auftauchen. Eine verheiratete Freundin von mir plapperte kürzlich unaufhörlich über ihr stressiges Wochenende voller gesellschaftlicher Verpflichtungen. Sie war geschockt, als ich ihr sagte, dass ich 48 Stunden lang mit keinem Menschen gesprochen hatte.

Ihre Freunde haben vielleicht Mitleid mit Ihrer Situation, aber kein Verständnis. Verständnis erfordert Arbeit. Verständnis ist besser als Mitleid. Mitleid ist nur eine Reaktion – ein Hin und Her, ein Klickern und Klackern, wie die silbernen Kugeln eines Newtonpendels. Echte Freunde haben Verständnis. Sie können sich in Sie hineinversetzen, sie unterstützen Sie und kämpfen an Ihrer Seite. Wie Francis Bacon es sagte: »Die schlimmste Einsamkeit ist das Fehlen einer aufrichtigen Freundschaft.« Echte Freunde sind verständnisvolle Freunde.

Tipps zum Pflegen von Freundschaften

- Erstellen Sie eine Liste all Ihrer Freunde und Bekannten. Markieren Sie jene, denen Sie mehr Aufmerksamkeit schenken sollten.
- Schreiben Sie Freunden, die weit weg wohnen, regelmäßig E-Mails oder gelegentlich einen handgeschriebenen Brief. Ich schreibe einmal im Quartal eine E-Mail und kopiere sie, um sie zu personalisieren. Das kostet Zeit, aber die Mühe lohnt sich.
- Geht es einem Ihrer Freunde schlecht, besonders nach einem Misserfolg, melden Sie sich und bieten Sie Ihre Unterstützung an. So etwas vergisst man Ihnen nie.
- Abonnieren Sie die Newsletter von Theatern und Galerien, sodass Sie immer über neue Veranstaltungen informiert sind. Wenn etwas Interessantes dabei ist, fragen Sie Ihre Freunde, ob sie Sie begleiten möchten, und reservieren Sie dann die Karten. Ihre Freunde werden es Ihnen danken. Jeden Sommer reserviere ich mehrere Karten für ein Open-Air-Kino und biete sie dann im Freundeskreis an, was sich jedes Mal großer Beliebtheit erfreut.
- Ich koche gerne und lade einmal im Monat Freunde zum Abendessen bei mir ein. Jedes Mal setze ich einen kulinarischen Schwerpunkt – bis jetzt gab es unter anderem malaysische, persische und koreanische Küche.
- Gehen Sie auf Erkundungstour! Ich lerne gerne verschiedene Gegenden in meiner Stadt kennen, besonders Viertel, die von anderen Kulturen geprägt sind. Manchmal mache ich kleine Führungen für meine Freunde. Eine »Entdeckerfreundin« und ich erkunden zusammen die Geheimtipps in der Nachbarschaft. Das verbindet uns.
- Wenn eine Freundin sich mit einem Problem an Sie wendet, ist es oft besser, nicht sofort Ihre Lösungsvorschläge hinauszuposaunen. Seien Sie wie Wasser: anpassungsfähig, wertfrei, ruhig und reflektiert, sodass Ihre Freundin selbst zu einer Lösung kommen kann. Der persische Dichter und Mystiker Hafiz schrieb: »Voller Sorgen? Dann bleib bei mir, denn ich bin es nicht.« Und die wortgewandte Martha Beck sagte, dass man Probleme löst, indem man jemanden still genug sein lässt, damit er sein wahres Selbst hören kann.

- Wenn Sie Freunde im Ausland haben, besuchen Sie sie im Rahmen einer Urlaubsreise. Als ich nach Europa reiste, traf ich mich mit meiner ältesten Freundin H. B., die in Brüssel lebt. Ich blieb nur eine Nacht, aber es tat so gut, unsere Freundschaft neu zu entfachen. Nach dem Besuch schickte sie mir eine E-Mail – hier ein Auszug: »Wie bittersüß, dich hier zu haben und dann wieder Abschied nehmen zu müssen. Aber wie ich sagte: Ich bin immer hier, du bist immer hier, selbst, wenn wir an entgegengesetzten Enden der Welt leben. Manche Verbindungen überschreiten Raum und Zeit. Man könnte es Liebe nennen.«

Neue Freunde finden

Studien ergaben, dass Menschen, die allein leben, sozial engagierter sind als Paare. Das kommt wenig überraschend. Eine glücklich verheiratete Freundin gab offen zu, dass sie keine neuen Freunde »einstellt«. Ich bewundere ihre ehrliche Direktheit, aber frage mich, ob sie das auch sagen würde, wenn sie Single wäre. Wir müssen uns schon etwas Mühe geben. Ich bin nicht verzweifelt auf der Suche nach neuen Freunden, aber da ich mittlerweile seit Jahren allein lebe, habe ich schon unter verschiedensten Umständen Freundschaften geknüpft – im Französischkurs, bei ehrenamtlicher Arbeit, in der Nachbarschaft und beim Gassigehen mit dem Hund (die Leinen unserer Hunde hatten sich ineinander verwickelt). Viele meiner neuen Freunde leben ebenfalls allein – es tut gut, mehrere positive Single-Freunde zu haben, die Halt geben und vielleicht zu engen Vertrauten werden. Aber wenn Sie neue Freunde finden wollen (was ich nur empfehlen kann), müssen Sie aktiv werden. Die Online-Plattform Meetup ist ein guter Ausgangspunkt dafür.

Konflikte

Mit der Zeit legt man sich ein dickes Fell zu. Ich lerne, immer besser mit Kritik umzugehen, aber da ich niemanden habe, mit dem ich darüber reden kann, tut Kritik immer noch weh. Ich versuche, wie ein Gürteltier zu sein und nichts durch meinen Panzer an mich heranzulassen. Eine der schmerzhaftesten Enttäuschungen erlebte ich, als sich nach meiner Scheidung einige Freunde von mir abwandten. Es war, als wäre ich von einer geheimen gesellschaftlichen Liste gestrichen worden. Meine Scheidung hatte offensichtlich einige Freundinnen, deren Beziehungen noch zerrütteter als meine Ehe waren, hart getroffen. Diese erwachsenen Frauen gaben mir das Gefühl, eine Aussätzige zu sein. Außerdem fühlen sich Menschen, die nicht ohne andere Menschen leben können, von Personen bedroht, die das sehr wohl können. Bleiben Sie stark. Solche »Freunde« haben sich keinen Platz in Ihrem Leben verdient.

Ich hasse Streit unter Freunden und vermeide Konflikte, so gut es geht. Aber manchmal sind sie unvermeidlich. Viele Streitereien entstehen aus Missverständnissen oder weil eine Person das Gefühl hat, man hört ihr nicht zu. Im Prinzip geht es um Bestätigung:

> *»Ein wahrer Freund trägt mehr zu unserem Glück*
> *bei als tausend Feinde zu unserem Unglück.«*
> *– Marie von Ebner-Eschenbach*

Ihr Gegenüber muss wissen, dass Sie ihn beachten, ihm zuhören und seine Belange ernst nehmen. Haben Sie Geduld und zeigen Sie guten Willen. Denken Sie daran: Wenn Sie mit dem Finger auf jemanden zeigen, werden drei Finger auf Sie zurückzeigen. Wollen Sie recht oder Ihre Ruhe haben? Lassen Sie den Konflikt nicht schwelen. Versuchen Sie, Probleme zu lösen, aber wenn das nicht geht, lassen Sie los. Ihr Leben ist zu wertvoll, um es mit negativer Energie zu füllen oder sich in eine emotionale Sackgasse drängen zu lassen. Streifen Sie die Freundschaft ab – wie eine Schlange, die ihre Haut abwirft.

Manchmal werden sich Menschen in Ihrem Umfeld danebenbenehmen. Ich habe herausgefunden, dass es sich nicht lohnt, ihr Verhalten zu kommentieren oder zu kritisieren. Lernen Sie daraus nur, wie man sich nicht verhalten sollte. Schreiben Sie alles auf, was Sie der betreffenden Person gerne sagen würden, und zerreißen Sie den Zettel dann. Lassen Sie los. Wenn Sie wütend werden, lästern und zurückkeifen, sind Sie kein Deut besser. Die Autorin Byron Katie sagte: »Ich bin das, wofür ich dich halte, in dem Moment, in dem ich das glaube.« Vielleicht ging es Ihnen auch schon einmal so. Wenn ja, machen Sie es in Zukunft besser.

> *»Es gibt einen Moment in deinem Leben, in dem du erkennst: Wer wichtig ist, wer nie wichtig war, wer nicht mehr wichtig ist und wer immer wichtig sein wird. Trauere nicht den Menschen deiner Vergangenheit hinterher – es gibt einen Grund, warum sie es nicht in deine Zukunft geschafft haben.«*
> *– Adam Lindsay Gordon*

4. Liebesbeziehungen

Die Liebe zwischen meinem Exmann und mir verschwand, als wir nicht aufpassten. Mit einem gebrochenen Herzen lebt es sich nicht leicht – un cœur brisé, ein »zerbrochenes« Herz, wie die Franzosen sagen – und ich musste lernen, mein altes Leben loszulassen und nicht zurückzublicken. Sie wollen schließlich nicht ein Herz voller Splitter haben, wenn der Mensch, den Sie einst liebten und dem Sie vertrauten, nicht der Mensch war, für den Sie ihn hielten. Dieser Mensch existiert nicht mehr. Und das Loslassen hilft. Beim Vergeben geht es nicht um den anderen, sondern um Sie. Wenn Sie nicht vergeben können, wird Ihnen Ihr aufgestauter Hass und Schmerz viel mehr schaden als der anderen Person. Und Sie werden nie loslassen können. Wenn Sie jemandem vergeben, entziehen Sie dieser Person ihre Macht über Sie. Die Autoren Zalman Schacter-Shalomi und Ronald Miller schreiben in ihrem Buch *From Age-ing to Sage-ing* sehr treffend über das Vergeben:

»Wenn ich mich weigere, jemandem ein Unrecht zu vergeben, mobilisiere ich mein eigenes inneres Rechtssystem, um den Täter zu bestrafen. Als Richter und Geschworene verurteile ich die betreffende

Person zu einer langen Haftstrafe ohne Bewährung und sperre sie in ein Gefängnis, das ich aus den Ziegeln und dem Mörtel eines verbitterten Herzens errichtet habe. Als Wärter und Aufseher muss ich nun genauso lange in diesem Gefängnis verbringen wie die Person, die ich bewache. All die Energie, die ich in den Erhalt dieses Gefängnisses stecke, entnehme ich meinen ›Energieressourcen‹. Aus dieser Sicht betrachtet ist mein Groll äußerst kostspielig, denn lang gehegte Gefühle der Wut, der Verbitterung und der Angst erschöpfen meine Energie und behindern meine Vitalität und Kreativität.«

Einen Groll zu hegen ist wie Gift zu nehmen und darauf zu hoffen, dass ein anderer daran stirbt. Wut vergiftet Ihr Inneres. Steve Harvey traf den Nagel auf den Kopf, als er sagte: »Man kann glücklich sein oder man kann recht haben.«

Gemeinsam einsam

Ich war überrascht, als ich erkannte, wie giftig Liebe werden kann. Ich weiß, wie es sich anfühlt, wenn man sich fest an jemanden bindet und einem dann das Herz aus dem Leib gerissen wird. Das tut verdammt weh, selbst wenn Sie zwei Gegensätze waren – wie Säuren und Basen. Aber Sie können sich nicht vom Geist einer sterbenden Beziehung verfolgen lassen. Vergessen Sie nie, dass es Ihnen allein viel besser geht als in einer Beziehung, die ungemütlicher ist als die Sahara oder die Wüste Gobi. Nur 25 Prozent aller verheirateten Australier beschreiben ihre Ehe als glücklich.

Es ist besser, allein zu sein, als sich zu wünschen, dass man es wäre. Viele Menschen fühlen sich völlig allein, obwohl sie mit jemandem zusammenleben. Eine lieblose Beziehung ist die schlimmste Form des Alleinseins.

> *»Es ist besser, allein unglücklich zu sein, als unglücklich mit jemandem zusammen zu sein – bisher.« – Marilyn Monroe*

Nicht Hass ist das Gegenteil von Liebe, sondern Gleichgültigkeit. Es ist schlimm, dass sich so viele Menschen in einer kaputten Ehe oder

Beziehung einsam fühlen und nur noch von den Tentakeln der Vergangenheit zusammengehalten werden. Falls Sie sich auch in dieser Situation befinden, hoffe ich, dass Sie den Mut finden, sie zu beenden. Ein selbstbestimmtes Leben bringt Freiheit. Für eine Trennung müssen Sie sich nicht rechtfertigen, aber um zu bleiben, brauchen Sie einen guten Grund. Vielleicht hilft es Ihnen, alles aufzuschreiben, womit Sie in Ihrer Beziehung unglücklich waren. Trösten Sie sich mit dem Gedanken, dass Sie das nie wieder ertragen müssen.

Auch wenn mein Herz einen Knacks abbekommen hat, bereue ich meine Ehe nicht. Ich weiß jetzt aber, dass man keine Ehe braucht, um sich komplett zu fühlen. Sie können sich auch allein komplett fühlen.

Lassen Sie nicht zu, dass eine andere Person Sie unglücklich macht.

Das Singledasein akzeptieren

Ach, wie sehr vermissen wir doch die Weisheit Nora Ephrons: »Auf das Verlangen, zu heiraten – was leider ein grundlegender Wunsch der Frauen zu sein scheint –, folgt fast sofort der ebenso grundlegende Wunsch, wieder allein zu sein.«

> *»Wir alle sind uns selbst ein besserer Ratgeber, als es eine andere Person je sein könnte – wenn wir nur auf uns hören würden.« – Jane Austen*

Im Großen und Ganzen sind das Alleinleben und das Singledasein eine gute Wahl, aber sie sollte bewusst getroffen werden und kein erzwungener Kompromiss sein.

Nancy Goldner unterscheidet in ihrem Buch *Living Solo* zwischen »umstandshalber single« und »gefühlsbedingt single«. Der erste Begriff bedeutet, dass Ihr Leben nicht erwartungsgemäß verlaufen ist und Sie darum single sind, aber es für Sie keine große Sache ist. Das trifft auch auf mich zu. Es ist schon eine ganze Weile her, dass ich »Herz = gestohlen« in mein Tagebuch geschrieben habe. Der Begriff »gefühlsbedingt single« bedeutet, dass Sie Verzweiflung und Trauer über Ihr Singledasein empfinden und nicht daran glauben, dass Ihnen ein Leben nach

Ihren Vorstellungen zusteht. Diese Einstellung kann sehr belastend sein und bedarf vielleicht professioneller Hilfe, bevor Sie etwas verändern können.

Als Single fühlt man sich nicht automatisch oder mühelos gut damit. Die Gesellschaft diktiert ein bestimmtes Verhalten: Fang den goldenen Ring der Ehe oder empfange das Brandmal des Versagens. Schließlich wären Sie ja nicht allein, wenn Sie gefragt und begehrenswert wären, oder? Zum Glück bin ich selbstbewusst genug, um solche Gedanken nicht ernst zu nehmen. Allerdings besteht die realistische Möglichkeit, dass ich bis ans Ende meines Lebens allein bleiben werde.

> *»Es geht nicht darum, wie man dich nennt.*
> *Es geht darum, worauf du hörst.« – W. C. Fields*

Und so geht es vielen. Unter meinen geschiedenen Freunden hat jeder Mann wieder eine Partnerin, aber die Frauen sind single. Die Chancen stehen nicht gut für uns.

Wenn Sie erst einmal eine Zeit lang single waren und sich daran gewöhnen, werden Sie die Vorteile des Alleinseins immer mehr zu schätzen wissen und sich fragen, ob Sie jemals wieder darauf verzichten können. (Ich kann machen, was ich will, wann ich es will, wo ich es will, wie ich es will und mit wem ich es will.)

Liebe. Wollen Sie sie?

»Du wirst jemanden kennenlernen, wenn du es am allerwenigsten erwartest.« Der nächsten Person, die das zu mir sagt, verpasse ich einen Nasenstüber, das schwöre ich. Eine Liebesbeziehung scheint das glückliche Ende zu sein, das sich jeder für mich wünscht. Ich bezweifle, dass *Eat, Pray, Love* so ein großer Erfolg gewesen wäre, hätte der Titel *Eat, Pray, Freunde finden* gelautet.

Sie müssen selbst wissen, ob Sie bereit oder gewillt sind, eine neue Beziehung einzugehen. Wenn Sie es sind, werden Sie das auch ausstrahlen und den richtigen Menschen, der ähnliche Vorstellungen hat, magnetisch anziehen. So läuft das.

Ich liebe mein Singledasein – vielleicht etwas zu sehr – und ich möchte mich nicht unbedingt in eine Situation begeben, in der ich wieder verletzt werde. (Oder in der man mich nackt sieht: »Jane, was trägst du nur für große Unterhosen!«) Momentan ist mein Herz versandet und wie die Spitze eines Farns eingerollt. Aber ich darf mich nicht der Möglichkeit verschließen. Schließlich kann es auch wundervoll sein, jemanden kennenzulernen, der das Vertrauen und die Kostbarkeit einer intimen Beziehung respektiert und der möchte, dass man das eigene Potenzial erfüllt. Und es wäre schön, wenn Sex nicht mehr so selten vorkommt wie das Erscheinen des Halley'schen Kometen (also etwa alle 75 Jahre), wobei die Enthaltsamkeit etwas Beruhigendes hat. Fenton Johnson nennt sie in seinem wunderbaren Essay »Going It Alone« ein »freudiges In-sich-Kehren« und zitiert die notorisch enthaltsame Emily Dickinson: »Berauscht von Himmelsluft bin ich, Wüstlingin jungen Taus.«

Man fragt sich irgendwann, ob es der Sex ist, den man vermisst, oder eher das Davor und Danach. Ich verwöhne meine sinnliche Seite mit Vollbädern im Kerzenschein, Massagen und Bettwäsche mit allerhöchster Fadendichte. Wenn ich ins Bett steige, knistert es hörbar. Außerdem hat mir eine Freundin ein »Boyfriend-Kissen« geschenkt – ich Glückliche! Es hat die Form eines kopflosen Männertorsos und trägt (kurioserweise) ein blaues Business-Hemd. Man kann sich unter seinen Arm kuscheln und so einschlafen. Ich erwähne dieses Kissen, weil ich es witzig finde, auch wenn es nicht gerade zur Botschaft dieses Buchs passt – nämlich, dass man das Alleinsein genießt und keinen einarmigen, kopflosen Ersatzliebhaber im Business-Hemd braucht. Pfft!

Natürlich wäre es schön, wenn mein Herz vom elektrisierenden Blitz der Liebe getroffen würde. Oder wenn ich jemanden kennenlernen würde, der so romantisch und aufmerksam wie mein englischer Vater ist – er hatte ein Stück Wellblech vor das Fenster des Elternschlafzimmers gelegt, weil das Geräusch des Regens darauf meine neuseeländische Mutter immer an ihre Heimat erinnerte. Und wer wünscht sich nicht eine Hochzeitsrede wie die von Tom Fletcher (von der Band McFly – googeln Sie ihn!). Mehrere geschiedene Frauen, die ich kenne (auch die Autorin Elizabeth Gilbert), entdeckten ganz überraschend die Liebe zu einer Frau. Ich freue mich für sie.

Mittlerweile hängt mein Glück nicht mehr von der Liebe ab. Eine Beziehung ist optional, Freundschaften sind Pflicht. Ein Mann (oder eventuell eine Frau) ist das Sahnehäubchen und nicht die Torte. Ich möchte meine Unabhängigkeit nicht gefährden oder aufgeben. Aber jeder Mensch ist anders und für manche Leute steht ein Partner ganz oben auf der Wunschliste.

Was möchte ich?

Je älter ich werde – und je länger ich allein lebe –, desto weniger bin ich bereit, irgendwelche Kompromisse einzugehen, auch nicht in einer Beziehung. Mein Arschloch-Detektor funktioniert perfekt und meine Anforderungen an einen potenziellen Partner stehen im umgekehrten Verhältnis zu meinen Chancen, jemanden kennenzulernen. Ganz oben auf der Liste der gewünschten Eigenschaften stehen Neugier und Scharfsinn, gefolgt von einer Lust auf Reisen und Spaziergänge im Regen. Er muss wissen, was ein Okapi ist und wie man Spaghetti Carbonara macht (keine Sahne!) und dass Supermärkte in fremden Ländern so interessant sind wie ein Museum. Er muss scharfe Nudeln mögen, zahlungsfähig sein, die Rechtschreibung beherrschen oder zumindest wissen, wie man Apostrophe setzt. Und wie man »Apostroph« schreibt. Auf keinen Fall darf er beim Lesen die Lippen bewegen. Und er muss so jung sein, dass er seine Nasenhaare noch nicht zu einem Zopf flechten kann. Ist das zu viel verlangt?

Petersilie, Pfirsiche oder Pizza? Realistisch bleiben

Für Männer stehen die Chancen viel höher als für Frauen, mit zunehmendem Alter noch jemanden kennenzulernen. In Japan gibt es sogar ein eigenes Wort für ledige Frauen über 30: paseri – Petersilie –, da sie nach dem Essen auf dem Teller liegen bliebt. Deprimierend, oder?

Selbst wenn ich mutig genug wäre, um mich auf Partnersuche zu begeben, hätte ich Angst vor Ablehnung.

»Single ist kein Zustand, sondern die treffendste Beschreibung für eine Person, die so stark ist, dass sie ihr Leben genießen kann, ohne von anderen abhängig zu sein.« – Unbekannter Verfasser

Dita von Teese sagte einmal: »Du bist vielleicht der reifste, saftigste Pfirsich auf der ganzen Welt, aber es wird immer jemanden geben, der Pfirsiche nicht ausstehen kann.«

Zurzeit lebe ich glücklich nach dem Motto che sera sera (»was sein wird, wird sein«). Aber sollte ich einmal bereit für eine Beziehung sein, wird mein Traummann nicht an meine Haustür klopfen, während ich in meinem blauen Nachthemd auf der Couch sitze, Netflix gucke und Pizza Diavolo esse. Ich muss rausgehen. Ins Fitnessstudio, zum Abendkurs, zur Freiwilligenarbeit oder auf diese Feier, die ich lieber absagen würde. Aber die Möglichkeiten sind begrenzt. Die besten Beziehungen entstehen ohne Mühe und aus Freundschaft. Darum erscheint Online-Dating widersinnig. Doch die Zahlen sprechen für sich und ein großer Teil aller Beziehungen beginnt heute im Internet. Diese Art der Partnersuche hat ihr Stigma verloren, aber dennoch bin ich dafür wahrscheinlich zu dünnhäutig und habe weder die Geduld noch den Mut, mich darauf einzulassen. So schnell werde ich wohl nicht nach rechts wischen. Momentan bin ich auch noch ohne Mann im Haus glücklich.

»Es ist besser, man ist single und hat hohe Ansprüche, als sich in einer Beziehung mit weniger zufriedenzugeben.« – Unbekannter Verfasser

Natürlich besteht immer die Möglichkeit, dass man jemanden auf einer interessanten Veranstaltung oder bei Unternehmungen kennenlernt – auf einem Konzert, bei einem Vortrag, auf einer Dinner-Party oder in einem Abendkurs. Nehmen Sie ein oder zwei Monate lang jede Einladung an. Ich hatte in solchen Situationen bis jetzt eher weniger Glück, aber man weiß ja nie, wem man begegnet. Wenn Ihre sozialen

Fähigkeiten eingerostet sind, helfen Ihnen vielleicht die Tipps aus Dale Carnegies Bestseller (30 Millionen verkaufte Exemplare!) *Wie man Freunde gewinnt: Die Kunst, beliebt und einflussreich zu werden.* Kurz gesagt: Zeigen Sie Interesse an anderen Menschen, lächeln Sie, merken Sie sich Namen (»der süßeste und wichtigste Klang in jeder Sprache«), hören Sie aufmerksam zu, sprechen Sie über die Interessen der anderen und geben Sie ihnen das Gefühl, dass sie wichtig sind. Klingt doch nach einem guten Rat.

Vielleicht bin ich das, was die Journalistin Sasha Cagan »Quirkyalone« nennt, ein etwas eigener, schrulliger Einzelgänger. Cagan bezeichnet damit Menschen, die zwar Interesse an Beziehungen haben, aber lieber glücklich allein sind, als um jeden Preis eine Beziehung einzugehen. In ihrem Buch *Quirkyalone: A Manifesto for Uncompromising Romantics* schreibt sie über die »Tyrannei der Paarbeziehung« und ich bin ganz ihrer Meinung. Wenn ich mir viele Paare so ansehe, wirkt ihr Leben wirklich oft erdrückend. Vielleicht werde ich immer zynischer, aber beim Satz »du machst mich komplett« läuft es mir eiskalt den Rücken hinunter – so fühle ich mich sonst nur beim Anblick von Pantomimen.

Ich bin zwar single, aber ich finde es unaufrichtig, eine große Sache daraus zu machen. Zum Beispiel, indem man einen »Single-Ring« trägt. Auf der Website, die diese Ringe verkauft, heißt es: »Mein Leben ist schon fabelhaft, aber ich bin für alles offen.« Der Ring soll »die Mitglieder bestärkend daran erinnern, dass sie bereits komplett sind«. Hmmm. Da bevorzuge ich doch die Reklame von De Beers, die dazu auffordert, sich einen Diamantring für die rechte Hand zu kaufen. (»Die linke Hand bedeutet ›wir‹, die rechte Hand gehört ›mir‹«).

5. Menschen in Ihrer Umgebung

Ich machte mir nie große Mühe, fremde Leute anzusprechen. Immer war ich in Eile, auf dem Weg von der Arbeit nach Hause zu den Kindern und »im Stress«. Das hat sich verändert, seitdem ich allein lebe. Man freut sich über ein Lächeln oder ein nettes Wort von einem Nachbarn, einer Verkäuferin oder dem Besitzer eines Cafés. Manchmal reicht das gerade aus, um das Verlangen nach menschlichem Kontakt zu stillen. Dabei fällt mir die Geschichte eines Sufis ein, in der ein Mann sagt: »Meister, ich habe die Antwort gefunden! Klopf an und die Tür wird sich dir öffnen.« Der Meister sagt darauf: »Wer behauptet, dass die Tür geschlossen war?« Selbst wenn wir uns allein fühlen, sind wir immer noch von einer ganzen Galaxie aus unterschiedlichen Gemeinschaften umringt. Am nächsten stehen uns Familienangehörige, Freunde und Arbeitskollegen, aber auch die Nachbarschaft sollte nicht unbeachtet bleiben.

Es mag erzwungen klingen, aber ich habe mir vorgenommen, mich noch vor Jahresende mit einer Person aus meiner Umgebung anzufreunden. Hier gibt es einen Hundepark voller geselliger Nachbarn, das ist schon mal ein guter Anfang. An dieser Stelle gestehe ich, dass ich Rory vor Kurzem bei einer Hundeschau hier in der Gegend angemeldet hatte. Und er gewann in der Kategorie »Kostüm«. Er trug ein Sherlock-Holmes-Outfit (»Sherlock Bones«), das ich ihm gebastelt hatte. Es war eine einmalige Sache und vielleicht sagte mir Gott damit, dass ich zu viel Freizeit habe. Aber ich habe mich mit der netten Dame, die die Schau gesponsert hatte und ebenfalls allein lebt, auf ein Glas Wein verabredet. Mein Freundschaftsplan scheint also aufzugehen.

In Australien kennen rund 40 Prozent der Einwohner ihre Nachbarn. Es ist nicht nur schön, jemanden beim Namen zu kennen, sondern auch praktisch, falls man einmal Hilfe braucht – für Notfälle (Unfall, Krankheit) oder Kleinigkeiten, etwa beim Tragen eines schweren Möbelstücks.

Auf philosophischer Ebene erinnert diese Verbundenheit mit der Gemeinschaft an das Prinzip des »Ubuntu«, des südafrikanischen Glaubens an eine universelle Verbindung, zu der wir alle gehören. Es gibt keine wörtliche Übersetzung, aber »Ubuntu« bedeutet so viel wie: »Ich bin, weil wir sind.« Das heißt, selbst wenn Sie gerade allein sind, sind Sie niemals wirklich allein, sondern immer ein Teil der Menschheit.

Zum Abschluss: zwei Beine oder vier?

Menschen, die nicht allein leben, glauben oft, dass ein Haustier ein Ersatz für menschliche Gesellschaft und ein Heilmittel gegen Einsamkeit sein kann. Beides ist falsch. Ich besitze einen Hund, und wenn er nicht bei mir ist, wirkt das Haus verlassen. Dennoch ist Rory nur ein Hund. Ein Tier. Ich liebe es, wenn er mich freudig begrüßt, mich zu einem Spaziergang drängt und mich manchmal richtig anlächelt. Aber er ist kein Ersatz für einen Zweibeiner. Er ist auch nicht mein »felliger Freund« oder mein »Fellbaby«. Wir diskutieren nicht über Nietzsche, wir gucken nicht zusammen *Game of Thrones* und wir teilen uns nicht das Abendessen und eine Flasche Wein. Rory ist ein Gefährte, aber er ersetzt nicht die Beziehung zu einem Menschen.

> *»Du kannst nicht einfach in deiner Ecke des Waldes darauf warten, dass Menschen zu dir kommen. Manchmal musst du auch zu den Menschen gehen.« – Unbekannter Verfasser*

Zusammenfassung

Geben Sie sich oberste Priorität und lernen Sie, sich selbst zu mögen.

Pflegen Sie den Kontakt zu Ihren Familienangehörigen.

Kümmern Sie sich um Ihre Freunde, aber trauen Sie sich auch, Freundschaften zu beenden und neue Freundschaften zu knüpfen.

Lassen Sie vergangene Beziehungen los und entscheiden Sie, ob Sie bereit für eine neue Liebe sind.

Lernen Sie Menschen in Ihrer Umgebung kennen.

4 Gesundheit

Ihre Gesundheit ist das Wichtigste. Wenn Sie nicht auf Ihren Körper achten, können Sie Ihr Leben nicht auskosten. Gerade wenn man allein lebt, sollte man die Gesundheit zur obersten Priorität machen. Denn es ist niemand da, der Ihnen hilft, falls Sie krank werden oder Ihnen etwas zustößt. Sie sollten unbedingt dafür sorgen, gute Ärzte zu haben, besonders einen aufmerksamen Hausarzt (nicht zu alt, nicht zu jung, gerade richtig), dem Sie vertrauen können, und einige Freunde, die zur Not für Sie da sind. Aber vorbeugen ist besser als heilen. Sie sind Ihr bestes Auffangnetz. Ihre Freunde interessieren Ihre kleineren (oder auch größeren) Gesundheitsprobleme nicht. Darum müssen Sie selbst die Verantwortung für Ihre Gesundheit übernehmen. Sollte ich jemals nachlässig werden, muss ich nur daran denken, dass ich nur dann unabhängig sein kann, wenn ich auch gesund bin.

Sie selbst sind Ihr Auffangnetz

In ihrem Buch *Living Solo* schreibt Nancy Goldner darüber, wie man allein auf die »Leiter des Alterns« klettert. Ich steige lieber zwei Sprossen auf einmal hoch, statt mich wie James Caan in *Misery* mühsam nach oben zu schleppen. Helen Gurley Brown bezeichnete die Ehe als »eine Versicherung für die schlechtesten Jahre im Leben«. Diese Versicherung habe ich nicht, darum möchte – und muss – ich, solange es geht, möglichst unabhängig bleiben. Ich möchte alles machen können, was ich will, und niemanden brauchen, der mir den Hintern wischt. Am liebsten möchte ich meinen Hintern bis an mein Lebensende selbst wischen können. Dieser Gedanke motiviert mich. Auch Geld spielt eine Rolle. Arztbesuche und Kranksein sind teuer. Die Statistiken der Krankenversicherungen zeigen, dass 30 Prozent aller Kosten für medizinische Betreuung in den letzten sechs Lebensmonaten entstehen.

Sie merken schon, wie ich versuche, Ihnen die Bedeutung der Eigenständigkeit einzuhämmern. Gerade in puncto Gesundheit gehört dazu auch Disziplin – in einer Welt, in der gesundes Leben nicht einfach ist: Wir fahren von A nach B (statt zu gehen), wir essen praktische Fertiggerichte und wir konsumieren unser Entertainment träge am Laptop.

Dieses Kapitel zeigt Ihnen, wie Sie Ihre Gesundheit in die eigenen Hände nehmen. Es besteht aus zwei Teilen: Im ersten Teil erstellen Sie Ihren persönlichen Gesundheitsplan, im zweiten Teil erfahren Sie, wie Sie die typischen Gesundheitsprobleme von Alleinstehenden vermeiden können. So leicht geben wir uns nicht geschlagen.

»Der größte Reichtum ist Gesundheit.« – Vergil

Teil 1: Ihr persönlicher Gesundheitsplan

Betrachten Sie Ihren Gesundheitszustand einmal ganz nüchtern. Lassen Sie sich von einem Allgemeinmediziner gründlich durchchecken. So erhalten Sie schon einige Ausgangswerte, mit denen Sie arbeiten können.

Ehrliche Einschätzung

Die meisten Menschen nehmen ihre Gesundheit als selbstverständlich an: wie ein altes Auto, dem man lieber einen neuen Anstrich verpasst, statt unter der Motorhaube genauer nach dem Rechten zu sehen. W.H. Auden sagte einmal: »Der Tod ist das ferne Donnergrollen bei einem Picknick.« Ich habe die gesundheitlichen Auswirkungen meines Verhaltens und meines Lebensstils viele Jahre lang ignoriert. Erst vor Kurzem wurden mir die Zusammenhänge deutlich bewusst. Wie zu erwarten war, sagte mein Körper eines Tages: »Wenn du dich nicht um mich kümmerst, kümmere ich mich auch nicht mehr um dich.« Verschiedenste Beschwerden fingen an, mich zu plagen. Unsere Körper sind unglaubliche Wunderwerke mit allen möglichen Frühwarnsystemen, etwa Veränderungen des Blutdrucks, des Cholesterinspiegels, des Gewichts und des BMI. Ihr Körper sendet Ihnen ständig Botschaften. Achten Sie darauf.

Ich habe es satt, immer müde zu sein. Ich möchte keine Schmerzen haben. Ich möchte mich großartig fühlen. Ich habe meine Gesundheit so lange vernachlässigt, dass ich gar nicht mehr weiß, wie sich »großartig« anfühlt. Ein mittelprächtiges Befinden gilt als normal. Aber ich möchte herausfinden, was mein Körper leisten kann, wenn ich ihn unterstütze, statt ihn zu sabotieren.

Unser Körper gibt uns eine zweite Chance

Unser Körper ist ein Wunderwerk der Biologie, allein schon wegen seiner enormen, erstaunlichen und permanenten Fähigkeit, sich zu regenerieren. Er vergibt uns unglaublich oft. (Und er bildet pro Sekunde 2,5 Millionen neue rote Blutzellen. Das nur als Beispiel.) Der Körper des Menschen ist wie ein Gummiband, das seine alte Form zurückbekommen möchte. Bloß irgendwann lässt er sich nicht mehr weiter auszehren. Es ist aber nie zu spät, etwas für die Gesundheit zu tun.

Mein Gesundheitsplan

Da ich eine gut organisierte, systematische Person bin, gefiel mir die Idee, einen Gesundheitsplan zu erstellen. Ich bin aber kein gertenschlankes Yoga-Mädchen, das nur Grünkohl mampft (ich bin mehr Bison als Gazelle). Darum musste mein Plan realistisch genug sein, damit ich ihn auch dauerhaft umsetze. Er musste machbar sein.

Einfach ist besser, darum besteht mein Plan aus nur fünf Elementen:

1. Einstellung
2. Ernährung
3. körperliche Gesundheit
4. psychische Gesundheit
5. Zahlen und Fakten

»In einem ungeordneten Geist, wie auch in einem ungeordneten Körper, ist wahre Gesundheit unmöglich.« – Cicero

Sie können Ihren Plan aufschreiben oder ihn einfach im Kopf behalten. Sie werden instinktiv wissen, was für Sie die bessere Methode ist, wenn Sie auf Ihren Körper hören. Mit der Zeit wird sich Ihr Plan verändern, wenn Sie herausfinden, was für Sie funktioniert.

1. Einstellung: Erst der Kopf, dann der Körper

Bevor Sie Ihren Gesundheitsplan austüfteln, brauchen Sie die richtige Einstellung. Unser Gehirn ist das mächtigste Organ in unserem Körper und wir müssen uns diese Macht zunutze machen. Was glauben Sie, könnte Sie von einem dauerhaft gesünderen Lebensstil überzeugen? Was motiviert Sie? Was hält Sie davon ab? Wie können Sie Rückfälle in alte Gewohnheiten vermeiden? Sie müssen Ihre Schwächen kennen, damit Sie stark bleiben. Es gibt zu viele Verlockungen. Die folgenden Tipps helfen mir, an meinem Plan festzuhalten.

Motivierende Bilder Zum Beispiel das Bild einer Person, die Sie bewundern (Brienne von Tarth!), oder Ihr »Vorher«-Foto als Hintergrundbild auf Ihrem Handy. Oder ein Bild von einem Ziel, das Sie in einem Jahr erreichen wollen, oder einfach ein Foto von Ihrem Traumstrand.

Ein Gesundheits-Mantra finden oder selbst formulieren

- Fitness ist eine Kopfsache. Der Körper macht nur, was der Geist auch will.
- Nichts ist unmöglich. Ich verwirkliche meine Möglichkeiten.
- Ich bin, was ich sein möchte. Ich erschaffe meinen Körper. Ich erschaffe mein Leben. Ich erschaffe mich selbst.
- Jede Reise beginnt mit dem ersten Schritt.
- Ich bin vielleicht langsam, aber ich bin immer noch schneller als alle Couch-Potatoes.
- Ich habe Macht.
- Ich habe alles im Griff.
- Der Erfolg kommt nicht zu mir, ich muss selbst zum Erfolg kommen.

- Die Energie folgt der Aufmerksamkeit.
- Motivation lässt mich anfangen, Gewohnheit lässt mich weitermachen.
- Treffen Sie eine gesunde Entscheidung. Und dann eine weitere.
- Machen Sie Bewegung, um fit zu bleiben, nicht um dünn zu werden. Essen Sie, um Ihren Körper zu nähren. Ignorieren Sie Zweifler und Lästerer. Sie sind ein wertvollerer Mensch, als Sie glauben.
- Heute haben Sie die Chance, sich zum Besseren zu verändern. Tun Sie es einfach.
- Ich arbeite an mir selbst, für mich selbst, mit mir selbst.
- Nicht vergessen: »Ich werde wirklich stolz auf mich sein.«

»Gesundheit ist die Grundlage allen Glücks.« – Leigh Hunt

Schon Kleinigkeiten machen viel aus Dieser Gedanke ermutigt mich, kleine Veränderungen zu machen, statt auf den perfekten Moment oder auf den 1. Januar und meine Neujahrsvorsätze zu warten. Seien Sie zufrieden, wenn Sie eine zweite Runde durch den Park schaffen oder einen grünen Smoothie trinken, statt ein Schinken-Käse-Croissant zu essen. Beides sind Schritte in die richtige Richtung. Unser Körper reagiert selbst auf die kleinsten Veränderungen sehr schnell, was auch die Forschung bestätigt.

Behalten Sie die Kontrolle Zu wissen, dass ich einen Plan für meine Gesundheit habe, stärkt mein Selbstvertrauen. Außerdem schützt er mich vor Kritik und ungebetenen Ratschlägen von wohlmeinenden Freunden (wovon es viele gibt, oder?).

Selbstfürsorge Durch die Art, wie Sie mit Ihrer Gesundheit und Ihrem Körper umgehen, zeigen Sie nach außen, wie wichtig Sie sich selbst sind. Oder wie unwichtig. Nehmen Sie Ihre Gesundheit selbst in die Hand. Die Arztpraxis ist keine Reparaturwerkstatt.

Ich muss das nicht machen, ich will es machen Passen Sie Ihre Ausdrucksweise an. Sagen Sie nicht »Ich muss Sport machen, weil ...«, sondern »Ich will Sport machen, weil ich mich dann ... fühle«. Statt »Ich muss dieses große Stück Brie liegen lassen, weil ...« sagen Sie lieber »Ich will lieber diese leckeren Beeren essen, weil ich mich dann ... fühle«. Wir entscheiden, was wir tun. Niemand zwingt uns dazu.

Bis jetzt habe ich in meinem Kopf gelebt. Ab jetzt lebe ich in meinem Körper.

Mein Körper ist wie ein Projekt Alles, was ich mache – Arbeit und Vergnügen – erfordert Energie. Ein ungesundes Leben ist der Feind der Produktivität.

Just do it! Macher werden belohnt. Man muss etwas tun. Planen, nachdenken und über Ihre Gesundheit zu schreiben ist toll, aber aktiv zu werden schießt den Vogel ab. Selbst ein kleiner Wassertropfen kann einen Stein aushöhlen, wenn er beständig tropft. Oder wie Zig Ziglar es sagte: »Tun Sie es und die Motivation wird folgen.«

2. Ernährung

Heather Morgan hatte recht, als sie sagte: »Jedes Mal, wenn man etwas isst oder trinkt, macht man sich krank oder gesund.«

Gesund zu essen ist einfach. Wenn Sie einen unglücklichen Fisch in einem verschmutzten Aquarium schwimmen sähen, würden Sie sofort das Aquarium saubermachen und das Wasser wechseln. Tun Sie das auch für sich. Der Konsum von nahrhaften Lebensmitteln ist das Wichtigste, das Sie für Ihre Gesundheit und die Selbstheilungskräfte Ihres Körpers tun können. Noch wichtiger als Bewegung. Oder wie es Josie, meine beneidenswert schlanke Freundin mittleren Alters, sagt: »Es kommt drauf an, was man sich in den Mund steckt.« Eine ungesunde Ernährung ist in den USA die Hauptursache aller vermeidbaren Todesfälle. Und der Rest der Welt ist den Amerikanern meist nicht weit hinterher.

Es ist absurd, dass heutzutage viel mehr Menschen an den Folgen der Völlerei sterben als an jenen des Hungers. Eine falsche Ernährungsweise kostet Millionen von Menschen das Leben. Um sich gesund zu ernähren, muss man nicht den neuesten Ernährungstrends folgen. Frische, unverarbeitete, vor allem pflanzliche Lebensmittel speichern Prana, also »Lebensenergie«. Nahrung, die voller Lebenskraft steckt, gibt diese Energie an Sie weiter. Man sagt, wer die Nahrung isst, die von Menschen in weißen Kitteln produziert wird, muss damit rechnen, später einmal auf Menschen in weißen Kitteln angewiesen zu sein.

Ich will Ihnen nicht vorschreiben, was genau Sie essen sollen. Sie wissen es ohnehin: eine bunte Auswahl an Obst- und Gemüsesorten (besonders grünes Blattgemüse wie Mangold, Schwarzkohl, Grünkohl und Spinat), Protein (aus magerem Fleisch, Bohnen oder Linsen), Vollkorn, gesunde Fette, Nüsse und Samen. Und kein Zusatz von Salz. Finden Sie Rezepte für Gerichte, die Ihnen wirklich schmecken. Und selbst wenn Sie nur aufhören, Fast Food zu essen, wird sich das positiv auf Ihren Körper auswirken. Ich habe jahrelang russisches Roulette mit meinen Arterien gespielt, aber nun ist Schluss damit. Gesunde Ernährung fängt schon beim Einkaufen an. Aber das wissen Sie ebenfalls.

Sie kennen Ihre persönlichen Ernährungsfallen am besten. Zu viel Zucker, Essen vom Lieferservice, Reste zum Frühstück, große Portionen oder ein Stelldichein der Weinhexe (ein toller Begriff aus dem »Soberistas«-Blog). Finden Sie passende Alternativen. Sammeln Sie gesunde, schmackhafte Rezepte (ausgedruckt oder digital gespeichert) und stellen Sie sich Ordner für Frühstück, Mittagessen, Abendessen und Snacks zusammen. So fehlt es Ihnen nie an Ideen. In meinem Frühstücksordner befinden sich Rezepte für Säfte und Smoothies (schneiden Sie Obst schon abends klein und geben Sie es über Nacht in den Kühlschrank), herzhafte Muffins und gesunde Brotbeläge.

> *»Wenn die Ernährung nicht stimmt, hilft keine Medizin.*
> *Wenn die Ernährung stimmt, braucht man keine Medizin.«*
> *– Ayurvedisches Sprichwort*

Avocado gehört zu meinen Favoriten, besonders in Kombination mit Vegemite. (Ich weiß, ich weiß!) Ich esse auch gern griechischen Joghurt mit Beeren und Haferflocken. Zu Mittag gibt es meistens vegetarische Suppen, Salate und Wraps. Als Abendessen liebe ich momentan Gemüsepuffer. Alle möglichen Gemüsesorten werden aufgerieben, mit Ei, Zwiebel, Chili, Mehl, Kräutern und Gewürzen vermischt und in etwas Öl in der Pfanne gebraten. Köstlich, knusprig und gesund. Außerdem esse ich auch oft Kichererbsen-Curry oder eine gebackene

Süßkartoffel (in der Mikrowelle vorbacken, im Backofen vollenden) mit selbst gemachtem Bohnenmus (ohne Fett), Avocado und Joghurt. Für den kleinen Hunger zwischendurch greife ich zu gerösteten Kürbiskernen mit Sriracha-Sauce und Limette, knusprigen Dukkah-Kichererbsen aus dem Ofen, selbst gemachtem Mikrowellen-Popcorn mit geräuchertem Paprikapulver oder einer Banane mit etwas Mandelbutter.

Die beste Mischung ist jedoch die Kombination aus gesundem Essen und Bewegung.

3. Körperliche Gesundheit

Die Wahrheit ist: Bewegung ist Pflicht. Autsch. Bewegung muss aber nicht unbedingt Sport bedeuten. Der Mensch ist von Natur aus für Bewegung gemacht. Die Neandertalerfrauen warteten nicht zu Hause, fegten die Höhle und brieten Brontosaurus-Burger. Sie begleiteten die Männer auf die Jagd. Der alte Spruch »Wer rastet, der rostet« ist leider wahr. Das betonen auch Chris Crowley und Henry S. Lodge in ihrem Buch *Jedes Jahr jünger*: »Wenn Sie keine Wachstumsbotschaften aussenden, wird der Verfall gewinnen, aber selbst eine kleine Wachstumsbotschaft – ein ordentliches Training oder auch nur ein flotter Spaziergang – übertönt die Signale des Verfalls. Sie müssen Ihrem Körper einreden, dass jetzt Frühling herrscht.« Darum erstelle ich mir auch keinen großen Fitnessplan, sondern bewege mich einfach. Die beste Bewegung ist die, die man auch macht. Das bedeutet für mich, dass Joggen, Mountainbiken, Surfen und Tanzen schon mal ausscheiden. (Aber sag niemals nie.) Zumindest hat man heute eine große Auswahl an Möglichkeiten. Wenn Sie allein leben, haben Sie auch die Zeit und die Gelegenheiten, um immer wieder einmal etwas Neues auszuprobieren. Oft werden Schnupperkurse angeboten, sodass Sie sich zur Not wieder verdrücken können, wenn Ihnen etwas nicht gefällt. Nehmen Sie all Ihre sportlichen Unternehmungen bewusst wahr und achten Sie darauf, wie Sie sich nach der jeweiligen Aktivität fühlen.

Ich bewege mich am liebsten allein. Ich gehe täglich spazieren. Ich versuche jeden Tag 10 000 Schritte zu gehen (dank Schrittzähler-App leicht zu messen). Es macht mir Spaß, kann aber etwas monoton werden. Darum habe ich einige Tipps:

- Aktivieren Sie beim Gehen Ihre Körpermitte. Ziehen Sie Ihren Bauchnabel in Richtung Wirbelsäule. Spüren Sie Ihren Beckenboden.
- Stoppen Sie die Zeit und gehen Sie beim nächsten Mal schneller.
- Machen Sie alle fünf Minuten ein paar Step-ups oder laufen Sie eine Minute lang.
- Stellen Sie sich die passende Musik zusammen: zwei langsamere Titel im Wechsel mit einer schnellen Nummer.
- Gehen Sie auf verschiedenen Böden – Sand, Gras, Fußweg.
- Laufen Sie jede Treppe auf Ihrem Weg hoch oder hinunter.
- Auf flachem Untergrund können Sie ein Stück rückwärts gehen. Das trainiert andere Muskeln und fördert den Gleichgewichtssinn.

Gelegentlich mache ich auch Fitness, einfache Yogaübungen (mit YouTube-Videos) und boxe zu Hause nach der Anleitung von einer DVD. Ich mache alles gern in meinem eigenen Tempo und dann, wann ich es will. Ich besitze eine Yogamatte und einige Gewichte: ein Mini-Fitnessstudio zu Hause! Man braucht gar keine Geräte. Das Internet ist eine wahre Fundgrube für Fitnessübungen und Inspiration. Suchen Sie auf YouTube nach der Art und Intensität Ihrer gewünschten Übung und finden Sie einen passenden Trainer.

Vergessen Sie nicht Ihre Körpermitte und Ihren Beckenboden. Wir (Frauen) haben zehn Körperöffnungen. Sieben über der Gürtellinie und drei darunter. Wenn die unteren drei auch im Alter noch gute Dienste leisten sollen, heißt es: fest anspannen! Ich habe mir kleine Sticker auf mein Lenkrad, den Kühlschrank, die Handtasche und das Portemonnaie geklebt, um mich an mein Beckenbodentraining zu erinnern. Ich werde zwar keine Pingpongbälle aus meinen Öffnungen schießen können, wie die berüchtigten Patpong-Damen in Thailand, aber damit kann ich leben.

Fehlt es Ihnen noch an Motivation? Hier ein paar Denkanstöße:

- Nach etwas Bewegung werden Sie sich immer besser fühlen. Immer. Sie gibt Ihnen Energie. Schreiben Sie auf oder nehmen Sie bewusst wahr, wie Sie sich danach fühlen. Das motiviert mich, denn ich habe es niemals bereut, Bewegung gemacht zu haben.
- Denken Sie nicht zu weit voraus. Konzentrieren Sie sich nur auf einen Tag (oder eine Übung) auf einmal.

> *»Ein Bär, ich gebe euch mein Wort, wird fett,*
> *treibt er nicht manchmal Sport.« – A. A. Milne*

- Erinnern Sie sich daran, warum Sie mehr Bewegung machen wollen. Stellen Sie sich vor, wie Sie aussehen oder sich fühlen möchten. Schreiben Sie Ihre Ziele/Ihr Wunschgewicht auf Klebezettel, die Sie überall im Haus verteilen. Meine Ziele sind Kraft und Gelenkigkeit.
- Gehen Sie shoppen! Kaufen Sie bequeme, schicke Sportklamotten (ich kaufe gern im Onlineshop von Lands' End) und geeignete Schuhe. Raus mit dem alten Schlabberzeug!
- Legen Sie sich Ihre Sportklamotten schon abends zurecht, sodass Sie morgens gleich hineinschlüpfen können. Packen Sie gegebenenfalls Ihre Sporttasche.
- Jede Form der Bewegung verlängert unser Leben – und wir alle wollen doch noch ein paar Mal öfter um die Sonne kreisen, oder?
- Jede Aktivität macht Sie stärker. Je mehr Sie tun, desto mehr können Sie tun. Sie werden stolz auf sich sein, wenn Sie merken, dass Ihnen eine Übung immer leichterfällt.
- Genießen Sie die Freiheit, beim Sport nicht von fitteren Menschen kritisiert zu werden.
- Erstellen Sie einen Plan, schreiben Sie ihn in Ihren Kalender und halten Sie sich daran. Legen Sie eine für sich passende Zeit fest und integrieren Sie Bewegung fest in Ihren Alltag.
- Machen Sie es wie Steve Jobs. Er trug jeden Tag einen schwarzen Rollkragenpulli, Jeans und Turnschuhe, damit er eine Entscheidung weniger treffen musste. Erstellen Sie einen Zeitplan, der für jeden Tag eine andere Fitnessübung vorsieht. Montags Yoga, dienstags Spazierengehen und so weiter. Stellen Sie sich einmal pro Woche

auf die Waage und notieren Sie Ihr Gewicht in einer Tabelle. Es gibt auch Apps dafür, aber ich bevorzuge Papier. Schreiben Sie mit Tinte, nicht mit Bleistift!

- Schließen Sie einen Vertrag mit sich selbst ab (mit einer Strafklausel). Führen Sie Buch über Ihre Aktivitäten – setzen Sie sich neue Ziele und beobachten Sie Ihre Fortschritte.
- Belohnen Sie sich, wenn Sie ein Miniziel erreicht haben: etwa mit einem Buch, einer Zeitschrift, einer Massage oder einer Maniküre.
- Binden Sie ein Freundschaftsarmband oder ein Stück Schnur um Ihr Handgelenk, das Sie an Ihr Vorhaben erinnern soll.
- Machen Sie Ihre eigene Challenge – über 7, 10, 30, 60 oder 90 Tage.
- Bewegen Sie sich im Laufe des Tages so viel wie möglich.
- Manche Menschen, vielleicht sogar (oder ganz besonders) Ihre Freunde, werden hoffen, dass Sie scheitern. Das ist leider wahr. Tun Sie ihnen diesen Gefallen nicht. Erfolg ist die beste Rache.
- Betrachten Sie sich nicht mehr als Sportmuffel, sondern als »körperlich aktive Person«. Seien Sie Ihr eigenes Vorher-nachher-Beispiel.
- Erstellen Sie ein Fitness-Vision-Board auf Pinterest.
- Denken Sie an Ihr nächstes Mal Sex. Sie wollen dafür selbstbewusst (und fit) sein.
- Schlafen Sie genug – Sie wissen, wie viel Schlaf Sie brauchen. Wir alle haben zwei Triebfedern im Leben: Eine zieht uns hoch und lässt uns aktiv werden, die andere bremst uns, damit wir uns ausruhen und regenerieren können. Finden Sie das richtige Gleichgewicht. Sie wollen sich schließlich nicht so verausgaben, dass Ihnen die Luft wegbleibt.

> *»Nur die Leibesübung fördert die Lebenskraft*
> *und erhält einen starken Geist.« – Cicero*

4. Psychische Gesundheit

Wir sind vielschichtige Wesen, wie eine Zwiebel oder wie unser Planet mit seinen verschiedenen Erdschichten. Unser Geist ist unsere Mitte – unser buchstäbliches und metaphorisches Nervenzentrum. Unsere psychische Gesundheit beeinflusst, was wir denken, wie wir uns fühlen und wie gut wir mit den Höhen und Tiefen im Leben umgehen können. Nähren Sie sich von innen nach außen – erst den Geist, dann den Körper.

Ein gesunder Geist ist ebenso wichtig wie ein gesunder Körper, und wenn wir allein leben, müssen wir uns besonders darum kümmern. Wir müssen Veränderungen an unserer Stimmung wahrnehmen und ehrlich zu uns sein. Zum Beispiel, wenn wir uns eingestehen, dass es unser mangelhaftes Selbstwertgefühl ist, weswegen wir uns »Kummerspeck« anfuttern. Oder dass wir zum Alkohol greifen, um uns in einsamen Stunden zu trösten.

Sollten Sie professionelle Hilfe benötigen, müssen Sie sich auch darum kümmern. Aber um möglichst unabhängig zu bleiben, sollten wir unsere psychische Gesundheit erhalten. Die britische Mental Health Foundation empfiehlt dafür die folgenden zehn Schritte:

- Sprechen Sie über Ihre Gefühle.
- Ernähren Sie sich gesund.
- Pflegen Sie Kontakte.
- Gönnen Sie sich Pausen.
- Akzeptieren Sie sich, wie Sie sind.
- Bleiben Sie aktiv.
- Genießen Sie Alkohol nur in Maßen.
- Bitten Sie um Hilfe.
- Tun Sie etwas, das Sie gut können.
- Kümmern Sie sich um andere.

Ein weiterer Aspekt der psychischen Gesundheit ist die geistige Mobilität. Ich habe Angst, eines Tages im Altenheim zu sitzen und immer wieder und wieder die erste Zeile von »Alle meine Entchen« zu singen. Damit diese Horrorvision nicht wahr wird, versuche ich, geistig fit zu bleiben. Hier sind einige Tipps von der medizinischen Fakultät der Universität Harvard:

Nie aufhören, zu lernen Etwa durch einen Beruf, in dem Sie geistig flexibel sein müssen, oder indem Sie etwas Neues lernen oder sich ein neues Hobby zulegen.

Alle Sinne einsetzen Wenn Sie mit allen Sinnen lernen, prägt sich das Gelernte besser im Gehirn ein.

Glauben Sie an sich Wenn Sie daran glauben, dass Sie Ihren Geist trainieren können, steigt die Wahrscheinlichkeit, dass es Ihnen gelingt.

Prioritäten für das Gehirn Ein gut organisierter Alltag lässt genügend Raum für neue, wichtige Informationen.

Wiederholen, was Sie sich merken wollen Sagen Sie es laut auf oder schreiben Sie es nieder.

In Intervallen lernen Machen Sie Pausen zwischen den Lerneinheiten (das Gegenteil zum intensiven Büffeln vor einer Prüfung). Wiederholen Sie das Gelernte nach einer Stunde, dann nach ein paar Stunden, dann nach einem Tag.

> *»Unser Körper ist ein Garten und unser Wille der Gärtner.«*
> *– William Shakespeare, Othello*

5. Zahlen und Fakten

Erstellen Sie eine Datei für Ihre persönliche Statistik – Gewicht, Cholesterinwerte, Blutgruppe und Blutdruck, BMI und andere Zahlen, die Ihnen wichtig sind, etwa Laborwerte und Informationen über Krankheiten Ihrer Eltern. Geben Sie auch das Datum an, damit Sie einen Ausgangspunkt haben. Notieren Sie anstehende Untersuchungen (PAP-Abstrich, Sehtest, Zahnarzt, Hautarzt usw.) und klären Sie alles, was Sie beunruhigt, mit Ihrem Hausarzt ab. Tun Sie das!

Abnehmen: das leidige Thema In der westlichen Welt ist Übergewicht das Luxusproblem schlechthin. Leider führe ich mit dem Essen eine leidenschaftliche Liebesbeziehung und bezahle dafür mit meiner Taille. Übergewicht ist anstrengend und macht das Leben unnötig schwer. Alleinstehende Menschen haben oft Probleme mit ihrem Gewicht – es ist meine persönliche Achillesferse. Ich befinde mich noch in Arbeit. Wussten Sie, dass Pottwal-Babys in nur einem Tag 90 Kilogramm an Gewicht zunehmen können? Ich weiß das, weil ich das in meinem Italienurlaub letztes Jahr auch so gemacht habe. Ich hoffe, ich ende nicht so wie Königin Victoria, die so dick wurde, dass man nach ihrem Tod ein Loch in den Fußboden schneiden und sie an Flaschenzügen aus dem Schlafzimmer abseilen musste. Man begrub sie in einem quadratischen Sarg. Auch viele Australier schaufeln sich ihr Grab mit ihren Zähnen und die typische Ernährung des Landes ist das reinste Trauerspiel.

Das Gute am Alleinleben ist das Leben in einer kritikfreien Zone, in der Sie schamlos das peinlichste Reality-TV gucken können, ohne dass jemand neben Ihnen sitzt und die Nase rümpft. Das Schlechte an der kritikfreien Zone ist, dass niemand sieht, wie Sie eine Chipstüte von der Größe Nevadas verputzen – oder ein Stück Käse, das mächtig genug ist, um ein ganzes Land zu regieren. Was man nicht im Haus hat, kann man auch nicht essen (oder trinken).

Ich war eindeutig schlanker, als ich noch verheiratet war, und wann immer ich etwas abgenommen hatte, genoss ich die männliche Anerkennung. Wenn man allein ist, fehlt es oft an Motivation und man muss sich selbst anfeuern. Dabei gibt es unzählige Methoden, um abzunehmen, und einigen meiner Freundinnen ist es auch gelungen (ob mit Low Carb, Weight Watchers oder der 5:2-Diät). Ob Kohlsuppen-, Atkins-, South-Beach-, Dukan-, mediterrane oder vegane Diät – sie alle funktionieren, wenn man sich daran hält. Nachdem ich im Laufe meines Lebens alle möglichen Diäten ausprobiert hatte, gelangte ich zu dem logischen Schluss, dass ich nur abnehmen konnte, wenn ich herausfand, was für mich funktionierte, und mich dann daran hielt. Aber um abzunehmen, müssen Sie zuerst daran glauben, dass Sie Ihren neuen Körper verdienen. Oder wie es Dr. Phil sagte: »Wenn Sie anfangen, mehr von sich zu verlangen, macht das im Prinzip schon einen Unterschied.«

> *»Gesundheit ist die Beziehung zwischen dir und deinem Körper.« – Terri Guillemets*

Die folgenden Tipps haben für mich funktioniert:

- Wenn ich versuche, abzunehmen, behalte ich es für mich.
- Denken Sie sich ein motivierendes Mantra aus. Meines lautet: »Eine Entscheidung nach der anderen.«
- Wenn ich im Restaurant esse, schaue ich mir vorher im Internet die Speisekarte an und wähle für mich passende Gerichte aus.
- Ich trinke jeden Tag die Wassermenge eines ganzen Stausees. Dafür habe ich mir eine Wasserflasche mit integrierter Saftpresse (von der Marke Citrus Zinger) gekauft. Das hat sich gelohnt. Vor jeder Mahlzeit trinke ich Wasser.
- Ich esse jede Woche etwas Neues (Gemüsespaghetti, Daikon, Drachenfrucht).
- Wenn Sie das Verlangen nach etwas »Verbotenem« haben, putzen Sie sich die Zähne.
- Reduzieren Sie Ihren Fleischkonsum. (Betrachten Sie Fleisch als Würze, nicht als Hauptbestandteil des Essens.)
- Auch Alkohol ist ein Dickmacher. Eine Flasche Wein hat ebenso viele Kalorien wie ein Big Mac. Einige meiner Freundinnen haben ganz mit dem Trinken aufgehört. (Zum Beispiel Clare Pooley, die Autorin des Buchs *Chianti zum Frühstück*.) Ich versuche momentan, zumindest zu Hause auf Alkohol zu verzichten oder nur ein Glas zum Abendessen zu trinken. Ich habe eine winzige Weinkaraffe, die ich vollmache, und dann trinke ich nur diese Menge. Und ich verwende kleinere Gläser: Das hilft, genau wie kleinere Teller.
- Ich habe einen Ordner voller gesunder Rezepte für unterschiedliche Mahlzeiten. Ich esse meist drei Mahlzeiten und zwei Snacks pro Tag. Manchmal zähle ich die Kalorien.
- Einmal in der Woche (für gewöhnlich freitagabends) erlaube ich mir, das zu essen, was ich will. Und wider Erwarten esse ich dann keinen Haufen Spaghetti von der Größe eines Kleinwagens.
- Vor dem Duschen massiere ich meinen Körper mit einer Bürste. Das regt die Durchblutung an und verbessert mein Körpergefühl.
- Statt zu snacken, kann man auch Kaugummi kauen.
- Wird die Versuchung zu groß, gehe ich ins Bett und konsumiere nur kalorienfreies Netflix.

- Wenn Sie doch einmal rückfällig werden, machen Sie danach einfach planmäßig weiter. Miles Davis sagte: »Es macht nichts, wenn man einmal einen falschen Ton spielt. Der Ton danach entscheidet, ob er gut oder schlecht war.«

DIE GROSSEN SECHS: Füße, Gabel, Finger, Schlaf, Stress, Liebe Das empfahl Dr. David Katz einem Patienten, der seine Gesundheit in die richtigen Bahnen lenken wollte.

Füße Körperliche Aktivität hilft beim Abnehmen, verringert Entzündungen, stärkt das Immunsystem und reduziert das Krebsrisiko.

Gabel Eine gesunde Ernährung wirkt sich positiv auf den gesamten Körper aus und verringert das Risiko chronischer Erkrankungen.

Finger Es geht um das Rauchen. Lassen Sie es bleiben. Wenn Sie nur auf diese ersten drei Bereiche achten, reduzieren Sie das Risiko chronischer Erkrankungen um unglaubliche 80 Prozent.

Schlaf Ausreichender, erholsamer Schlaf hat positive Auswirkungen auf Körper und Geist.

Stress *Der lautlose Killer* Um seine Langzeitfolgen zu vermeiden, müssen Sie den Stress in den Griff bekommen. Es klingt absurd, aber manche Menschen prahlen mit ihrem Schlafmangel (»Ich bin total gestresst«).

Liebe Klinische Studien ergaben, dass Menschen in liebevollen Beziehungen seltener unter chronischen Erkrankungen leiden.

> *»Isst du mehr, würzt du weniger; isst du weniger, würzt du mehr.« – Chinesisches Sprichwort*

Teil 2: Gesund bleiben – Risiken für Singles

Als ich mich mit den gesundheitlichen Folgeerscheinungen des Alleinlebens beschäftigte, erschrak ich über die vielen Studien, die über die negativen Auswirkungen des Single-Daseins berichteten. Ich zweifle die Ergebnisse nicht an, aber niemand will ein statistischer Wert sein und wir Solisten schwimmen ohnehin gegen den Strom und wollen der Forschung das Gegenteil beweisen. Ich habe einige Ideen, wie wir der Forschung den Mittelfinger zeigen können.

Mittelfinger Nr. 1: Kontakte

Einsamkeit bringt uns um. Zumindest behaupten das die Wissenschaftler der Brigham Young University, die bereits die nächste große Gesundheitspanik vorhersehen – und sie auf eine Stufe mit Fettleibigkeit und Suchterkrankungen stellen. Ihren Studien zufolge erhöht das subjektive Gefühl der Einsamkeit das Todesrisiko um 26 Prozent.

Das klingt ganz schön hart. Und es ist das Ergebnis einer umfassenden Untersuchung von über 70 Gesundheitsstudien aus 35 Jahren und mit über 3 Millionen Teilnehmern. »Soziale Isolation« und »Alleinleben« sind schädlicher als »Gefühle der Einsamkeit« und erhöhen die Sterblichkeitsrate um jeweils 29 und 32 Prozent – eine ähnliche Rate wie bei extremem Übergewicht.

Diese Zahlen mögen schockieren, aber sie sind nicht wirklich neu. Zuvor kamen bereits Dr. Holt-Lunstad und Timothy Smith zu dem Schluss, dass Isolation und Einsamkeit das Leben genauso verkürzen wie Alkoholismus oder das Rauchen von 15 Zigaretten pro Tag. Als Ursache vermuteten sie, dass alleinstehende Menschen seltener zum Arzt gingen und ein ungesünderes Leben führten, unter anderem rauchten, tranken und sich wenig bewegten.

Na, das sind ja Vorurteile! Als abschließende Erkenntnis betonten sie die Wichtigkeit von engen Beziehungen, aber auch eine »Vielfalt sozialer Verbindungen«. Wer hätte das gedacht …

Zeigen wir ihrer Forschung den Mittelfinger:

- Geben wir Beziehungen oberste Priorität (nicht nur den nächsten Angehörigen, sondern einem breit gefächerten Freundes- und Bekanntenkreis).
- Bleiben wir aktiv und engagiert.
- Nehmen wir unsere Gesundheit ernst und seien wir ehrlich zu uns.

> *»Freunde sind wie Mauern. Manchmal lehnt man sich an ihnen an und manchmal ist es einfach schön zu wissen, dass sie da sind.« – Unbekannter Verfasser*

Mittelfinger Nr. 2: Der Statistik auch ohne Ehe trotzen

Andere Forscher kamen zu dem Schluss, dass Krebskranke, die verheiratet sind, besser auf die Chemotherapie ansprechen – und streuten damit Salz in die Wunden der gesundheitsbewussten Singles. Wissenschaftler der Universität Harvard beobachteten 750 000 Patienten und fanden heraus, dass verheiratete Kranke eine um 20 Prozent höhere Überlebenschance hatten und dass die Vorteile der Ehe besonders bei Brust- und Dickdarmkrebs die Vorteile der Chemotherapie übertrafen.

Bevor Sie sich jetzt bei Tinder anmelden oder alte Folgen von »Mein perfektes Hochzeitskleid« ansehen, betrachten wir doch zuerst einmal, was genau diese Vorteile der Ehe sind und wie wir sie in unserem Single-Leben rekonstruieren können.

Zeigen wir den Mittelfinger aus praktischer Sicht:

- Beobachtung. Wenn Sie ständig Zeit mit jemandem verbringen, fallen Ihnen selbst kleinste Veränderungen am Verhalten und am Körper dieser Person auf. Darauf können aber auch Ihre besten Freunde achten. Gehen Sie außerdem regelmäßig zum Arzt, auch wenn Sie sich nicht krank fühlen.
- Drängen. Ein Partner wird so lange drängen, bis Sie Ihre Beschwerden untersuchen lassen. Wir müssen uns daher selbst dazu drängen.

- Unterstützung. Sie brauchen ein Netzwerk von Leuten, auf die Sie sich verlassen können.
- Ein Mitbewohner entlastet den Geldbeutel. Haben Sie keinen, kümmern Sie sich sofort um Ihre finanzielle Situation (mehr dazu im Kapitel »Finanzen«, S. 121). Finanzielle Unabhängigkeit ist extrem wichtig. Leider werden Singles von den privaten Krankenversicherungen benachteiligt – für einen besseren Tarif bezahlt man manchmal genauso viel wie ein Ehepaar. Informieren Sie sich daher gründlich.

Zeigen wir den Mittelfinger aus emotionaler Sicht:

- Da wir niemanden im Haus haben, den wir beeindrucken wollen, müssen wir uns selbst lieben und beeindrucken.
- Bewegung macht in Gesellschaft mehr Spaß. Darum gibt es Freunde, Fitnessstudios und Trainer.
- Lassen Sie abends den Tag Revue passieren – schreiben Sie Tagebuch, nehmen Sie ein Video-Blog auf oder rufen Sie eine Freundin an.
- Fühlen Sie sich geliebt, erwünscht und beachtet. Pflegen Sie Ihre Beziehungen: Sagen Sie Ihren Freunden und Angehörigen, wie viel sie Ihnen bedeuten, und sie werden Ihre Zuneigung erwidern. Treffen Sie sich regelmäßig mit ihnen.
- Seien Sie für andere da. Man wird Sie dafür schätzen und umgekehrt auch für Sie da sein, wenn Sie Hilfe brauchen.

Mittelfinger Nr. 3: Das Alleinleben macht nicht depressiv

Eine finnische Untersuchung ergab, dass das Alleinleben das Depressionsrisiko um 80 Prozent erhöht. »Allein zu leben kann die psychische Gesundheit gefährden«, sagte die leitende Wissenschaftlerin Dr. Laura Pulkki-Råback. Aber nur weil Alleinstehende vielleicht ein größeres Risiko haben, depressiv zu werden, muss das nicht automatisch so sein. Vergessen Sie das nicht. Depressionen sind weit verbreitet und gut behandelbar. Achten Sie auf die Signale, damit aus Einsamkeit keine Depression entsteht. Forscher der Universität von

Queensland fanden heraus, dass depressive Menschen, die sich einer für sie sinnvollen sozialen Gruppe anschlossen, ihre Rückfallquote um 24 Prozent senken konnten. Wenn sie zu drei Gruppen gehörten, sank sie sogar um 63 Prozent. Dr. Tegan Cruwys leitete die Studie und sagt dazu: »Einige der Hauptsymptome einer Depression sind das Gefühl, dass das Leben keinen Sinn hat und dass man nirgendwo dazugehört. Zu einer Gruppe zu gehören, kann diese Symptome mindern. Dann hat man etwas Sinnvolles, wofür es sich lohnt, aufzustehen. Man fühlt sich zu einer Gemeinschaft zugehörig und hat einen Platz in der Welt.« Klingt doch einleuchtend.

Dr. Julie Holland ist eine Psychiaterin und die Autorin des Buchs *Moody Bitches: Die Wahrheit über die Pillen, die wir nehmen, den Schlaf, der uns fehlt, den Sex, den wir vermissen, und was uns wirklich verrückt macht*. Sie hält Medikamente für akute Situationen für nützlich, findet aber auch, dass wir generell zu viele Medikamente nehmen. »Zu vielen Frauen wird vermittelt, dass sie ihr grundlegendes, authentisches Wesen mit Pillen unterdrücken sollen.« Das regt zum Nachdenken an. Mit intensiven Gefühlen und Krisen umzugehen, hat schließlich auch etwas Positives. Ich will die Depression nicht kleinreden, aber Höhen und Tiefen gehören zum Leben dazu und können Sie auch stärker und belastbarer machen. Eine Therapie kann eine gute Alternative zu einer medikamentösen Behandlung sein, oder diese unterstützen, und kann Ihnen langfristig helfen, statt nur die Symptome zu maskieren.

> *»Unser Körper ist eine Maschine für das Leben, dafür ist er eingerichtet. Man muss das Leben in Ruhe lassen und es wird sich selbst verteidigen, besser, als wenn man es mit Arzneimitteln stört.« – Leo Tolstoi*

Einen Lebenszweck zu haben ist der größte Kick für die Stimmung. Ich hoffe, dieses Buch animiert Sie, darüber nachzudenken. Dan Buettner erwähnt in seinem Buch *The Blue Zones*, dass Menschen, die einen Lebenszweck haben, sieben Jahre länger leben als andere. Aber keine Sorge, falls Sie Ihren Lebenszweck noch nicht kennen. Haben Sie Geduld und arbeiten Sie auf kleine, einfache Ziele hin. Auch das wirkt sich positiv auf Ihre Stimmung auf. Apropos Blue Zones (die Regionen der Erde, in denen Menschen überdurchschnittlich lange leben) – machen Sie doch den True Vitality Test und finden Sie Ihre geschätzte Lebenserwartung heraus sowie ein höheres Alter, das Sie erreichen können, wenn Sie ein paar Dinge in Ihrem Leben verändern. Mein erwartetes Alter stieg von 87 auf 100 an!

> *»Wenn ich meinen letzten Atemzug mache, möchte ich daran denken, wie ich alles aus mir herausgeholt habe. Wie sehr habe ich geschwitzt, gepresst, gezerrt, geschlagen? Wie oft bin ich zerrissen, gefallen, abgestürzt, explodiert? Ich möchte so aufgebraucht sein, dass ich in meiner letzten halben Sekunde zu Staub zerfalle.« – Elizabeth Streb*

Zusammenfassung

Übernehmen Sie Verantwortung für Ihre Gesundheit. Sie sind Ihr eigenes Auffangnetz.

Gehen Sie regelmäßig zur Vorsorgeuntersuchung, auch wenn Sie sich gesund fühlen.

Erstellen Sie einen persönlichen Gesundheitsplan, der Ihre Einstellung, Ernährung, körperliche und geistige Gesundheit sowie Ihre medizinischen Werte berücksichtigt.

Nehmen Sie die Studien zur Gesundheit von Alleinstehenden nicht für bare Münze: Pflegen Sie Kontakte, achten Sie auf Warnsignale, seien Sie vernünftig und holen Sie sich bei Bedarf Hilfe.

5 Single-Küche

Für eine Person zu kochen macht keinen Spaß. Darum haben wir viele Ausreden, warum wir es nicht tun.

Ausrede 1: »Ich habe keine Lust.«

Ausrede 2: »Supermärkte verkaufen nur große Mengen.«

Ausrede 3: »Rezepte sind immer für vier Personen.«

Ausrede 4: »Ungesund zu essen ist leichter, als gesund zu essen.«

Ausrede 5: »Ich habe keine Ideen mehr.«

Aber ich habe die Lösung gefunden. Dazu müssen Sie aber schon wieder umdenken, ein bisschen experimentieren und einkaufen gehen. (Hurra!) Betrachten Sie das Kochen nicht als lästige Pflicht, sondern als Gelegenheit, sich kulinarisch zu entfalten und ganz ohne Stress neue Zutaten und Rezepte auszuprobieren. Was kann schon passieren?

Nach vielen Versuchen fand ich schließlich einige Gerichte, die man auch als Single gut kochen kann: Singapur-Nudeln, gefüllte Hähnchenschenkel, frische vietnamesische Frühlingsrollen, Nudelpuffer mit Mais, Lammkeulen in Miso-Marinade und Linguine mit Muscheln.

Kochen Sie, was Sie möchten. Ohne Kompromisse. Sie müssen nie wieder etwas essen, worauf Sie keine Lust haben. Ich lecke lieber an einer Steckdose, als den Geschmack von Thunfisch zu ertragen. Und ich muss es auch nicht. Ich muss auch keine Rücksicht auf die Vorlieben und Allergien anderer nehmen: Weizen, Nüsse, Samen, Salz, Milch, Soja, Eier, Fisch, Schalentiere, Sesam, Froschschenkel und Kohlenhydrate nach 17 Uhr (nur her damit) sind in meiner Küche willkommen.

Dieses Kapitel wird Ihnen Inspiration, praktische Tipps und einige Rezepte liefern. Aber es sind nur Vorschläge. Ich bin nicht Ihr Oberbefehlshaber, sondern Ihr Ideenlieferant. Zuerst räumen wir jedoch mit den Ausreden auf.

Ausrede 1: »Ich habe keine Lust.«

Nach einem langen Tag liebe ich es, in der Küche zu hantieren, mir einen Podcast anzuhören oder auf meinem Laptop eine schwedische Krimiserie anzugucken, dabei ein Glas Wein in der Hand, und dazwischen immer ein bisschen zu schnippeln, rühren, probieren und spülen. Dann esse ich an meinem kleinen Küchentisch (Tischdecke und Kerze inklusive). Das ist das Highlight meines Abends und ein Geschenk an mich selbst. Ich genieße dieses Ritual so sehr, dass ich mich manchmal zwingen muss, Einladungen zum Essen anzunehmen. Ich frage mich dann immer: »Wäre es besser als ein Abend mit selbst gemachtem Essen, Wein und Netflix?«

Da Sie niemanden zufriedenstellen, berücksichtigen, ernähren, sättigen, verführen, umsorgen oder beeindrucken müssen, gelten nur Ihre eigenen Regeln. »Es lohnt sich nicht, nur für mich allein zu kochen« – diesen Satz höre ich immer wieder. Nicht jeder kocht gern und manchmal hat man auch nur Bock auf Käsetoast, aber so leicht kommen Sie mir nicht davon. Das Kochen allein ist ein bisschen wie die Frage nach der Henne und dem Ei. Delia Smith brachte es auf den Punkt: »Es lohnt sich, aber bevor Sie es nicht ausprobieren, wissen Sie nicht, dass es sich lohnt.« Wir kommen später noch auf Delia (der Schutzheiligen aller Singleköche) zurück.

Natürlich lohnt es sich, denn Sie sind es sich wert. (Wie es bei L'Oreal heißt.) Genauso lohnt es sich, für sich Blumen neben das Bett zu stellen oder allein in hochwertiger Bettwäsche zu schlafen, bei Kerzenlicht zu essen und eine Kunstgalerie zu besuchen. Beim Kochen geht es nicht nur um das Ergebnis (frisches, köstliches, nahrhaftes Essen, das Ihren Geschmackssinn Samba tanzen lässt), es ist auch ein wesentlicher Bestandteil Ihrer Selbstsorge und eine Gelegenheit zur Selbstverwirklichung. Experimentieren Sie, bis Sie eine Auswahl an schmackhaften Gerichten zusammengestellt haben.

Ausrede 2: »Supermärkte verkaufen nur große Mengen.«

Das stimmt. Für Solo-Köche ist die Auswahl oft begrenzt, darum müssen wir uns Alternativen ausdenken. Supermärkte orientieren sich an Familien, obwohl es Millionen von Einzelhaushalten gibt. Selbst beim Discounter, wo die Lebensmittel preiswert sind, richten sich die Schnäppchen an das moderne Äquivalent der Waltons.

> *»Ich las einmal, dass das Kochen etwas ist, das man für seine Familie macht. Aber wenn man allein lebt, muss man sich selbst wie eine Familie behandeln. Und seitdem meine Wohnung immer nach Essen duftet, fühlt sie sich mehr wie ein Zuhause an und weniger wie ein Verschlag, in dem ich meinen Hut aufhänge.« – Ein ehemaliger Kellner auf dem Blog* Waiter Rant

»Drei für eins«, »zwei für eins« und »eins kaufen – eins gratis« klingt nicht sehr singlefreundlich. Und erwähnen Sie bloß nicht die Treuepunkte, die auf Mindestbeträgen pro Woche basieren. Wann werden die Supermärkte endlich mit der Zeit gehen?

Achten Sie im Supermarkt auf Bereiche, die es Singleköchen einfacher machen. Etwa die Fleisch- und Feinkosttheke, an der Sie ein einzelnes Hühnerfilet oder einige Scheiben Käse oder Schinken kaufen können. (Wenn Sie einen Metzger oder Fischhändler in Ihrer Nähe haben, umso besser.) Nüsse und Samen kann man manchmal offen kaufen (etwa in Bioläden). Salatbars sind praktisch, wenn Sie nur kleine Mengen an Gemüse brauchen und nicht einen ganzen Selleriestrauch. Von Obst und Gemüse nehme ich immer nur so viel, wie ich in ein oder zwei Tagen verbrauchen kann, da frische Ware (wie auch Salat) schnell verdirbt. Ein Drittel aller Lebensmittel, die wir kaufen, landet nämlich im Mülleimer. Darum kaufe ich mittlerweile lieber öfter ein und habe mich daran gewöhnt.

> *»Behandle die Nahrung, wie du deinen Körper behandelst, denn eines Tages wird die Nahrung dein Körper sein.«*
> *– Benjamin Ward Richardson*

In der Tiefkühlabteilung finden Sie Erbsen, Spinat (portionierbar eingefroren), rohe Garnelen, Mangowürfel und Beeren für Smoothies, Blätterteig und italienische Steinofenpizzaböden. Ich kaufe keine Tiefkühl-Fertiggerichte, aber ich friere die Reste meiner selbst gemachten Speisen in Behältern oder Plastiktüten ein.

Mutter Natur hat zum Glück viele Nahrungsmittel für Singles erschaffen: unter anderem die meisten Früchte, Eier, Maiskolben, Süßkartoffeln, Mini-Auberginen, Pilze, Spargel, Fisch, einzelne Artischocken, kleine Hummer, einzelne Lammkeulen, einzelne Hühnerfilets oder Hühnerschenkel und Steaks.

Schalotten sind eine gute, kleinere Alternative zu Zwiebeln, genau wie Kohlsprossen für Kohlköpfe. Mais oder Bohnen gibt es auch in kleinen Dosen. Bio-Gemüsebrühe (in Pulverform) gehört zu meinen liebsten Zutaten – ohne künstliche Farb-, Aroma- und Konservierungsstoffe. Ich würze damit alles – etwa Spaghettisaucen, Pfannengerichte und Suppen. Sie schmeckt leicht und natürlich und eignet sich auch gut als heiße Trinkbrühe.

Sie müssen auch nicht nur im Supermarkt einkaufen. Wenn Sie in einer Stadt leben, besuchen Sie doch einmal die Ihnen weniger bekannten Stadtteile und halten Sie nach interessanten Geschäften Ausschau. Besuchen Sie ausländische Spezialitätenläden und entdecken Sie ganz neue Welten. Ich habe in meiner Küche immer einen Korb mit asiatischen Würzmitteln zur Hand. Für den Anfang reichen dunkle und helle Sojasaucen, Reiswein, Reisweinessig, schwarzer Chinkiang-Essig, Fischsauce, Mirin und Shaoxing-Wein sowie im Kühlschrank Austernsauce, weiße Miso-Paste, Hoisin-Sauce, Chili-Bohnen-Paste und rote Currypaste. Im Gefrierschrank habe ich chinesische Pfannkuchen für Peking-Ente, Kaffir-Limetten- und Curryblätter, Edamame (Sojabohnen) und malaysisches Roti (ein Fladenbrot, das besonders knusprig gebraten die perfekte Beilage zu Currys ist).

Ausrede 3: »Rezepte sind immer für vier Personen.«

Von meiner Mutter habe ich nicht nur meine Schrulligkeit, eine laute Nähmaschine und eine Kindheit voller Start-Rite-Schuhe (ich will gar nicht daran denken, wie oft meine Füße im Pedoskop bei Clarks geröntgt wurden) bekommen, sondern auch eine Ausgabe von Delia Smiths großartigem Kochbuch *One is Fun!* Das Ausrufezeichen schießt zwar etwas übers Ziel hinaus, aber das Buch war das erste seiner Art, das sich an Singles wandte und verstand, dass es keinen Spaß macht, Mengenangaben immer durch vier zu teilen oder Abend für Abend Reste zu essen. Delia wusste, dass man nicht alle Rezepte auf eine Person umrechnen konnte (»Hä? Ein Viertel Ei?«) und dass auch die Kochzeiten und Temperaturen auf kleinere Mengen angepasst werden mussten.

Außerdem zeigte sie schon in der Einleitung Weitsicht: »Eines der unauffälligsten, aber, wie ich vermute, am weitesten verbreiteten Probleme der heutigen Gesellschaft ist der (oft versteckte) Mangel an Selbstakzeptanz. Ich glaube wirklich, dass die beste Lösung dagegen ein bewussterer, fürsorglicherer Umgang mit uns selbst ist – besonders wenn wir essen, was wir zwei oder drei Mal am Tag tun. Das Essen (und Zubereiten) eines interessanten, sättigenden Gerichts ist ein wichtiger Beitrag zu unserem Wohlbefinden, davon bin ich fest überzeugt.« Schön gesagt, Delia.

Bei meinen Recherchen zu diesem Kapitel durchforstete ich das Internet und kaufte jedes Single-Kochbuch, das ich finden konnte. Die Ausbeute war enttäuschend. Die meisten Bücher, Blogs, Websites und Links lassen schwer zu wünschen übrig. In manchen davon waren alle Rezepte für zwei oder vier Personen bemessen (typisch) oder enthielten Zutaten wie »eine Sardelle«, »ein Viertel einer kleinen Zwiebel«, »ein Esslöffel saure Sahne«, »zwei frische Reisnudelrollen« oder »eine Vierteldose Tomaten«. Das ist doch bekloppt, oder? (Es gibt sogar ein Buch mit Mikrowellenrezepten für Singles. Kein Scherz. Kaufen Sie es nicht.) Schmackhafte, brauchbare Rezepte für Singles sind so selten zu finden wie ein magisches Einhorn. Aber keine Bange, noch ist nicht alles verloren.

Paradoxerweise ist ausgerechnet *The Complete Cooking for Two Cookbook* von America's Test Kitchen das beste Single-Kochbuch. Ich liebe ihre Zeitschrift *Cook's Illustrated.* Die Autoren sind selbsternannte Koch-Nerds, die in einer amerikanischen Großküche arbeiten. Sie testen Rezepte und wiederholen die Tests, um die Gerichte fein abzustimmen – eine Zutat hier, eine Temperatur da – und Rezepte zu kreieren, die garantiert gelingen. Dieses Buch ist der Hammer.

The Complete Cooking for Two Cookbook ist ein dicker Wälzer mit 650 Rezepten, die keine Wünsche offenlassen. Von den Grundlagen (einkaufen, lagern, Reste verwerten, Küchenausstattung) bis hin zu Suppen, Salaten, Fleischgerichten, vegetarischen Rezepten, Broten, Kuchen und dem Rest finden Sie hier alles, was das Herz begehrt. Dieses Buch ist äußerst nützlich. Zu jedem Rezept findet sich eine Erklärung, »warum dieses Rezept gelingt«. Das Buch steckt voller Tipps und Tricks. Die Rezepte sind mit »leicht« oder »schnell« gekennzeichnet und es gibt sogar Listen mit alternativen Zutaten und »10 Dinge, von denen Sie nicht wussten, dass man sie einfrieren kann«. Ja, man muss die Mengenangaben halbieren, aber davon abgesehen sind die Anleitungen perfekt ausgetüftelt. Zu den besten Rezepten gehören die geräucherten Schweinekoteletts aus der Grillpfanne, der Spargel mit Parmesankruste, die Tostadas mit Gemüse und Bohnen und die Lasagne aus der Kastenform.

> *»So viele Freuden des Lebens sind nur Schein, aber ein gutes Essen ist Wirklichkeit.« – Joseph Chamberlain*

Auch zwei Bücher von Joe Yonan sind erwähnenswert: *Serve Yourself: Nightly Adventures in Cooking for One* und *Eat Your Vegetables* – vor allem, weil Joe der einzige Autor von Single-Kochbüchern zu sein scheint, der wirklich allein lebte, als er sie schrieb. Die Rezepte sind vom Südwesten der USA beeinflusst und nicht alle der Zutaten sind außerhalb der Region bekannt oder erhältlich, aber ich liebe seine Begeisterung und seinen lockeren Schreibstil. Zu meinen Lieblingsrezepten gehören die Tacos gefüllt mit Kichererbsen, Spinat, Feta und Kürbiskernen, die Fusilli mit Maissauce sowie das Curry-Kürbis-Risotto.

Joe und Delia kochen oft die doppelte Menge einer einfachen Speisengrundlage und verwenden diese für zwei unterschiedliche Gerichte. Delia nennt das »gemischtes Doppel«. Aus gebratenem Hackfleisch mit Zwiebeln kann man einmal einen mit Käse überbackenen Auflauf machen und am nächsten Tag Spaghetti mit mexikanischer Sauce. Joes scharfe Suppenbasis aus schwarzen Bohnen wird am ersten Tag zu Bohnensuppe mit Schalotten und grüner Salsa, am nächsten zu einer Tortilla-Suppe mit Garnelen verarbeitet. Aus Risotto können Sie Risotto-Puffer zaubern, eventuell mit Käse gefüllt (zum Beispiel mit Mini-Mozzarellas).

> *»Sag mir, was du isst, und ich sage dir, wer du bist.«*
> *– Jean Anthelme Brillat-Savarin*

Das Internet verändert sich so schnell, dass ich nur ungern auf Websites verweise, aber als ich an diesem Buch schrieb, war ich von folgenden Singleküche-Blogs am meisten begeistert: Singly Scrumptious, Cooking for One in Paris und 1–2 Simple Cooking. (Auf Deutsch gibt es zum Beispiel Lunch for One.) Allgemeine Inspiration hole ich mir auch von Lady and Pups (ich empfehle besonders das Glasnudelrezept), Closet Cooking, *feedfeed* und *Taste*. Auf Pinterest und YouTube sind Rezepte für eine Person eher rar gesät. (Außer, Sie stehen auf alte Videos der heiligen Delia, die zeigt, wie man eine Pizza in der Pfanne brät. Genau. In der Pfanne.)

Einige meiner Lieblingsrezepte finden Sie weiter hinten in diesem Kapitel. Sobald Sie mehrere interessante Rezepte entdeckt haben, sammeln Sie am besten alle (digital oder ausgedruckt) in einem Ordner, sodass Sie ein eigenes kleines Single-Kochbuch zusammenstellen, das Sie einmal an eine andere Solo-Köchin weiterschenken können.

Ausrede 4: »Ungesund zu essen ist leichter, als gesund zu essen.«

Pesto und Pasta. Mein Untergang, in drei Worten ausgedrückt. Ich würde sogar nackt in ein Schwimmbecken voller Pesto und Pasta springen und mich durchfressen. Ein Schwimmbecken olympischen Ausmaßes. Gesund zu essen ist für Singles eigentlich ganz einfach, aber dennoch extrem schwer. Und Sie wissen, warum. Es ist einfach, weil Sie alles genauso einkaufen, zubereiten und essen können, wie Sie wollen. Wenn Sie den XXL-Beutel Maltesers im Supermarkt stehen lassen, kann er Sie auch nicht abends auf der Couch verführen. Aber es ist schwer, weil Sie niemand sieht. Wenn keiner sieht, dass Sie kalte Makkaroni mit Käse zum Frühstück essen, haben Sie es dann wirklich getan? Wie beim Schmetterlingseffekt wünschte ich mir, meine Ausrutscher würde niemand bemerken, aber leider gilt für mich: »Was du heimlich isst, trägst du öffentlich mit dir herum.«

Um gesünder zu essen, mache ich Folgendes:

- Ich stelle mir bildlich vor, wie sich mein Essen auf meinen Körper auswirkt. Wenn Sie einen frisch gepressten Saft trinken, können Sie nahezu spüren, wie Ihre Zellen aufleben. Ich stelle mir vor, wie gesunde Nahrung meinen Körper von Grund auf reinigt.
- Ich frage mich: »Nährt mich dieses Essen?«
- Lebloses Essen gibt Ihnen keine gute Energie. Stellen Sie sich einen Tisch voller gelbbrauner Speisen vor: Chips, Frittiertes, Hamburger, Kekse, verpacktes Brot und Pizza. Denken Sie jetzt an einen Tisch voller Obst und Gemüse, frisch und bunt und voller Leben. Beide Tische bieten Ihnen Energie in Form von Kalorien, aber nur einer davon verleiht Ihnen Vitalität und spürbare »Energie«. Dieser Vergleich funktioniert auch mit der Fleischtheke und der Obst- und Gemüseabteilung im Supermarkt. Ich habe zwar nicht vor, mich rein vegetarisch oder vegan zu ernähren, aber ich fühle mich immer mehr zu solchen Rezepten hingezogen.

- Stellen Sie sich vor, dass Sie alles aufschreiben, was Sie im Laufe einer Woche essen, und diese Liste anonym einer anderen Person geben. Diese Person muss Sie dann anhand dieser Informationen beschreiben. Was würde diese Person sagen?
- Durchforsten Sie das Internet oder die Kochbücher und Rezepthefte in der Bibliothek, um sich ein umfassendes Repertoire an gesunden Rezepten aufzubauen. Dann haben Sie nicht das Gefühl, dass Sie auf etwas verzichten müssen. Einige Websites mit gesunden Rezepten sind *Anna Jones, Naturally Ella, Minimalist Baker, Food Heaven Made Easy* und *101 Cookbooks*.
- Machen Sie Ihren Kühlschrank gründlich sauber. Man glaubt kaum, wie schmutzig er werden kann. Entsorgen Sie alle Lebensmittel, die abgelaufen oder ungesund sind. Wenn Sie etwas nicht im Haus haben, können Sie es auch nicht essen.
- In meinem Kühlschrank habe ich immer eine Tüte mit Babyspinat. Fein aufgeschnitten ist er vielseitig verwendbar und fällt kaum auf, liefert aber wertvolle Nährstoffe. (Auch portionierbarer Tiefkühl-Spinat ist gut geeignet.) Ein paar Minuten vor dem Servieren gebe ich ein paar Handvoll Spinat zu Nudelsaucen, Aufläufen, Pfannengerichten und Suppen – die Vitaminfee kommt zu Besuch.
- Planen Sie Ihre Mahlzeiten und schreiben Sie alles auf, was Sie essen.
- Entdecken Sie Ihre Begeisterung für Suppen und Smoothies.
- Peppen Sie Ihr Wasser auf, indem Sie es mit Minze, Erdbeeren, Wassermelone, Trauben, Zitronen oder Limetten verfeinern.
- Verwenden Sie Öl aus der Sprühflasche und eine Pfanne mit Antihaftbeschichtung. Sie werden staunen, wie wenig Öl man eigentlich benötigt.
- Fragen Sie sich: Würde die Person, die ich gerne sein möchte, so etwas essen?
- Befolgen Sie den Rat von Michael Pollan: »Esst Nahrung, nicht zu viel und überwiegend Pflanzen.«

Ausrede 5: »Ich habe keine Ideen mehr.«

Es ist nicht unbedingt schlimm, wenn Sie immer wieder Ihre Lieblingsgerichte essen. Ich will gar nicht wissen, wie oft ich mir den Bauch mit Chili con Carne und Spaghetti bolognese vollgeschlagen habe. Aber irgendwann wird es Zeit, etwas Neues auszuprobieren und Ihr Kochfieber zu entfachen.

> *»Der Duft eines guten Chilis sollte ähnliches Entzücken hervorrufen wie ein leidenschaftlicher Kuss.« – Das originale Motto der internationalen Gesellschaft zur Würdigung des Chilis (1951)*

Wagen Sie das Abenteuer und erweitern Sie Ihren kulinarischen Horizont und Ihr Rezepte-Repertoire. Spezialisieren Sie sich zum Beispiel auf eine bestimmte Küche – japanisch, thailändisch, libanesisch, mexikanisch – oder weniger bekannt – persisch, laotisch, peruanisch – oder vegan – und werden Sie zur echten Expertin. Momentan perfektioniere ich gerade meine Xiao-Long-Bao-Teigtaschen. Besorgen Sie sich verschiedene Kochbücher aus der Bibliothek oder dem Secondhandladen. (Ich bin gerade total fasziniert von meinem aktuellsten Schnäppchen: *Graceland's Table: Recipes and Meal Memories Fit for the King of Rock and Roll.* Ein Buch voller Elvis-Gedenkrezepte wie »Love Me Chicken Tenders« und »Blue Suede Berry Pie«. Aber zurück zum Thema.) Sorgen Sie für etwas Abwechslung – trinken Sie Suppe aus einer Tasse, verwenden Sie Essstäbchen oder essen Sie kalte Zaru-Soba-Nudeln von einer traditionellen Bambusplatte, wie man sie im Asia-Shop kaufen kann.

Grundausstattung

Auch wenn sie nicht speziell für Singles gemacht sind, kann ich ohne die folgenden Küchenhelfer nicht leben:

- Gemüsemesser von Global, 15 cm (gutes Allzweckmesser)
- Kochlöffel aus Silikon (perfekt, um Töpfe und Pfannen auszukratzen – ich verwende ihn täglich)
- eine ofenfeste Bratpfanne mit Antihaftbeschichtung, 20 cm. Man braucht kaum Öl und kann darin Ofenrisotto machen.
- biegsame Plastik-Schneideunterlagen von Ikea. Falten Sie die Unterlage zusammen und geben Sie damit die Zutaten gezielt in den Topf oder Abfälle in den Mülleimer. Sie werden begeistert sein. Verwenden Sie eine grüne für Gemüse und eine rote für Fleisch.
- spanische Wassergläser. Ich liebe die 510-ml-Gläser von Bormioli Rocco Bodega. Mir gefällt die Form – lang und schlank – und jedes Mal, wenn ich an der Küchenspüle vorbeikomme, versuche ich, daran zu denken, ein ganzes Glas Wasser zu trinken.
- eine Pfeffermühle aus Holz
- Holzlöffel. Auf meiner Arbeitsfläche stehen zwei große Behälter voller Holzlöffel. Ich mag, wie sie sich anfühlen, und verwende sie für alles Mögliche.
- preiswerte blau-weiße chinesische Schüsseln – kleine Reisschalen für Beilagensalate und Kochzutaten, größere Schüsseln für Nudeln, Suppen und als Servierschüsseln
- doppelte Ofenhandschuhe aus Silikon und Stoff
- eine Vierkantreibe, um über Ofengemüse und Spaghetti feine Parmesanspäne zu hobeln
- einen Gemüsehobel für hauchfeine Salate aus Kohl, Fenchel und anderen Gemüsen

»Man kann nicht gut denken, gut schlafen, gut lieben, wenn man nicht gut gegessen hat.« – Virginia Woolf

Ich halte immer Ausschau nach kleinen Küchengeräten, die für den Single-Haushalt besonders geeignet sind. Wenn Sie Ihre Gerichte in kleinen, individuellen Einheiten zubereiten und servieren, wirken die

Mahlzeiten elegant und fallen nicht zu groß aus. Ich habe eine kleine ovale Kokotte (ein Schmortopf) mit 350 ml Füllmenge – die ideale Größe für eine gefüllte Hähnchenkeule oder ein Mini-Kartoffelgratin; kleine stapelbare Bambusdämpfer (für vier Teigtaschen oder ein Fischfilet); einen vietnamesischen Tontopf; eine Mini-Kastenform; eine französische Löwenkopf-Suppenterrine aus Porzellan und einige kleine weiße Kuchenformen aus Emaille. Ich habe auch einige Mini-Marmeladengläser, in denen ich mir Senf oder Sambal anrichte.

Überlegen Sie sich, von Ihrem normalen Backofen auf einen schnellen, sparsamen Minibackofen umzusteigen. Der kleine Ofen ist perfekt für die Singleküche. Sie können darin ein kleines Hähnchen oder ein Blech voller Ofengemüse braten. Die meisten der Geräte verfügen auch über eine Grillfunktion.

Wenn man allein lebt, dauert es oft eine ganze Woche, bis der Geschirrspüler voll ist. Dennoch möchte ich ihn nicht missen, und solange ich das Geschirr vor dem Einräumen vorspüle, fängt es nicht an zu müffeln. Es gibt auch Slimline- und Kompaktgeräte, die aber leider nicht preiswerter als eine reguläre Spülmaschine sind.

Ein paar simple Tipps für die Solo-Köchin

- Wenn Sie Hühner- oder Lammfleisch einfrieren, marinieren Sie es zuvor in einem verschließbaren Gefrierbeutel in Olivenöl, Knoblauch und frischem Rosmarin oder einer Mischung aus Sojasauce, Ingwer, Knoblauch und Chili. Beim Auftauen wird das Fleisch von den Gewürzen durchzogen.
- Offene Packungen Mehl, Zucker, Getreideflocken, Nudeln, Reis, Salat usw. können Sie mit Wäscheklammern praktisch verschließen.
- Sparen Sie beim Nudelkochen Zeit und erhitzen Sie das Wasser im Wasserkocher.
- Legen Sie Backpapier zwischen Speckscheiben, Hühnerkeulen usw., bevor Sie sie einfrieren. Dann lassen sich die Lebensmittel auch einzeln entnehmen.

- Füllen Sie Suppen oder Saucen, etwa Bolognese-Sauce oder Chili, vor dem Einfrieren in verschließbare Plastiktüten. Luft herausdrücken, beschriften und dann flach einfrieren. Das spart mächtig Platz im Gefrierfach!
- Jedes Gemüse schmeckt besser, wenn man es anbrät, nicht nur Kartoffeln und Kürbis. Probieren Sie auch Spargel (der Länge nach halbiert), Blumenkohl, Brokkoli, Zucchini, Tomaten oder Rosenkohl. Schwenken Sie das Gemüse in etwas Olivenöl und würzen Sie es nach Belieben, zum Beispiel mit Kreuzkümmel und geräuchertem Paprikapulver, oder auch nur mit Salz und Pfeffer. Lecker sind auch hauchdünne Zucchinistreifen (Gemüseschäler verwenden) aus der Grillpfanne.
- Ingwer und Knoblauch können Sie auch mit der Käsereibe reiben.
- Schreiben Sie auf, was sich alles im Gefrierschrank befindet, damit Sie nichts vergessen.
- Probieren Sie alle paar Wochen eine neue Zutat aus. (Meine bisherigen Experimente: Guave, Farro, Daikon, Szechuan-Pfeffer, Pomelo, Rambutan und Spaghettikürbis.) Oder sorgen Sie für ein Comeback alter Klassiker – Honigmelone, Pastinake, Fenchel, Artischocke, Rote Bete, Muscheln oder Sternanis.

> *»Oh! Welch Freude, mein Essen allein zu verzehren!« – Charles Lamb*

Single-Gerichte ohne Rezept

Die einfachsten Gerichte schmecken oft am besten. Vor Jahren genoss ich mit meiner Mutter in der Toskana ein herrliches Essen: Eine perfekt gereifte Feige, gehüllt in eine hauchzarte Scheibe Prosciutto, gefolgt von einer perfekten Wurst, einer kleinen gebratenen Kartoffel, Blattsalat und zum Abschluss eine weiße Nektarine. Ein vollkommenes Mahl. Der Design-Guru Sir Terence Conran beschwerte sich einmal über das Essen im Flugzeug und fragte, warum man nicht einfach frisches Baguette, cremigen Brie und einen grünen Apfel servierte. Einfach, aber perfekt. Wie Elizabeth Davids Omelette mit einem Glas Wein oder Antonio Carluccios Motto: »minimaler Aufwand, maximaler Geschmack«. Für solche minimalistischen Gerichte benötigen Sie hochwertige Zutaten, aber wenn Sie Knoblauch und Chiliflocken im Haus haben, sie in gutem Olivenöl anbraten, mit gekochten Nudeln vermengen und zuletzt mit Petersilie und Parmesan bestreuen, steigen Sie rasch in den Aglio-e-Olio-Himmel auf.

Die folgenden Ideen sind keine richtigen Rezepte, sondern nur Anregungen. Sie verzeihen Fehler und lassen Spielraum zum Improvisieren. Und jeder mag doch unkomplizierte Kurzanleitungen.

> *»Bezaubere, bleib schön und anmutig, aber tu das: Iss gut. Widme dich der Zubereitung deiner Speisen mit der gleichen Hingabe wie deiner äußeren Erscheinung. Lass dein Essen ein Gedicht sein, so wie es dein Kleid ist.« – Charles Pierre Monselet*

Improvisierte Quesadillas

Bewahren Sie immer ein paar Tortillas im Gefrierfach auf. Tauen Sie zwei in der Mikrowelle auf und machen Sie dann ein Sandwich aus geriebenem Käse, Peperoni, Rucola, Spinat, Salami oder Schinken – was gerade so in Ihrem Kühlschrank herumfliegt. Dann 30 Sekunden lang in der Mikrowelle erhitzen, bis der Käse schmilzt, und anschließend in einer heißen beschichteten Pfanne (ohne Öl) von beiden Seiten goldbraun anbraten. Wie eine Pizza in Dreiecke schneiden. Schmeckt köstlich, ist schnell gemacht und ein praktischer Snack für unerwarteten Besuch.

Dekadentes Käsefondue für eine Person

Nehmen Sie einen kleinen, runden Camembert aus der Verpackung und legen Sie ihn wieder in seine Holzschachtel (und diese in den Deckel), falls eine dabei war, sonst in eine kleine Tonschale. Eine kleine Knoblauchzehe in 6 oder 8 Stücke schneiden. Die Stücke und einige Rosmarinzweige in den Käse stecken. Im Ofen 15 Minuten lang bei 180 °C backen. Die Rinde dann mit dem Messer aufschneiden und Brotstücke in den Käse dippen. Auch die Rinde essen.

Schnelles Salatdressing

Damit werden Sie ganze Berge von Salat essen wollen. Verquirlen Sie einen Spritzer Sojasauce, Reisweinessig, Mirin, einen Tropfen Sesamöl und etwas Limette (wenn Sie wollen, auch etwas Miso-Paste). Oder mischen Sie einen Teelöffel Miso-Paste in etwas Mayonnaise. Passt perfekt zu einem einfachen Salat: Weißkohl, Lauchzwiebeln und Minzblätter fein schneiden und mit gerösteten Mandelblättchen verfeinern.

Grünkohl-Chips

Grünkohl waschen, trocknen und aufschneiden. Auf einem Backblech ausbreiten und mit Olivenöl besprühen. Mit Chiliflocken bestreuen und mit Zitrone beträufeln. Dann im heißen Ofen ungefähr 15 Minuten backen, bis die Chips knusprig sind.

Päckchen aus dem Ofen

Der französische Begriff en papillote (»im Pergament«) bedeutet, dass die Zutaten in Backpapier oder Alufolie eingehüllt und gebacken werden. Auf diese Art können Sie alles Mögliche zubereiten, zum Beispiel Hühnerbrust (der Länge nach halbiert, damit sie nicht zu dick ist) oder ein Stück Fisch, zusammen mit Gemüsescheiben, Kräutern, etwas Wein oder Brühe, Olivenöl oder Butter, Salz und Pfeffer. Das Päckchen vorsichtig zusammenfalten (Bon Appétit haben ein Video dazu) und etwa 25 Minuten lang bei 180 °C backen. Ein tolles, besonderes, gesundes und variables Gericht. Ein kleines Geschenk an sich selbst.

Grüne Pfanne

2 Esslöffel Olivenöl erhitzen, eine gehackte Knoblauchzehe darin anbraten und ein Büschel Blattgemüse – Schwarzkohl, Mangold, Grünkohl oder Spinat – hinzufügen und dünsten, bis die Blätter weich sind. Dann den Saft einer halben Zitrone und eine Handvoll geriebenen Parmesan dazugeben.

Einfache Gemüsesuppe

Etwas Öl in einen Topf sprühen. Eine kleine Zwiebel und eine Knoblauchzehe aufreiben und glasig andünsten. Geben Sie dann ein aufgeschnittenes Gemüse Ihrer Wahl hinzu – etwa einen Brokkoli (auch den geschälten Strunk), einen halben kleinen Blumenkohl oder etwas Kürbis. Um die Suppe cremiger zu machen, eine Kartoffel dazugeben. (Für noch mehr Geschmack braten Sie das Gemüse zuvor mit Salz und Pfeffer in etwas Öl an.) Mit Gemüsebrühe aufgießen (ich verwende Wasser und Brühe der Marke Marigold), bis alles bedeckt ist, mit Pfeffer und Kräutern würzen und etwa 10 Minuten lang köcheln lassen, bis das Gemüse weich ist. Dann etwas abkühlen lassen und pürieren. Probieren Sie und würzen Sie bei Bedarf nach. Ich gebe manchmal noch gekochte Rollgerste oder eine kleine Dose gemischte Bohnen hinzu. Zum Schluss können Sie noch Käsewürfel oder geriebenen Parmesan darüberstreuen.

Zucchiniauflauf

Eine große Zucchini aufreiben und mit 60 g Mehl, etwas Backpulver, 60 g geriebenem Cheddar, Salz, Pfeffer und ein oder zwei aufgeschlagenen Eiern vermischen (die Konsistenz der Mischung sollte eher flüssig sein). Eine kleine Backform mit Backpapier auslegen und die Mischung hineingießen. Mit etwas Cheddar und Paprikapulver bestreuen und etwa 30 Minuten lang bei 180 °C backen. Schmeckt warm und kalt köstlich und lässt sich gut einfrieren.

Schnelle Ofenkartoffeln

Ein oder zwei Kartoffeln (oder Süßkartoffeln) mit der Gabel einstechen und 5–10 Minuten in der Mikrowelle erhitzen, dann etwa 30 Minuten bei 180 °C im Ofen backen, bis die Schale knusprig ist. Als fettarme Sauce können Sie ein wenig selbst gemachte Brokkoli- oder Kürbissuppe verwenden (siehe Rezept weiter vorne). Oder Sie höhlen die Kartoffeln aus, vermischen das Innere mit etwas Butter, geriebenem Käse, Sojasauce und Kreuzkümmel, füllen es zurück in die Schale und braten Sie die Kartoffeln ein zweites Mal.

Schnelles Kichererbsen-Curry

Eine Zwiebel und eine Knoblauchzehe aufreiben und glasig dünsten. 1 Esslöffel Currypulver oder Currypaste hinzugeben und anbraten, bis sich das Aroma entfaltet. Eine Dose Tomate beigeben, 15 Minuten köcheln lassen, dann eine Dose Kichererbsen (die Flüssigkeit abgießen) hinzufügen und weitere 5 Minuten kochen. Zum Schluss eine Handvoll gehackten Babyspinat oder einige Portionen Tiefkühlspinat in das Curry geben – für die Extraportion Vitamine und das Gefühl der Überlegenheit!

Herzhafte Pfannkuchen

Vermischen Sie 100 g Mehl, ein Ei, 125 ml Milch und eine Prise Salz. Backen Sie Pfannkuchen und füllen Sie sie mit Käse, Spinat, Schinken oder was Sie sonst gerade im Kühlschrank haben.

Einfaches Bohnengericht

Eine Zwiebel und ein oder zwei Knoblauchzehen anbraten, eine Dose Bohnen (zum Beispiel Cannellini-Bohnen) mitsamt der Flüssigkeit hinzugeben und 20 Minuten kochen. Statt der Flüssigkeit können Sie auch eine Dose Tomaten verwenden und die Mischung dann 10 Minuten lang kochen. Zum Schluss mit etwas Basilikum und Parmesan bestreuen. Schnell und lecker.

Parmesan-Plätzchen

Der perfekte Snack zum Mitbringen oder wenn Gäste kommen. Reiben Sie eine Handvoll Parmesan (oder Grana Padano) auf und mischen Sie ihn mit gehackten Walnüssen und frischem Rosmarin. Ein Backblech mit Backpapier auslegen und die Käsemischung in Häufchen darauf platzieren. Im Ofen bei 160 °C etwa 5 Minuten lang backen. Achten Sie darauf, dass der Käse nicht zu dunkel wird. Die goldbraunen Plätzchen aus dem Ofen nehmen, kurz abkühlen lassen und dann auf einem Backgitter ganz auskühlen lassen.

Ideen für das Frühstück

Damit ich mich auch zu Hause wie am Frühstücksbuffet eines Luxushotels fühlen kann, schneide ich bereits am Abend diverses Obst klein, damit morgens alles bereit ist. Schneiden Sie auch Obst und Gemüse für Smoothies auf und geben Sie es schon abends in den Mixer. Dann können Sie am nächsten Tag einfach zugreifen.

Statt einer großen Schale voller Obst habe ich jetzt immer nur noch so viel im Haus, wie ich in ein bis zwei Tagen verbrauchen kann – zum Beispiel ein paar Mini-Bananen, einen Apfel, eine Maracuja und einen Becher Blaubeeren. Alles bereits gewaschen und essfertig. Im Kühlschrank steht ein kleiner »Frühstückskorb« aus Plastik, in dem ich fettarmen oder griechischen Joghurt, Haferflocken, Müsli, gehackte Mandeln und kleine Behälter mit verschiedenen Samen und einem Löffel aufbewahre. Mit all diesen Zutaten sowie einigen Beeren und Mangowürfeln aus dem Tiefkühlfach kann ich mir jederzeit und ohne großen Aufwand ein gesundes Frühstück (und Smoothies) zubereiten.

Um einen einfachen Obstsalat zu machen, schneiden Sie die Früchte am besten ganz klein auf – zum Beispiel Apfel, Birne, Banane, Datteln,

Melone, Mango oder Beeren. So enthält jeder Bissen eine wahre Geschmacksvielfalt. Servieren Sie das Obst mit Joghurt und Müsli.

Falls mich einmal Lust auf ein herzhaftes Frühstück packt, habe ich immer ein paar einzeln eingefrorene Scheiben Vollkornbrot oder Vollkorn-Muffins im Gefrierschrank, die ich nur noch aufbacken muss.

> *»Das häusliche Leben kennt kaum angenehmere Aussichten als einen hübsch gedeckten, wohlversehenen Frühstückstisch.« – Nathaniel Hawthorne*

Dann belege ich sie mit Avocadoscheiben und verfeinere sie mit einem Spritzer Limette und etwas Sambal Oelek. Köstlich! (Verwahren Sie den Rest der Avocado mitsamt dem Kern – mit etwas Limetten- oder Zitronensaft beträufeln, fest in Frischhaltefolie wickeln und in den Kühlschrank geben, um sie länger haltbar zu machen.) Alternativ können Sie die Brote auch mit magerem Ricotta und Tomatenscheiben belegen. Darauf passt fein geriebener Parmesan.

Wie wäre es zur Abwechslung mit einem Bacon-Sandwich? Ich friere immer einzelne magere Speckstreifen zwischen Backpapier ein, sodass ich sie leicht entnehmen und direkt in der beschichteten Pfanne braten kann – ohne dass ich sie auftauen muss. So habe ich immer sofort ein paar Streifen zur Hand, um meine Avocado- oder Tomatenbrote damit aufzupeppen. Das sind gar nicht viele Kalorien. Eine tolle Alternative sind auch herzhafte Muffins, vielleicht mit Tomate, Basilikum und Ricotta, die dann ähnlich wie Gemüsepuffer zubereitet werden. Ich backe meist sechs Muffins auf einmal und friere sie ein. Wenn ich sie brauche, nehme ich entweder am Vorabend einen zum Auftauen heraus oder ich backe ihn morgens frisch auf.

Zu Mittag

Jeden Tag die gleichen Sandwiches zu essen oder immer nur Suppen zu schlürfen wird mit der Zeit ziemlich öde. Darum versuche ich auch beim Mittagessen für Abwechslung zu sorgen. Etwa mit einer Bento-Box oder einem Käseteller mit würzigem Cheddar, Vollkorncrackern, einigen Apfelscheiben, Radieschen, etwas Sambal, einer Scheibe Prosciutto und ein paar gerösteten Mandeln oder Kürbiskernen. Das Pausenbrot für Erwachsene!

Oft esse ich auch nur Salat (aus der Tüte in eine Schüssel geben), den ich mit diversen Zutaten aufpeppe – je nachdem, was der Kühlschrank gerade hergibt. Vielleicht einige Scheiben gebratenen Halloumi oder Chorizo, die ich mit Zitrone oder Balsamico beträufle. (Aber bloß keine Balsamico-Creme verwenden, das ist reinstes Teufelszeug.)

Ganz neue Möglichkeiten bieten frische vietnamesische Reispapierrollen – eine fettarme, praktische Alternative. Das getrocknete Reispapier ist im Vorratsschrank nahezu ewig haltbar. Tauchen Sie ein paar der Blätter in warmes Wasser und legen Sie sie dann auf Küchenpapier zum Trocknen aus. Eine kleine Menge Reis-Vermicelli mit kochendem Wasser übergießen und gut abtropfen. Dann Avocado, etwas geriebene Möhre, eine Scheibe kalte Hühnerbrust, ein paar Reisnudeln, etwas gehackten Salat und frische Kräuter (Minze und Basilikum passen perfekt) auf die Reisblätter legen. Im Prinzip können Sie jede beliebige Füllung zusammenstellen, nur nicht zu viel, damit Sie die Blätter noch zusammenrollen können. Mit ein wenig Chili- oder Hoisin-Sauce würzen, die Füllung in die Mitte schieben und die Blätter dann von jeder Seite einschlagen und von unten nach oben fest zusammenrollen. Wenn Sie die Minzblätter (oder halbierte Shrimps) zuerst auf die Blätter legen, sieht man sie durch den Teig durchscheinen, was appetitlich aussieht. Dazu passt ein einfacher Dip: 1 Esslöffel Hoisin-Sauce mit 1 Esslöffel Erdnussbutter mischen. Dieses Rezept klingt vielleicht kompliziert, ist es aber überhaupt nicht. Auf YouTube finden Sie viele Anleitungen dafür. Probieren Sie die Röllchen aus – Sie werden sie lieben.

Gönnen Sie sich von Zeit zu Zeit ein köstliches, frisches Brot vom Bäcker. An den ersten Tagen eignet es sich perfekt für Sandwiches, danach lässt es sich gut für Toast oder überbackene Käsebrote verwenden. Wird es trocken, können Sie Brösel oder Croûtons daraus machen. Aber es lohnt sich schon allein für den knusprig frischen Geschmack am ersten Tag.

Wie lange es frisch bleibt, hängt davon ab, wie Sie es aufbewahren. Geben Sie das Brot am besten in eine braune Papiertüte, die Sie mit einem Geschirrtuch umwickeln. Dann einfach auf der Arbeitsfläche lagern. Alternativ können Sie Brot auch einfrieren.

Apropos Toast: Suchen Sie nach Jamie Olivers »Number 1 Toasted Cheese Sandwich« – dieser Luxus-Käsetoast wird Sie umwerfen. Er hat sogar eine Käsekruste. Allein schon der Gedanke daran verengt meine Arterien.

> *»Mittagessen: so viel essen, wie in eine Hand passt.« –*
> *Samuel Johnson, A Dictionary of the English Language, 1755*

Ideen für das Abendessen

Bei meinen Rezepten halte ich mich wie bei meiner Garderobe an die 80:20-Regel: Ich koche 80 Prozent meiner Mahlzeiten nach 20 Prozent meiner Rezepte. Die folgenden Rezepte gehören zu meinen Favoriten und sollen Ihnen ein paar Ideen für Ihre eigenen Experimente liefern.

Ein gekauftes Grillhähnchen = fünf Hauptmahlzeiten

Tag 1: Huhn mit Ofengemüse Ein Stück Hühnerbrust herunterschneiden und mit Ofengemüse und israelischem Couscous servieren – eine Schalotte hacken und anschwitzen, den Couscous in der Pfanne mitbraten, dann mit Brühe aufgießen und 10 Minuten köcheln lassen. Zuletzt etwas gehackten Babyspinat hinzugeben.

Tag 2: Burritos Etwas Fleisch von den Hühnerschenkeln abschneiden. Das Fleisch, etwas Avocado und eine kleine Dose gemischte Bohnen auf eine aufgewärmte Tortilla geben. Mit geriebenem Käse und gehacktem Salat bestreuen.

Tag 3: Vietnamesischer Hühnersalat Die zweite Hühnerbrust klein schneiden und daraus einen vietnamesischen Salat aus gehacktem Kohl, Lauchzwiebeln und Minze zubereiten. Das restliche Fleisch vom Hähnchen lösen und im Kühlschrank verwahren. Bereiten Sie aus den

Knochen eine Brühe zu: in einen großen Topf geben und mit Wasser bedecken. Eine Zwiebel, ein paar Stangen Sellerie, eine gehackte Karotte und einige Pfefferkörner hinzufügen. Bei geringer Hitze ein bis zwei Stunden köcheln lassen (nicht zu lange, damit die Brühe nicht verdunstet). Abgießen, auskühlen lassen und im Kühlschrank lagern.

Tag 4: Suppe mit Teigtaschen Das Fett von der gekühlten Brühe schöpfen und die Hälfte der Brühe in einem Topf erhitzen. Nehmen Sie die Fleischreste und eine Lauchzwiebel, etwas Ingwer und Knoblauch – was immer Sie im Haus haben – und füllen Sie Wan-Tan-Teigblätter damit. Die Teigtaschen dann in der heißen Brühe etwa 5 Minuten lang garen. Am Schluss mit fein gehackten Lauchzwiebeln bestreuen.

Tag 5: Risotto Die restliche Brühe und eine Prise Safran in einem kleinen Topf erhitzen. In einer Pfanne 1 Esslöffel Butter und etwas Olivenöl erhitzen und darin eine kleine gehackte Zwiebel oder Schalotte anschwitzen. 100 g Risottoreis hinzufügen und glasig dünsten. Dann mit 60 ml trockenem Weißwein ablöschen und verkochen lassen. Die heiße Brühe nach und nach unter Rühren zugießen, bis der Reis die richtige Konsistenz hat – ungefähr nach 20 Minuten ist das Risotto fertig. Zum Schluss Parmesan unterrühren. Als Beilage passt ein grüner Salat.

Singapur-Nudeln (frei nach Delia Smiths *One is Fun!*)

Wasser im Wasserkocher erhitzen. Einen gehäuften Teelöffel getrocknete Shrimps und 3 getrocknete chinesische Pilze in eine Schüssel geben, mit kochendem Wasser bedecken und etwa 30 Minuten ziehen lassen. Das Pilzwasser in einen anderen Behälter abgießen und beiseitestellen. Die Pilze klein hacken, harte Stiele entfernen. Übergießen Sie in einer Schüssel 75 g Reisnudeln mit kochend heißem Wasser. Ein paar Minuten einweichen lassen, dann abgießen. (Nicht zu lange einweichen, sonst zerfallen die Nudeln beim Anbraten.)

In einer Pfanne 2 Esslöffel Öl erhitzen. Währenddessen die gehackten Pilze, die Shrimps, eine gehackte Zwiebel, 2 gewürfelte Speckstreifen, eine gehackte Knoblauchzehe und 1 Esslöffel geriebenen Ingwer auf einen Teller geben. Sobald das Öl heiß ist, die Zutaten beigeben, gut durchrühren und dann bei geringer Hitze rund 15 Minuten lang garen lassen. (Durch das langsame Kochen ziehen die köstlichen Aromen in das Öl.)

Geben Sie dann einen Teelöffel Madras-Currypulver hinzu. Die Herdplatte auf mittlere Stufe stellen und ein wenig klein geschnittene Hühnerbrust eines Brathähnchens sowie 25 g frische oder gefrorene geschälte Garnelen beigeben. Dann das Pilzwasser und 4 fein gehackte Lauchzwiebeln hinzufügen.

Die Nudeln in die Pfanne geben und das Ganze gut schwenken. Abschließend noch mit 2 Esslöffel Sojasauce und 2 Esslöffel Sherry oder Shaoxing-Reiswein verfeinern, noch einmal alles durchmischen und dann servieren. Als Beilage schmeckt grüner Salat.

> *»Ich koche mit Wein, manchmal gieße ich sogar etwas davon ins Essen.« – W. C. Fields*

Gesunde Süßkartoffelschalen

Den Ofen auf 200 °C vorheizen. Eine Süßkartoffel mehrmals mit der Gabel einstechen. In der Mikrowelle auf einem Küchentuch 7 Minuten lang erhitzen, dann im Ofen auf Backpapier 30–40 Minuten lang backen.

Eine kleine Dose Mais abgießen. Den Mais ohne Öl in der Pfanne braten, mit etwas Chili würzen. Nicht ständig rühren – den Mais braun anrösten. Dann eine Dose schwarze Bohnen abgießen und hinzufügen. In einer anderen Pfanne eine kleine Zwiebel oder Schalotte in etwas Butter oder Olivenöl glasig anbraten und dann zur Bohnen-Mais-Mischung geben.

Die Kartoffel aushöhlen, das Innere zerdrücken und mit 2 Esslöffeln Frischkäse, 3 Esslöffeln griechischem Joghurt, ein paar Chipotle-Chilis aus der Dose (eingelegt in Adobo-Sauce) oder einem Spritzer Tabasco, Pfeffer und Salz verrühren. Die Bohnen-Mais-Mischung und etwas gehackten Koriander beimengen. Die Kartoffelschalen damit füllen, mit geriebenem Cheddar bestreuen und 5 Minuten lang backen.

Andere Füllungen: Eine gehackte Schalotte in etwas Butter anschwitzen und ein paar Handvoll Babyspinat und eine Dose Kichererbsen hinzugeben. Das Innere der Kartoffel mit Frischkäse und griechischem Joghurt vermengen und mit den restlichen Zutaten verrühren. Mit Salz und Pfeffer würzen. Die Schalen füllen und mit Käse überbacken.

Wenn Sie Lust auf Fleisch haben, braten Sie eine gehackte Zwiebel oder Schalotte an und geben Sie 100 g Lammhackfleisch, eine gehackte rote Chilischote und eine Prise Kreuzkümmel (oder einen Teelöffel Miso) dazu. Das Ganze goldbraun anbraten. Mit der Kartoffelmasse mischen, mit Salz und Pfeffer würzen, eventuell mit Minze abschmecken.

Sie können die Kartoffelschalen auch mit etwas Öl besprühen und für 5 Minuten in den Ofen geben, damit sie knusprig werden.

(Übrigens können Sie auch mehrere Kartoffeln backen und sie dann in Folie gewickelt im Kühlschrank bis zu einer Woche aufbewahren und bei Bedarf in der Mikrowelle oder im Ofen erwärmen.)

Vietnamesisches Huhn aus dem Tontopf

Die rustikalen kleinen vietnamesischen Tontöpfe mit Deckel können Sie in Asia-Läden oder auf Amazon kaufen. Vor der ersten Verwendung muss der Topf 24 Stunden in Wasser eingeweicht werden, und bei seinem ersten Einsatz sollten Sie ihn in den ersten 5 Minuten nur niedriger Hitze aussetzen. Schneiden Sie ein oder zwei Hähnchenschenkel in kleine Würfel und marinieren Sie sie 30 Minuten lang in einer Mischung aus 1 Teelöffel Maismehl, 1 Esslöffel Sojasauce, 1 Esslöffel Shaoxing-Reiswein und einem Spritzer Sesamöl. Ein paar getrocknete chinesische Pilze einweichen. 1 Esslöffel Öl in einer Pfanne oder einem Wok erhitzen und eine Knoblauchzehe sowie einen Teelöffel Ingwer (beides mit der Käsereibe aufreiben) etwa 1 Minute braten, dann das Fleisch dazugeben und leicht bräunen. Die gehackten

Pilze, 70 g Reis, 1 Esslöffel Sojasauce und einen Schuss Sesamöl hinzufügen. Einige Minuten lang rühren und dann alles in den Tontopf füllen. Noch 3 Esslöffel Wasser dazugeben und bei geringer Hitze 5 Minuten garen, dann die Temperatur ein wenig erhöhen. Schauen Sie alle 10 Minuten in den Topf und gießen Sie bei Bedarf etwas Wasser nach. Die gesamte Kochzeit beträgt etwa 30–40 Minuten. Geben Sie ungefähr 10 Minuten vor dem Ende der Kochzeit noch ein gehacktes Blattgemüse dazu, wenn Sie möchten – zum Beispiel Pak Choi. Oder fügen Sie ganz zum Schluss noch gehackten Babyspinat hinzu, bevor Sie das Gericht abschmecken. Stellen Sie den Topf auf einen Untersetzer. Guten Appetit!

Tandoori-Hähnchen

Hier mache ich es mir ganz einfach und verwende eine gute Tandoori-Paste aus dem Supermarkt. Meine selbst gemachte Paste schmeckt nicht besser. (Auch nicht meine Rendang-Paste und meine malaysische Currypaste.) Vermischen Sie 1 Esslöffel Paste mit Naturjoghurt (ungefähr in einem Verhältnis von 1:6, je nachdem, wie würzig Sie es mögen) und pressen Sie eine halbe Zitrone hinein. Verwenden Sie 2 enthäutete, ausgelöste Stücke aus dem Hähnchenschenkel oder ein enthäutetes Brustfilet. Von den Schenkeln das Fett sowie sämtliche Knochenreste entfernen und die Filets dann mit dem Fleischklopfer flach klopfen. Das Fleisch leicht einschneiden. Falls Sie das Brustfilet verwenden, halbieren Sie es der Länge nach, klopfen Sie es zart und schneiden Sie es ein. Dann im Kühlschrank eine Stunde oder über Nacht marinieren lassen. Das Fleisch 10 Minuten vor der Zubereitung herausnehmen und den Ofen auf Grillfunktion vorheizen. Das Fleisch dann grillen, bis es durch ist. Servieren Sie es mit gedünstetem Reis und einem grünen Salat oder füllen Sie es zusammen mit Salatstreifen, Joghurt und Minze in Tortilla-Wraps. Reste machen sich gut in Wraps, Salaten und Sandwiches.

Lammkotelett mit Miso

Eine Umami-Gaumenfreude! Die Marinade passt auch perfekt zu Schwein, Huhn und Fisch. 1 Esslöffel weiße Miso-Paste mit je 1 Esslöffel Sojasauce und Mirin mischen. Das Lamm damit einreiben, marinieren und danach grillen. (Nach einem Rezept aus Lighten Up von Jill Dupleix.)

Schweinefleisch »Char Siu« mit Pfannkuchen

Wie Peking-Ente mit Pfannkuchen, aber mit Schweinefleisch. Holen Sie sich beim Metzger ein kleines Stück Schweinefilet – ca. 10–15 cm lang. Das Fleisch in einer Mischung aus jeweils 1 Esslöffel Hoisin, Honig und Sojasauce, einem halben Teelöffel Sesamöl und einer Prise Fünf-Gewürze-Pulver marinieren. Zudecken und für einige Stunden oder über Nacht in den Kühlschrank stellen. Eine kleine Gurke der Länge nach halbieren, die Samen entfernen und die Gurke in Stifte schneiden. Dann eine Lauchzwiebel in Stifte schneiden und beide Gemüse kühl stellen, während Sie das Fleisch zubereiten. Den Ofen auf 200 °C vorheizen. Legen Sie das Fleisch auf einen Rost und stellen Sie ihn über eine kleine Ofenform, die Sie zur Hälfte mit Wasser befüllen (das soll verhindern, dass das Fleisch trocken wird). Ungefähr 15–20 Minuten lang braten und das Fleisch zwischendurch ein paar Mal mit der Marinade bestreichen. Gegen Ende der Kochzeit mit Honig bepinseln und das Fleisch kurz mit der Grillfunktion bräunen. Aus dem Ofen nehmen und ein paar Minuten durchziehen lassen. Erwärmen Sie in der Zwischenzeit ein paar Pfannkuchen für Peking-Ente (aus dem Asia-Supermarkt). Vor dem Servieren mit etwas Hoisin-Sauce bestreichen und ein paar Gemüsestifte sowie eine Scheibe Fleisch darauflegen und einrollen. Köstlich, einfach und außergewöhnlich. Als Beilage passt grüner Salat (der eigentlich immer passt).

Teriyaki-Huhn

Von diesem Gericht mache ich immer eine doppelte Portion, damit ich einen Teil als Füllung für Reispapier- oder Sushi-Rollen verwenden kann. Geben Sie Sojasauce, Sake und Mirin zu gleichen Teilen (etwa je 60 ml) in eine kleine Stielpfanne und lassen Sie die Mischung 5 Minuten lang köcheln. Danach abkühlen lassen und 4 flach geklopfte ausgelöste Hähnchenschenkel (oder 2 der Länge nach halbierte, flach geklopfte Brustfilets) darin marinieren. Das Fleisch dann goldbraun grillen oder braten. Mit gedämpftem Reis und Salat servieren. Manchmal richte ich mir alles schön in einer Bento-Box an – Fleisch, Salat, Reis und gekühlte Orangenspalten.

Gefüllte Hähnchenschenkel

Dieses köstliche Gericht schmeckt warm oder kalt, darum mache ich meistens gleich vier Schenkel auf einmal – dann bleiben zwei Stück übrig. Vier Hähnchenschenkel auslösen und flach klopfen. Eine kleine Menge Salbei-Zwiebel-Bratenfüllung (aus der Tüte) mit kochendem Wasser mischen, auskühlen lassen und die Masse in einer länglichen Form auf die Mitte der Schenkel lenken. Das Fleisch einrollen und mit Speck umwickeln. Ein Backblech mit Backpapier auslegen und die Schenkel im Ofen bei 180 °C etwa 40 Minuten lang oder goldbraun braten. Nach der Hälfte der Zeit einmal wenden.

Lammhaxe mit Bohnenmus

Ein richtiges Wohlfühlessen! Beträufeln Sie eine Lammhaxe mit etwas Olivenöl, stecken Sie ein paar Rosmarinzweige und Knoblauchzehen unter die Haut und braten Sie das Fleisch im Ofen bei 180 °C ungefähr 40 Minuten lang. Rosmarin und Knoblauch entfernen. Den Großteil des Öls abgießen. Eine Dose Cannellini-Bohnen abtropfen lassen, zum restlichen Öl geben und die Bohnen zerdrücken. Zusammen mit dem Lamm und einem knackigen grünen Salat servieren.

Nudelpuffer mit Maiskölbchen (nach einem Rezept von taste.com.au)

Seitdem ich meine neue Pfanne mit Antihaftbeschichtung besitze (und kaum noch Öl zum Braten benötige), liebe ich Gemüsepuffer. Übergießen Sie etwa 40 g trockene Reisnudeln mit kochendem Wasser und lassen Sie sie 3 Minuten lang quellen. Das Wasser dann abgießen und die Nudeln mit der Küchenschere zerkleinern. Vermischen Sie 2 gehackte Lauchzwiebeln, einige in Scheiben geschnittene frische Maiskölbchen, 1 gehackte rote Chilischote, 2 Esslöffel Sojasauce, 1 Esslöffel Austernsauce und einen Schuss Sesamöl. 30 g Mehl mit etwas Backpulver mischen und 2 verquirlte Eier hinzufügen. (Wenn alles flüssiger sein soll, noch ein weiteres Ei verwenden.) Eine kleine Menge Öl in die Pfanne geben und die Mischung in kleinen Portionen braten. Die Puffer dann auf Küchenpapier abtropfen lassen. Am besten schmecken sie frisch aus der Pfanne, aber man kann sie auch im Kühlschrank aufbewahren und kalt essen oder in einer trockenen Pfanne aufwärmen.

Auch viele Reste lassen sich für Puffer verwerten – die Reste von Fleisch und Gemüse klein schneiden, mit Ei und Mehl vermengen und in der Pfanne braten.

Linguine mit Muscheln

Dieses Rezept stammt aus Nigella Lawsons Buch *How to Eat*, das auch ein tolles Kapitel über das Kochen für eine oder zwei Personen enthält. Das folgende Gericht ist eines meiner absoluten Favoriten, das sich schon allein wegen der Muscheln lohnt. Ich liebe Nigellas Schreibstil, aber der Kürze halber habe ich es in eigenen Worten zusammengefasst. Weichen Sie 200 g kleine Venusmuscheln (Vongole) in kaltem Wasser ein (um Reste von Sand abzuwaschen). Geben Sie 150 g Linguine in kochendes Salzwasser. Die Nudeln nicht ganz durchkochen, da sie noch in der Pfanne im Muschelwasser weitergaren. 1 Knoblauchzehe klein hacken und in 1 Esslöffel Olivenöl andünsten. Eine halbe getrocknete rote Chilischote hineinkrümeln. Die Muscheln abgießen, alle geöffneten Muscheln entsorgen und alle anderen in die Pfanne geben. Mit einem Glas Weißwein ablöschen, dann den Deckel schließen. In 2 Minuten sollten sich die Muscheln öffnen. Die Nudeln abgießen und zu den Muscheln geben. Gut umrühren. Alle Muscheln, die sich nicht geöffnet haben, herausnehmen und entfernen. 1 Esslöffel Petersilie zugeben und alles vermischen. Mit Petersilie bestreut servieren. Nigella schreibt am Ende des Rezepts: »In Italien kommt auf Nudelgerichte mit Meeresfrüchten kein geriebener Käse und diese Regel hat sich bewährt. Sie brauchen nichts mehr. Alles ist bereits perfekt.« Absolut.

Zum Abschluss noch eine passende Geschichte. Lucullus war ein Senator und berühmter Feinschmecker im alten Rom. Eines Abends hörte sein Diener, dass keine Gäste zum Essen kommen, und servierte Lucullus ein eher bescheidenes Mahl. Lucullus schimpfte mit ihm und sagte: »Gerade wenn ich allein esse, musst du ein ganz besonderes Essen zubereiten. Denke dann daran: Lucullus diniert mit Lucullus.«

Lucullus kannte seinen Wert. Seien Sie wie er.

Zusammenfassung

Seien Sie kreativ. Probieren Sie neue Zutaten und Rezepte aus – es kann nichts schiefgehen. »Ich habe keine Lust.« Pah! Es lohnt sich immer, denn Sie sind es wert. Das Kochen gehört zur Selbstsorge unbedingt dazu.

Zeigen Sie es den Supermarktbesitzern und machen Sie das Beste aus Ihrem Einkauf. Kaufen Sie in ausländischen Spezialitätenläden.

Stellen Sie sich vor, wie gesundes Essen Sie nährt und Ihnen in jeder Hinsicht Energie liefert. Lesen Sie die Tipps und übernehmen Sie, was Ihnen gefällt.

Finden Sie Rezepte für eine Person und sammeln Sie sie in einem Ordner. Ich habe Ihnen 40 Single-Gerichte vorgeschlagen – probieren Sie noch heute eines aus.

6 Finanzen

Nehmen Sie Geldangelegenheiten ernst. Jeder sollte einen Überblick über seine Finanzen behalten, aber wenn Sie allein leben, muss das Thema Budget oberste Priorität haben. Ich kann gar nicht genug betonen, wie wichtig das ist. Sie sind nicht nur für sich selbst verantwortlich, Sie finanzieren sich auch selbst. Freunde und Verwandte können Ihnen emotionale Unterstützung bieten, aber wenn es um Bares geht, sind Sie auf sich allein gestellt. Es klingt hart, aber die meisten von uns haben niemanden, der finanziell für sie sorgt oder es in der Zukunft tun wird. Das ist weder die Aufgabe Ihrer Verwandten, Ihrer Kinder noch des Staats.

Und das ist okay. Sie können sich mithilfe eines Finanzplans selbst versorgen. Wenn Sie finanziell bereits gut abgesichert sind, können Sie dieses Kapitel überspringen. Aber damit wären Sie in der Minderheit (und ich merke schon, wie Ihre Nase immer länger wird). Die Statistik zeigt, dass die meisten Frauen keinen Überblick über ihre Finanzen haben. Gerade für alleinstehende Frauen ist das ein Spiel mit dem Feuer.

Der Preis des Alleinseins

Beginnen wir mit der schlechten Nachricht. Allein zu leben kostet extra. Aber das haben Sie bestimmt schon gemerkt. Man muss kein Genie sein, um zu erkennen, dass man ohne Partner oder Mitbewohner mehr von seinem Einkommen für die Lebenshaltungskosten aufwenden muss – auch wenn manche Kosten gleich hoch sind wie für Paare, Familien oder eine ganze Hippie-Kommune. Die Beträge für Grundsteuer, Versicherungen, Wasser, Strom, Gas, Netflix, Internet und Ausgaben für das Auto sind fast identisch. Wenn wir einen Urlaub, ein Hotelzimmer oder einen Leihwagen buchen, bezahlen wir als Singles um einiges mehr. Wir hören es nicht gern, aber Alleinstehende müssen generell tiefer in die Tasche greifen.

Die Statistiken sind ernüchternd. (Die Werte, die mit einem Sternchen versehen sind, gelten für die USA. Die Prozentzahlen für Australien, Großbritannien oder Deutschland fallen etwas anders aus, aber der Trend geht in dieselbe Richtung.)

- 47 Prozent aller Frauen über 50 sind single, jede zweite Ehe wird geschieden.*
- Der Lebensstandard einer Frau fällt im ersten Jahr nach einer Scheidung im Durchschnitt um 73 Prozent.*
- Drei Viertel aller Senioren, die in Armut leben, sind Frauen; 80 Prozent dieser Frauen waren noch nicht arm, als ihre Ehemänner noch lebten.*
- 90 Prozent aller Frauen werden sich irgendwann im Laufe ihres Lebens finanziell allein versorgen müssen.*
- Nur 12 Prozent aller Frauen glauben, dass ihre Rente ausreichen wird. (Quelle: Financial Literacy Foundation, 2008)
- 50 Prozent aller Frauen wissen nicht, wie viel Geld sie für einen sorgenfreien Ruhestand brauchen werden. (Quelle: Financial Literacy Foundation, 2008)
- Die durchschnittliche Frau bekommt nur halb so viel Rente wie der durchschnittliche Mann. (Quelle: Australische Rentenversicherung ASFA, 2011; A. d. Ü.: die entsprechende Quelle für Deutschland: https://www.zeit.de/politik/deutschland/2017-07/rentengefaelle-deutschland-frauen-maenner)
- Die durchschnittliche Lebenserwartung für Frauen beträgt aktuell 84 Jahre und steigt weiter an. Auch das muss berücksichtigt werden. (Quelle: Australisches Amt für Statistik ABS; A. d. Ü.: In Deutschland sind es 83 Jahre, ebenfalls ansteigend: https://de.statista.com/statistik/daten/studie/273406/umfrage/entwicklung-der-lebenserwartung-bei-geburt-in-deutschland-nach-geschlecht/)
- 40 Prozent aller alleinstehenden Rentnerinnen leben unterhalb der Armutsgrenze. (Quelle: Industry Super Australia)

Diese Zahlen sind deprimierend, aber lassen Sie sich von ihnen motivieren, kein Teil dieser Statistik zu werden. Sie müssen Ihre Finanzen im Griff haben, nicht umgekehrt. Der richtige Umgang mit Geld ist der letzte Schritt in die Unabhängigkeit. Dieses Kapitel begleitet Sie mit einigen Tipps auf diesem Weg.

Ich verstehe Sie: Ich wollte auch nie ans Geld denken

Bevor ich dieses Kapitel schrieb, räumte ich meine Besteckschublade auf, machte ich meine Steuererklärung, flickte ich ein Loch in einer Jacke, reinigte ich den Filter der Klimaanlage, wusch ich den Hund und stellte auf E-Bay eine Vase ein. Ich glaube, man nennt das »Übersprungshandlungen«. Also gutes altes Aufschieben. Geld ist nicht gerade mein Lieblingsthema, aber ich weiß natürlich, dass es wichtig ist und ich mich mit meinen Finanzen auseinandersetzen muss. Mittlerweile habe ich den Überblick und teile mein neu erlangtes Wissen nur allzu gerne mit Ihnen: Geldangelegenheiten sind (wie auch viele andere weltlichen Vergnügen) nicht kompliziert, erfordern nicht viel Zeit und geben Ihnen ein gutes Gefühl, wenn Sie sie erst einmal geregelt haben.

Die Grundlagen im Umgang mit Geld sind für Alleinstehende und Singles dieselben. (Warum sollten sie auch anders sein?) Auch hierbei geht es (wieder einmal) darum, einen Plan in die Tat umzusetzen. Es ist wie mit dem Sport oder der gesunden Ernährung – nur mit etwas Mühe gelangen Sie zum Erfolg. Also schnappen Sie sich Ihr Notizbuch und fangen Sie an. Seufz. Ich möchte nicht wie ein Sklaventreiber klingen, aber ich möchte auch nicht, dass Sie in monetäre Nöte geraten und im finanziellen Treibsand versinken, aus dem Sie selbst Lassie nicht mehr retten kann. Wuff.

Falls Sie sich über eines oder mehrere der folgenden Dinge Gedanken machen ...

- wie viel Geld Sie haben
- ob Sie jeden Monat Ihre Kreditkartenschulden abzahlen können
- wie Sie Ihre Rente finanzieren
- ob Sie Rücklagen für Notfälle haben
- dass Sie sich keinen Urlaub leisten können
- dass Sie nicht genug sparen können
- Rechnungen
- Schulden
- dass Sie sich nicht einmal einen kleinen Luxus gönnen können

... benötigen Sie einen Finanzplan.

Ihr Finanzplan

Dieser Zwölf-Schritte-Finanzplan ist wie ein Navigationssystem für Ihre Finanzen. Es geht dabei aber weniger ums Geld als vielmehr um Sie. Der Plan besteht aus zwei Teilen:

Im ersten Teil geht es darum, wie Sie denken:

- Wie Sie mit Geld umgehen, zeigt, was für ein Mensch Sie sind.
- Was ist Ihnen wichtig?
- Wie denken Sie über Geld?
- Verändern Sie Ihre Einstellung

Im zweiten Teil geht es darum, was Sie tun können:

- Informieren Sie sich
- Ihr Haushaltsbudget
- Wie lange wird Ihr Geld reichen?
- Das Geld schlau verwalten
- Sparen und anlegen
- Ihr Finanz-Team
- Wichtige Dokumente
- Den Plan umsetzen

1. Wie Sie mit Geld umgehen, zeigt, was für ein Mensch Sie sind

»Wie wir mit unserem Geld umgehen, gibt großen Aufschluss darüber, wie wir uns selbst wahrnehmen und bewerten. Wenn wir keinen Einfluss auf unsere Finanzen haben, haben wir allgemein keinen Einfluss. Und hierbei geht es um viel mehr als nur Geld. Es geht um Ihr Gespür für das, was Sie sind und was Ihnen zusteht. Bleibender Wohlstand entsteht erst, wenn Sie über ein gesundes, starkes Selbstwertgefühl verfügen.«

Suze Orman trifft den Nagel auf den Kopf.

Und es stimmt wirklich. Ihr Vermögen ist die Erweiterung Ihrer selbst. Wie Sie über Ihr Geld denken und wie Sie damit umgehen, zeigt, wie Sie sich selbst wahrnehmen und bewerten. Den Anfang macht der Selbstwert. Die reichsten Unternehmer, ob unbekannte Personen oder Leute wie Warren Buffett und Richard Branson, haben alle ein starkes Selbstwertgefühl und vertrauen auf ihre Fähigkeiten. Und Selbstvertrauen erzeugt Selbstvertrauen. Es spiegelt sich wider.

»Gib dein Geld nie aus, bevor du es hast.« – Thomas Jefferson

2. Was ist Ihnen wichtig?

Geld ist wichtig, da es Ihnen Möglichkeiten eröffnet und Ihnen hilft, Ihre Ziele zu erreichen. Ich hasse es, wenn mir jemand sagt, was ich tun soll (darum mag ich auch keine festgelegten Verkostungsmenüs in Restaurants), und ich möchte so leben, wie ich will. Wenn Sie finanziell unabhängig sind, können Sie das tun.

Bevor wir uns in den rechnerischen Teil des Finanzplans stürzen, sollten Sie sich überlegen, was Ihnen wichtig ist und worauf Sie hinarbeiten. Beantworten Sie die folgenden Fragen. (Es gibt keine richtigen oder falschen Antworten. Sie sollen in dieser Übung nur herausfinden, welche Rolle Geld in Ihrem Leben spielt.)

- Stellen Sie vor, wie Sie gerne leben würden. Wie möchten Sie sich fühlen? Wie sehen Sie sich selbst? Wo wollen Sie leben? Wie würden andere Menschen Ihr Leben beschreiben, nachdem sie Zeit mit Ihnen verbracht haben?
- Was ist Ihnen wichtig? Wollen Sie Ihre Familie oder Ihre Kinder regelmäßig sehen, Ihren Interessen und Hobbys nachgehen oder etwas von der Welt sehen? Oder alles davon?
- Welche persönlichen Ziele möchten Sie dieses Jahr sowie im Laufe der nächsten fünf Jahre erreichen? Wie sehen Ihre Pläne dafür aus?
- Haben Sie bestimmte Ambitionen, von denen niemand etwas weiß und die Ihr Umfeld überraschen würden? Was bräuchten Sie, um diese Wünsche zu verwirklichen? Wie sieht Ihr Zeitrahmen dafür aus?
- Wie definieren Sie »finanzielle Sicherheit«? Immer alle Rechnungen bezahlen zu können? Sich kaufen zu können, was Sie wollen? Nicht mehr arbeiten zu müssen? Genau zu wissen, wie viel Geld Sie haben und dass Sie Ihr restliches Leben damit auskommen werden?

3. Wie denken Sie über Geld?

Sie müssen sich bewusst sein, was Geld für Sie bedeutet, denn Ihre Wahrnehmung beeinflusst Ihre Gefühle und Ihre Gefühle animieren Sie, zu handeln. Welche Assoziationen haben Sie zum Thema Geld? Vergnügen, Angst, Neid, Sorge, Schuldgefühle, Freiheit, Unruhe, Zwiespältigkeit, Freude? Verbindet Geld die Menschen oder führt es zu Streit? Oder wollen Sie überhaupt nicht darüber nachdenken? Die Psychologin Valerie Wilson fand heraus, dass die vier häufigsten Assoziationen zum Geld allesamt negativ sind: Angst, Depression, Ärger und Hilflosigkeit.

> *»Der wahre Maßstab für den Wohlstand ist die Frage, wie viel Sie wert wären, wenn Sie all Ihr Geld verlieren würden.« – Unbekannter Verfasser*

Unsere Eltern und unsere Erziehung prägen unsere Einstellung zum Thema Geld. Oft haben wir eine bestimmte Denkweise verinnerlicht, was aber nicht bedeutet, dass wir sie beibehalten müssen. In meiner Familie regelte mein Vater sämtliche Finanzangelegenheiten und es galt als unhöflich, über Geld zu sprechen. Als ich heiratete, übernahm ich diese Haltung ganz unbewusst, und mein (heutiger Ex-)Mann kümmerte sich um unsere gemeinsamen Finanzen. Heute kann ich gar nicht mehr nachvollziehen, dass ich mein Mitspracherecht einfach so aufgegeben hatte. Als mein Vater starb, plagte ich mich durch seine komplizierten Geldangelegenheiten, von denen ich nichts wusste. Vor meiner Scheidung musste ich mich von anderen über meine finanzielle Situation aufklären lassen, denn ich hatte keine Ahnung. Ich weiß jetzt, dass diese Unwissenheit zum Ende meiner Ehe beigetragen hatte. Nie wieder! Heute kenne ich mein Vermögen auf den Cent genau und weiß, wo es sich befindet.

Wie auch immer Sie über Geld denken, machen Sie sich Ihre Haltung dazu bewusst, sodass Sie Ihre finanzielle Situation klarer und ehrlicher betrachten können.

4. Verändern Sie Ihre Einstellung

Viele Frauen fühlen sich im Umgang mit Geld ziemlich ahnungslos. Befreien Sie sich von dieser Hilflosigkeit. Um einen erfolgreichen Finanzplan zu erstellen, benötigen Sie die richtige Einstellung: ehrgeizig, selbstbewusst und mit Riesenschritten auf dem Weg ins Glück. Seien Sie stark und denken Sie in großen Dimensionen.

> *»Als ich jung war, dachte ich, Geld sei das Wichtigste im Leben. Heute, da ich alt bin, weiß ich, dass es das auch ist.« – Oscar Wilde*

Die folgenden Tipps könnten nützlich sein. Lassen Sie sich von Ihnen inspirieren.

- Steigern Sie Ihren Verdienst. Arbeiten Sie, solange Sie können, und machen Sie, wozu auch immer Sie in der Lage sind. So haben Sie nicht nur ein Einkommen und die Möglichkeit, zu investieren, Sie steigern auch Ihre Selbstachtung, fühlen Sich gebraucht und nützlich und halten sich geistig fit. Machen Sie sich auf der Arbeit nicht klein. Sie können mehr verdienen. Übertreffen Sie Ihre Leistungskennzahlen (KPIs) und fragen Sie nach einer Gehaltserhöhung. Oder versuchen Sie Ihr Glück als Freiberufler. Tun Sie es einfach!
- Finanzielle Unabhängigkeit gibt mir ein Gefühl der Sicherheit. Sicherheit gibt mir Selbstvertrauen und Selbstvertrauen macht mich glücklich.
- Ich habe meine Finanzen im Griff und nicht umgekehrt.
- Ich entscheide, was ich mit meinem Geld mache – mein Geld verleiht mir Macht.
- Mein Geld verhilft mir zu einer glücklichen Zukunft, darum muss ich besser darüber Bescheid wissen als alle anderen. Ich kann um Rat fragen, aber ich muss die Zügel in der Hand haben.
- Sie müssen die Initiative ergreifen.
- Es ist nie zu spät für einen Neuanfang. Werden Sie aktiv, dann verschwindet die Angst.
- Ich betrachte mich selbst als mein eigenes Unternehmen: Ich bin die Jane GmbH. Ich bin die Geschäftsführerin und Leiterin der Finanzabteilung. In meinem Unternehmen bin ich für Gewinn und Verlust, Investmentstrategien und alles andere verantwortlich.

5. Informieren Sie sich

Lernen Sie etwas über persönliche Finanzplanung – das ist eine der besten Möglichkeiten, sich im Umgang mit Geld sicherer zu fühlen. Niemand wird sich jemals so für Ihre Finanzen interessieren, wie Sie es tun, darum sollten Sie die dazugehörigen Begriffe und Prinzipien kennen. Als absolutes Minimum benötigen Sie eine Kenntnis der Grundrechenarten und müssen ein paar neue Wörter lernen. Wenn Sie ein bisschen Ahnung haben, können Sie sich mit komplexeren Strategien beschäftigen. Scheuen Sie sich nicht, Fragen zu stellen. (Denken Sie an Ihre Schulzeit, als die guten Lehrer schon wussten, dass die einzigen »dummen Fragen« jene sind, die man nicht stellt.)

Es gibt Unmengen an nützlichen, kostenlosen Informationen. Zum Thema persönliche Finanzen gibt es mehr Bücher, Seminare, Websites, Podcasts und YouTube-Videos, als Sie zählen können, und Sie werden bestimmt bald eine Informationsquelle finden, die Ihnen zusagt. Ich schwöre auf den Bestseller *The Barefoot Investor* von Scott Pape – ein wirklich empfehlenswertes Buch. Es wirbt mit dem Slogan »der einzige Finanz-Leitfaden, den Sie je brauchen werden«. Und das stimmt: Die Ratschläge sind klar, direkt, ehrlich, praktisch, spezifisch und australisch. Ich habe auch Scott Papes Newsletter »Barefoot Blueprint« abonniert. Auf diese Weise erhalte ich praktische, unparteiische Tipps, sodass ich gut informiert zum Finanzberater gehen kann.

6. Ihr Haushaltsbudget

Konzentrieren Sie sich auf das Geld, das Sie sparen, statt auf das Geld, das Sie ausgeben. Überlegen Sie, wie Sie sich jeden Tag ein wenig reicher machen können. Haushaltsplanung und Sparen sind zwei Seiten derselben Medaille, darum müssen Sie Ihre Einnahmen und Ausgaben unbedingt kennen. Ihr Budget muss immer auf dem aktuellen Stand sein und Sie sollten es bei Bedarf schnell zur Hand haben.

Betrachten Sie Ihr Budget nicht als Einschränkung. Es dient nur zu Ihrer Information, damit Sie nicht pleitegehen. In unserem Budget gibt es sogar einen Posten für Luxusausgaben. Das Leben will schließlich gelebt werden.

Schritt 1: Schätzen Sie Ihre monatlichen und jährlichen Ausgaben. Schreiben Sie die Zahlen auf. Meistens sind sie um 25–50 Prozent niedriger als die tatsächlichen Ausgaben.

Schritt 2: Finden Sie die tatsächlichen Zahlen heraus. Listen Sie alle Einkommensquellen auf: Gehalt, Dividenden, E-Bay-Verkäufe usw. Schreiben Sie dann all ihre Kosten/Ausgaben auf. Sie müssen herausfinden, wie viel Geld Sie verbrauchen und wofür Sie es ausgeben. Verwenden Sie einen Online-Budgetplaner, eine Excel-Tabelle oder kaufen Sie sich ein Haushaltsbuch für die Buchführung. Im Internet finden Sie auch viele Muster, die Sie an seltenere Ausgaben erinnern können. Mittlerweile gibt es auch Buchhaltungs-Apps, falls Ihnen das lieber ist.

Gehen Sie Ihre Kontoauszüge und Kreditkartenabrechnungen vom vergangenen Jahr Zeile für Zeile durch, fassen Sie Ihre Käufe in Gruppen zusammen (Lebensmittel, Kleidung usw.) und schreiben Sie die Ausgaben in Ihr Budget. Drucken Sie eine Woche lang immer die Quittung am Geldautomaten aus und notieren Sie sich, was Sie abheben. Achten Sie auf Kleinigkeiten, die Sie normalerweise bar bezahlen. Das macht keinen Spaß, muss aber sein.

> *»Eine Investition in Wissen bringt die besten Zinsen.« –*
> *Benjamin Franklin*

Erstellen Sie eine Liste Ihrer Ausgaben:

- Miete oder Hypothek
- Kredite
- Kreditkartenzinsen
- Nebenkosten (Strom, Wasser, Gas)
- Grundsteuer
- Arzt, Zahnarzt, Optiker, Physiotherapeut, Medikamente und andere Gesundheitskosten
- Handy

- Computer, Aktualisierungen, Reparatur, Druckerpatronen, Domain-Registrierung
- Auto, Versicherung, Zulassung, Parkgebühren, Benzin, Service, Reparaturen, Autobahngebühren, Bußgelder, Waschanlage
- öffentliche Verkehrsmittel
- Lebensmittel, Haushaltsartikel
- Alkohol (in eine eigene Zeile, da man den Konsum reduzieren oder einstellen kann)
- Restaurants, Kino, Theater
- Haare, Kosmetik
- Kleidung, Schuhe, Handtaschen, Schmuck
- Reparaturen im Haushalt
- Urlaub, Ausflüge
- Versicherungen – zum Beispiel Kranken- oder Hausratversicherung
- Vereine, Mitgliedschaften, Fitnessstudio
- Bücher, Abos (Netflix, Pay-TV, Zeitschriften, i-Tunes)
- Haustiere (Futter, Tierarzt, Tierbetreuung, Fellpflege)
- Geschenke
- Hobbys
- Kurse, Weiterbildung
- Spenden
- professionelle Dienstleistungen (Steuerberater, Anwalt, Finanzberater)

Seien Sie wirklich ehrlich. Es ist wichtig, dass Sie Ihre gesamten Ausgaben bestimmen.

Schritt 3: Deckt Ihr Einkommen Ihre Ausgaben ab? Wie groß ist die Differenz? Wie könnten Sie einen fehlenden Betrag ausgleichen? Wägen Sie Ihre Wünsche (eine neue Handtasche) und Ihre Bedürfnisse (Essen) ab. Es gibt nur zwei Möglichkeiten: Geben Sie weniger aus oder verdienen Sie mehr Geld.

> *»Geld ist die Wurzel allen Übels, und dennoch ist es eine so nützliche Wurzel, dass wir ebenso wenig auf sie verzichten können wie auf Kartoffeln.« – Louisa May Alcott*

7. Wie lange wird Ihr Geld reichen?

Wissen ist Macht, und sobald Sie erst einmal wissen, wie viel Geld Sie besitzen und wie hoch Ihre Ausgaben und Schulden sind, können Sie ausrechnen, wie lange Ihr Geld reichen würde, wenn Sie ab morgen arbeitslos wären. Tun Sie das, auch wenn Sie vor dem Ergebnis Angst haben. Finden Sie heraus, wie viele liquide Mittel (Bargeld, Bankguthaben) Ihnen zur Verfügung stehen, ziehen Sie Ihre Schulden ab und teilen Sie den Restbetrag durch Ihre monatlichen Ausgaben. (In diesem Beispiel gehen wir vom schlimmsten Fall aus – dass Sie nie wieder arbeiten und auch kein Einkommen aus anderen Quellen, etwa aus dem Verkauf Ihres Hauses, aus Vermögenserträgen oder einer Rente erhalten.) Das Ergebnis sagt aus, wie es um Ihre finanzielle Situation bestellt ist. Je höher die Zahl, desto besser. Zehn oder 20 Jahre ausgesorgt zu haben ist natürlich besser als nur einige Monate. Aber selbst wenn das Geld nur für wenige Monate reichen würde, wissen Sie jetzt, was Sie zu tun haben. Und wieder passt ein Fitness-Vergleich: Aus »weniger essen und mehr bewegen« wird: »Ausgaben verringern und Einkommen steigern«.

Nach dieser Rechnung möchten Sie vielleicht am liebsten Ihr Bündel schnüren und Ihr Glück im dunklen Wald versuchen, aber zumindest wissen Sie nun, wo Sie stehen. Die nackten Zahlen mögen bedrohlich erscheinen, können in ihrer Direktheit aber auch befreiend sein. Als mein Vater, der Geldverwalter, starb, war meine Mutter völlig durch den Wind und hatte Angst, nicht mehr über die Runden zu kommen. Ich stellte mit ihr die gleiche Rechnung auf und fand heraus, dass das Geld reichen würde, bis meine Mutter 120 Jahre alt war, selbst wenn sie das Haus verkaufen und in ein Pflegeheim ziehen müsste. Schließlich starb sie mit Anfang 80, in Würde und an Demenz erkrankt, aber damals war sie beruhigt, noch genügend Geld zu haben.

Aber keine Sorge, Sie müssen Ihre Finanzen nicht für die nächsten Jahre vorausplanen. Erstellen Sie ein Budget und lassen Sie sich von einem guten Finanzberater wieder auf den richtigen Weg bringen (siehe Punkt 10). Es wird nicht einfach, und vielleicht müssen Sie in nächster Zukunft auf Urlaube verzichten oder einen Job machen, der

Ihnen nicht besonders gefällt, und sich von Dosenthunfisch ernähren, aber zumindest haben Sie alles im Griff. Wer immer auch sagte: »Folge deinen Träumen und denk nicht an die Rente«, dem stand gewiss eine Erbschaft, eine saftige Unterhaltszahlung oder ein Treuhandfonds zur Verfügung. Wir Normalos müssen weiter schuften. (Mein Kredit bezahlt sich nicht von selbst, Oprah!)

8. Das Geld schlau verwalten

Ihr Ziel ist es, geordnete Finanzen zu haben und unabhängig zu sein, um ein Leben nach Ihren Wünschen zu führen (in einem vernünftigen Rahmen) und irgendwann nicht mehr arbeiten zu müssen (oder es nicht mehr können). Das erreichen Sie nur, wenn Sie nicht über Ihre Verhältnisse leben und stets mehr Geld einnehmen, als Sie ausgeben.

Wir sind einen gewissen Komfort oder sogar Luxus gewohnt und viele von uns können sich ein anderes Leben gar nicht mehr vorstellen. Wir wollen die gleichen »Spielsachen« haben wie unsere Freunde – Smartphones, neue Klamotten, Auto, Haus und Urlaub.

Aber in puncto Geld dürfen wir uns nicht an den anderen orientieren. Gerade als Alleinstehende fehlt es uns an Sicherheit und wir haben keine andere Wahl. Wir können vielleicht nicht alles kaufen, was wir gerne hätten, aber nicht brauchen. Wir müssen so viel wie möglich ansparen. Jede Ausgabe, die wir heute tätigen, verringert die Chance auf eine Zukunft ohne Geldsorgen.

> *»Wenn dich die Leidenschaft antreibt, lass die Vernunft die Zügel halten.« – Benjamin Franklin*

Denken Sie wie ein Millionär. Millionäre planen ihre Finanzen auf lange Sicht, statt andere Leute kurzfristig beeindrucken zu wollen. Es ist wirklich wichtig, dass Sie finanziell Ihr eigenes Ding machen. Vielleicht müssen Sie zielorientierter sein als Ihre verheirateten Freundinnen, auf mehr verzichten und Ihre Ausgaben im Auge behalten. »Wenn Sie heute leben wie kein anderer, können Sie später leben wie kein anderer«, rät der Finanzberater Dave Ramsey. Und Henry David Thoreau sagte, dass Reichtum nicht über unseren Besitz, sondern über unsere Freizeit definiert werden sollte. Je weniger Sie also haben, wollen oder brauchen, desto »reicher« sind Sie.

Damit Ihnen das auch gelingt:

- Bezahlen Sie all Ihre Schulden so schnell wie möglich ab. Schulden versklaven Sie. Bezahlen Sie Ihre Kreditkartenschulden – sie sind der häufigste Grund für eine Insolvenz. Übrigens reicht eine Kreditkarte vollauf. (*The Barefoot Investor* empfiehlt sogar, gar keine Kreditkarten zu verwenden.) Achten Sie darauf, dass die Zinsen möglichst gering sind. Wie wohl die meisten von uns habe ich weder Zeit noch Lust, von Karte zu Karte zu wechseln, um immer die besten Konditionen zu haben. Oft genügt es, bei der entsprechenden Bank anzurufen und zu sagen, dass Sie wechseln wollen, um bessere Zinsen zu erhalten.
- Rechnen Sie aus, wie viel Sie jeden Monat auf Ihr Sparkonto einzahlen können. Zahlen Sie auch möglichst viel in Ihre Rentenkasse ein.

> *»Sparsamkeit schließt alle anderen Tugenden mit ein.«*
> *– Cicero*

- Legen Sie etwas Geld für Notfälle auf die Seite – es sollte für drei bis sechs Monate reichen.
- Vereinfachen Sie Ihr Banking. Machen Sie alles über eine einzige Bank (Direktbanken bieten oft die besten Konditionen) und kündigen Sie überflüssige Konten. Lassen Sie sich von der Bank beraten, welches Konto für Sie am passendsten ist.
- Sparsamkeit galt früher als Tugend, heute eher weniger. Oder ändern sich die Zeiten wieder? Discount-Märkte wie Aldi sind sehr beliebt – wer dort kauft, erhält gute Qualität zu kleinerem Preis. Ich will Ihnen nicht vorschreiben, dass Sie Ihre Wäsche nachts waschen, nur Discount-Produkte kaufen oder sich keinen Coffee-to-Go holen sollen. Sie wissen selbst am besten, wie Sie am einfachsten ein wenig Geld sparen können. Das ist Ihre Entscheidung.
- Das Ziel ist es, etwas Geld anlegen zu können. Zu diesem Geld gelangen Sie nur, indem Sie Ihr Einkommen steigern oder Ihre Ausgaben verringern. Mir hilft es, wenn ich mich frage:

- Sind mir diese Schuhe wichtiger als eine sichere Zukunft, einen Tag länger auf Reisen oder diese speziellen Wasserhähne in meinem nächsten Haus?
- Stellen Sie sich das Geld, das Sie ausgeben, als Samen vor. Pflanzen Sie diese Samen (legen Sie sie an), damit Ihr Wohlstand wächst.
- Die größten Ersparnisse macht man bei großen Ausgaben. Viele von uns bezahlen das, was die Zeitschrift *Choice* als »Faulheitssteuer« bezeichnet – lieber verlängern wir bestehende Verträge, etwa von Versicherungen, statt uns nach günstigeren Anbietern umzusehen. Machen Sie ein Spiel daraus und schreiben Sie immer genau auf, wie viel Sie sich ersparen. Seien Sie Robin Hood! Die großen Anbieter (Strom, Handy) machen es uns nicht leicht, Tarife zu wechseln oder die Unterschiede zwischen verschiedenen Angeboten zu verstehen, aber bleiben Sie hartnäckig. Und lesen Sie das Kleingedruckte von Angeboten und Verträgen. Auf Vergleichsseiten im Internet ist nicht immer Verlass.

Überprüfen Sie:

- Hypothek oder Miete – bezahlen Sie schon den günstigsten Preis?
- Kreditkarte. Behalten Sie nur eine Karte (keine Co-Branding-Kreditkarten von Kaufhäusern), am besten eine ohne Gebühren, mit geringen Zinsen oder anderen Leistungen. Bezahlen Sie Ihre Schulden jeden Monat fristgerecht.
- Prüfen Sie auf jeder Kreditkartenrechnung, ob alle Beträge auch stimmen. Australische Kunden wurden 2016 um eine halbe Milliarde Dollar betrogen. (Achten Sie bei Onlinekäufen darauf, dass die Web-Adresse mit https und nicht nur mit http beginnt und somit sicher ist.)
- Halten Sie Ausschau nach günstigeren Anbietern für Strom oder Mobilfunk. Vergleichen Sie Tarife im Internet oder informieren Sie sich bei der Verbraucherzentrale.

> *»Geld ist ein schrecklicher Herr, aber ein ausgezeichneter Diener.« – P. T. Barnum*

- Lassen Sie Versicherungsverträge nicht automatisch weiterlaufen. Informieren Sie sich über andere Tarife oder handeln Sie am Telefon günstigere Beiträge aus (zum Beispiel durch einen höheren Selbstbehalt). Vielleicht bezahlen Sie für Leistungen, die Sie gar nicht brauchen, oder erhalten keinen Treuebonus. *The Barefoot Investor* schreibt, dass nur 7 Prozent aller Australier den für sie passenden Versicherungsschutz haben. Manche Versicherer senken auch den Beitrag, um Sie als Kundin nicht zu verlieren. Aber Vorsicht: Manche bieten die tollen Konditionen nur im ersten Jahr an und erhöhen die Beiträge dann wieder. Außerdem sind einzelne Tarife nur schwer vergleichbar, lesen Sie also auf jeden Fall auch die Verträge und das Kleingedruckte ganz genau. Die grobe Tarifübersicht auf den ersten Seiten reicht für einen Vergleich nicht aus. Manchmal lohnt es sich auch, für bessere Leistungen etwas mehr zu bezahlen. (Ich habe übrigens kürzlich meine Hausratversicherung verlängert und durch eine Bindung an den Anbieter fast 200 Dollar gespart.)
- Vergleichen Sie private Krankenversicherungen auf einem unabhängigen Vergleichsportal, zum Beispiel auf: http://www.kv-kompass.de.
- Manchmal ist es günstiger, Rechnungen per Lastschrift zu bezahlen. Achten Sie aber immer darauf, dass auch die korrekten Beträge abgebucht werden.
- Nutzen Sie nur Geldautomaten, bei denen keine Gebühren für Sie anfallen.
- Ermitteln Sie die Kosten für Ihr Auto. Vielleicht wäre es langfristig günstiger, Ihr altes Auto gegen einen Vorführwagen oder einen relativ neuen Gebrauchtwagen einzutauschen. Das neue Auto würde seinen Wert noch länger behalten und wäre weniger reparaturanfällig. Informieren Sie sich im Internet. Nach fünf Jahren sinkt der Wert eines Autos drastisch. (Mein Wagen hat die Ästhetik einer Kühltruhe, aber es ist verlässlich und gut in Schuss. Ich möchte es bis an mein Lebensende fahren.)

Sparen bei kleineren Ausgaben:

- Machen Sie echte Schnäppchen im Discounter. Ich kaufe fast nur noch bei Aldi und damit um ein Drittel günstiger als in den großen Supermärkten.
- Achten Sie beim Einkaufen immer auf den Preis pro Einheit. Selbst Angebote sind nicht immer die billigste Option.
- Melden Sie sich auf Seiten für Coupons und Gutscheine an (aber mit einer separaten E-Mail-Adresse zum Schutz vor Spam), etwa auf groupon.de.
- Sammeln Sie Bonuspunkte und nutzen Sie die Angebote von Handy-Providern, Versicherungen und Kaufhäusern. Kaufen Sie Last-minute-Tickets für Veranstaltungen – sie sind manchmal um die Hälfte billiger.
- Bevor Sie bei Online-Versandhäusern wie Asos, H&M oder Topshop kaufen, suchen Sie auf ihren sozialen Medien oder im Internet nach Rabattcodes. Ich erhielt so auf meinen ersten Einkauf bei einem Versandhandel für Schreibwaren 30 Prozent Rabatt.
- Manchmal suchen Friseursalons nach Haarmodellen für einen kostenlosen Haarschnitt. Friseure finden Sie zum Beispiel in den E-Bay-Kleinanzeigen.
- Ihr Geld ist zu wichtig, um es herzugeben. Beschützen Sie es wie eine Löwenmutter ihr Junges. Verleihen Sie kein Geld und unterschreiben Sie keine Bürgschaften. »Nein« ist ein ganzer Satz. Eine gute Beziehung ist nicht von Geld abhängig.
- Legen Sie sich auch ein wenig Geld für etwas »Luxus« auf die Seite, damit Sie sich ohne schlechtes Gewissen etwas gönnen können.

9. Sparen und anlegen

Nun müssen Sie sich entscheiden. Wenn Sie Ihre Schulden abgezahlt, ein Budget erstellt und Ihre Bankgeschäfte vereinfacht haben, stellt sich die Frage, wie Sie ihr Geld am besten sparen und anlegen. Ich bin keine Finanzexpertin und kann Ihnen nur ein paar allgemeine Tipps geben, aber gut angelegtes Geld ist ein wichtiger Teil Ihres Finanzplans. Neben *The Barefoot Investor* finde ich Joan Bakers Buch *A Man is Not a Financial Plan* besonders gut verständlich. Wie schon *The Barefoot Investor* behandelt auch Bakers Buch die Situation in Australien. Joan Baker beschreibt die drei Anlagemöglichkeiten, die ein passives Einkommen erzeugen:

- Sparkonto mit Zinsen
- Investition in Unternehmen (zum Beispiel in Form von Aktien)
- Immobilien

Es liegt an Ihnen, für welche Möglichkeit Sie sich entscheiden. Die meisten Menschen wählen eine von zwei Methoden (die sich aber nicht gegenseitig ausschließen): Bei der ersten wird das Geld in verschiedene Investitionen gesteckt, etwa in Sparkonten, Anleihen und Rentenfonds. Das ist ziemlich sicher und bringt einen bescheidenen Vermögenszuwachs ein.

> *»Reichtum besteht nicht aus großem Besitz, sondern aus kleinen Bedürfnissen.« – Epiktet*

Da die Zinsen zurzeit so niedrig sind, wird die Rendite wahrscheinlich (weit) unter 5 Prozent betragen. Diese Art der Anlage ist also eher eine Form des Sparens und weniger eine Investition. Geringes Risiko, geringer Ertrag.

Robert G. Allen sagte: »Wie viele Millionäre kennen Sie, die durch eine Anlage auf dem Sparkonto reich geworden sind? Dachte ich mir.«

Wenn Sie sich nicht nur gut absichern, sondern auch reich werden wollen, müssen Sie die zweite Methode wählen und aktiv investieren – also Aktien kaufen und verkaufen oder in Immobilien investieren. Die Risiken sind größer und Sie müssen bald damit anfangen, um noch zu Lebzeiten nennenswerte Gewinne zu erwirtschaften. Außerdem müssen Sie einige vertrauenswürdige Berater finden.

Keine der beiden Methoden ist eindeutig besser als die andere. Sie müssen sich entscheiden, welche die beste Methode für Sie ist. Berücksichtigen Sie dabei Ihr Alter (je älter Sie sind, desto weniger Risiken sollten Sie eingehen) und den erforderlichen Aufwand.

Falls Sie sich für die zweite Methode entscheiden, müssen Sie vielleicht einen Kredit aufnehmen. Die meisten ernsthaften Investoren leihen sich Geld. Dadurch verringert sich Ihr verfügbares Einkommen (während Sie den Kredit plus Zinsen abzahlen), aber langfristig vermehrt sich Ihr Vermögen, da Sie in Anlagen investieren können, die Sie sich ohne Kredit nicht hätten leisten können. Ich bin kein großer Freund von Krediten, aber ich verstehe, dass es auch »gute Schulden« gibt – und man sich Geld leiht, um dementsprechend größere Gewinne machen zu können.

In seinem Buch *So denken Millionäre* (das besser ist als sein Titel) sagt T. Harv Eker sogar: »Ich kann gar nicht oft genug betonen, wie wichtig es ist, für passive Einkommensströme zu sorgen. Es ist ganz einfach. Ohne passives Einkommen können Sie nie frei sein.« Schluck. Also auf zum Finanzberater.

10. Ihr Finanz-Team

Wenn es um Ihre Finanzen geht, sollten Sie sich Rat von den Profis holen. Informieren Sie sich und heuern Sie dann ein Team aus unabhängigen Experten an: einen Finanzberater, einen Steuerberater (falls Ihre Steuererklärung sehr kompliziert ist – wenn nicht, machen Sie Ihre Steuer online mit ELSTER), einen Anwalt und, bei Bedarf, einen Steuerspezialisten, einen Börsenmakler und einen Risikoberater. Manche Leute verlassen sich auf den Rat Ihrer Freunde, aber das würde ich keinesfalls empfehlen. Einen guten Steuer- oder Finanzberater findet man gewöhnlich am besten durch Empfehlungen.

Auch wenn alle Personen Ihres Teams staatlich anerkannt sind, sollten Sie dennoch eine Art »Bewerbungsgespräch« mit jedem Experten führen, da die Qualität und die Kosten von unabhängigen Beratern sehr unterschiedlich ausfallen können. (Zum Beispiel wird jemand, der auf Provisionsbasis arbeitet, seine Geldgeber bevorzugen.) In dieser Branche gibt es auch viele zweifelhafte Anbieter, also seien Sie auf der Hut. Ihre Finanzen sind eine sehr persönliche Angelegenheit; daher ist es wichtig, dass Sie einen guten Draht zu Ihren Beratern haben. Im Internet oder in Büchern finden Sie Beispiele für Fragen, die Sie einem Finanzexperten beim ersten Gespräch stellen sollten.

> *»Jährliches Einkommen: 20 Pfund. Jährliche Ausgaben: 19 Pfund, 19 Schilling und 6 Pence. Ergebnis: Zufriedenheit. Jährliches Einkommen: 20 Pfund. Jährliche Ausgaben: 20 Pfund und 6 Pence. Ergebnis: Elend.« – Mr. Micawber in David Copperfield von Charles Dickens*

Hören Sie gut zu, lassen Sie sich zu nichts überreden und bezahlen Sie keinen Cent, wenn Sie kein gutes Gefühl haben. Bereiten Sie sich gut auf das Gespräch vor (erstellen Sie Ihren Finanzplan), damit Sie die Zeit möglichst sinnvoll nutzen können.

Es gibt aber auch viele Abzocker, was ich auf die harte Tour lernen musste. In London fiel ich einer skrupellosen Finanzberaterin zum Opfer. Mir hatte gefallen, dass ihre Firma damit warb, sich auf die Beratung von Frauen zu spezialisieren. Ha! Die freundliche Dame arbeitete auf Provisionsbasis und überredete mich zu einigen schlechten Investitionen. Ich war damals beruflich sehr eingespannt und behielt meine Anlagen nicht im Auge. Ich verlor eine Menge Geld, das ich heute gut gebrauchen könnte. Käufer, sei wachsam! Ich ärgere mich heute noch, dass ich so naiv war.

> *»Oktober: Einer der besonders gefährlichen Monate, um mit Aktien zu spekulieren. Die anderen sind: Juli, Januar, September, April, November, Mai, März, Juni, Dezember, August und Februar.« – Mark Twain, Querkopf Wilson*

11. Wichtige Dokumente

- Gerade als Alleinstehende sollten Sie dafür sorgen, dass alle Dokumente immer auf dem aktuellsten Stand sind und eine Person Ihres Vertrauens weiß, wo sie sich befinden. Und bewahren Sie alle Dokumente zusammen in einem Ordner auf – aus praktischen Gründen.
- Machen Sie es nicht wie 50 Prozent der Bevölkerung, die kein Testament verfassen. Bringen Sie Ihren Letzten Willen zu Papier. Nennen Sie darin Ihre Erben und Ihren Testamentsvollstrecker. Am besten formulieren Sie das Testament gemeinsam mit einem Notar oder Anwalt und lassen es amtlich verwahren. Bewahren Sie eine Kopie davon an einem sicheren Ort auf. Auch Ihr Notar oder Anwalt erhält eine Kopie.
- Sie müssen einen Testamentsvollstrecker bestimmen und einer Person eine Vorsorgevollmacht erteilen, damit diese Person für Sie für handeln und entscheiden kann, falls Sie einmal nicht mehr dazu in der Lage sind. Ich habe zwei alte Freunde damit beauftragt und ihnen das Geld für ihre Kosten in meinem Testament vermacht. Verwahren Sie die Daten dieser Personen, zusammen mit jenen Ihres Finanzberaters, Anwalts, Steuerexperten usw. in Ihrem Ordner.
- Klären Sie ab, was nach Ihrem Tod mit Ihrer Renten- oder Lebensversicherung geschieht, und bestimmen Sie Bezugsberechtigte, die das Geld erhalten.

- Bewahren Sie auch Ihren Reisepass in Ihrem Dokumentenordner auf (die wichtigsten Seiten kopieren und separat verwahren) sowie Ihren Staatsbürgerschaftsnachweis, Ihre Geburtsurkunde und andere amtliche Dokumente. Machen Sie auch eine Kopie vom Inhalt Ihres Portemonnaies (von all Ihren Karten).
- Verwahren Sie Informationen zu Ihren Bankkonten, Renten- und Lebensversicherungen (und den Bezugsberechtigten), Wertpapieren (und die Unterlagen zu Ihren Aktien) sowie Ihre wichtigsten Passwörter. Ändern Sie Ihre Passwörter regelmäßig.
- In den Ordner kommen auch Kopien all Ihrer Versicherungsverträge.
- Vergessen Sie nicht, die Daten von Ihrem Computer und Smartphone regelmäßig auf einer externen Festplatte zu speichern. Sichern Sie Ihre Fotos zusätzlich auf einem USB-Stick. Jedes Mal, wenn ich im Apple Store bin, sehe ich heulende Kunden, die ihre Fotos verloren haben.
- Einmal im Jahr prüfe ich all meine Ordner und aktualisiere sie. Fühlen Sie sich jetzt nicht besser organisiert?

12. Den Plan umsetzen

Auch für Ihre Finanzen gilt das 80:20-Pareto-Prinzip: Der Erfolg setzt sich aus 20 Prozent Wissen und 80 Prozent Einsatz zusammen. Wenn Sie nicht aktiv werden, wird sich Ihre finanzielle Situation wahrscheinlich verschlechtern. Aber selbst wenn Sie nur Ihre Versicherungsbeiträge neu aushandeln, haben Sie bereits den ersten Schritt getan. Also fangen Sie gleich an. Sie müssen Ihr Geld aktiv und mit Engagement verwalten, denn niemand sonst wird sich darum kümmern. Ja, es kann deprimierend sein und ich verstehe, dass man sich davor drückt, aber schalten Sie in Ihrem Kopf den »Macher«-Modus ein, dann werden Sie nach einigen Stunden Arbeit Ihre Bankgeschäfte optimiert, Ihre Versicherungen und Verträge geregelt, Ihren Finanzplan erstellt und einige Termine mit Experten vereinbart haben. Ich verspreche Ihnen, Sie werden stolz auf sich sein.

Zusammenfassung

Es ist wichtig, dass Sie Ihre Finanzen im Griff haben. Erstellen Sie einen Finanzplan.

Denken Sie daran: Wie Sie mit Geld umgehen, ist ein Ausdruck Ihres Selbstwerts. Was ist Ihnen wichtig? Wie denken Sie darüber? Entwickeln Sie eine positive, selbstbewusste Einstellung.

Tun Sie Folgendes: Informieren Sie sich. Erstellen Sie ein Budget. Finden Sie heraus, wie lange Sie mit Ihrem Geld auskommen könnten. Gehen Sie vernünftig mit Ihrem Geld um. Schreiben Sie auf, wie Sie Ihr Geld anlegen wollen. Finden Sie Ihr Finanz-Team. Bringen Sie wichtige Dokumente auf den neuesten Stand.

Setzen Sie Ihren Plan sofort in die Tat um.

Vergessen Sie nicht: Finanzplanung ist die ultimative Selbstsorge.

7 Wohnen

Ich sitze gerade an meinem Küchentisch in Sydney, lausche dem Regen und bin zufrieden. Ich bin gern zu Hause. Ich bin davon überzeugt, dass die Umgebung, in der man sich befindet, einen großen Einfluss auf das Wohlbefinden hat – ganz besonders, wenn man allein lebt. Ihr Zuhause muss dafür nicht wie die perfekten Interieurs in *Schöner Wohnen* aussehen und auch keine Akzentwand haben. Ihr Zuhause verkörpert, wer Sie sind und wie Sie sich sehen, wie Sie Zeit in Ihren eigenen vier Wänden verbringen und wie Sie sich versorgen, nähren, pflegen und unterhalten. Wenn Sie mit sich leben und nicht einfach nur allein, entdecken Sie eine ganz neue Welt, die sich hinter dem Begriff »Zuhause« verbirgt.

Einer der vielen Vorteile des Alleinlebens ist die Möglichkeit, das eigene Zuhause bis ins letzte Detail kennenzulernen (und zu gestalten). Ich weiß ganz genau, wo und wie das Licht zu unterschiedlichen Zeiten durch die Fenster fällt, und erkenne am Klang der Tropfen auf dem Dach, wie stark es regnet. Ich kenne jedes Knarzen und alle Schwachstellen meines Zuhauses. Nachts kann ich es atmen spüren.

Bestimmt möchten Sie, dass Ihr Zuhause auch Ihren Gästen gefällt, aber Sie sollten es nicht unter diesem Gesichtspunkt einrichten. In erster Linie soll es Ihnen gefallen – das ist doch befreiend, oder? Ihr Zuhause sagt etwas über Sie (und über Ihren Selbstwert) aus, aber vor allem soll es Sie ansprechen. Es ist viel mehr als nur Ihr Wohnraum: Es ist Ihr Nest, Ihr Zufluchtsort, Ihr Sammelpunkt, Ihre Ecke im Universum, Ihr Resonanzraum, Ihre Therapiecouch und Ihr verlässlicher Partner bei Veränderungen. Moses der Äthiopier, ein Einsiedler aus dem 4. Jahrhundert, sagte einst: »Setz dich in deine Zelle und deine Zelle wird dich alles lehren.« Vielleicht kann uns auch unser Zuhause etwas lehren.

Allein zu Hause zu sein ist keine Notlösung. Sie befinden sich schließlich an Ihrem Platz. Und zwar bei jemandem, der wichtig ist – bei Ihnen selbst.

Ein Ausgangspunkt

Finden Sie einen ruhigen Platz in Ihrem Zuhause und sitzen Sie zehn Minuten lang einfach nur da und nehmen Sie die Atmosphäre wahr. Spüren Sie die Energie? Ist sie positiv oder negativ? Wenn Sie positiv ist, umso besser. Wenn Sie negativ ist, können Sie sie sofort verändern, indem Sie laut lachen, meditieren oder mit einem Salbeistab räuchern. (Das bringt was. Ehrlich!) Fragen Sie sich, wie Sie sich in Ihrem Zuhause fühlen möchten. Welche Gefühle sind Ihnen am wichtigsten? Dass Sie sich sicher fühlen? Oder komfortabel, glücklich, voller Energie, ruhig, erholt, aktiv, geliebt, zufrieden, entspannt, produktiv, getröstet, verwandelt, inspiriert, genährt, locker oder friedlich? Wählen Sie die wichtigsten Aspekte aus. Hoffentlich passen Sie zur Atmosphäre in Ihrem Zuhause. Wenn nicht, überlegen Sie sich, was Sie verändern könnten.

Der passende Ort

Ermöglicht Ihnen Ihr Wohnort – in der Stadt, auf dem Land, in einem Vorort – das Leben, das Sie sich vorstellen?

Die wichtigsten Kriterien sind die Nähe zu Ihrem Arbeitsplatz, Ihrer Familie und Ihren Freunden sowie Ihr Lebensstil. Darüber hinaus gibt es drei Möglichkeiten: Stadt, Land oder Vorort. Eine Stadt bietet Ihnen viele Möglichkeiten und viele Menschen, dafür ist das Gemeinschaftsgefühl oft nicht sehr stark. Auf dem Land kennt man seine Nachbarn und man hilft sich gegenseitig aus, aber manchmal lebt man etwas abgeschieden und es gibt weniger Gelegenheiten, neue Menschen kennenzulernen. Und jeder weiß alles über Sie! In den Vororten fühlt man sich als Single neben den ganzen Familien vielleicht einsam. Jedenfalls gibt es für jeden einen passenden Ort und Sie wissen schon, was für Sie machbar und erstrebenswert ist. Und Sie müssen nicht ewig in derselben Gegend wohnen. Sie können jederzeit umziehen.

Das Gleiche gilt auch für die Größe Ihres Zuhauses. Zwar kommt es hierbei auf Ihre finanziellen Möglichkeiten an, aber fragen Sie sich dennoch, ob Ihr Wohnraum die richtige Größe für Sie hat. Wenn Sie nur selten Besuch haben, brauchen Sie vielleicht keinen Platz für einen großen Esstisch oder einen separaten Essbereich. Falls Sie von zu Hause aus arbeiten, genügt Ihnen vielleicht die Küche als Heimbüro (so wie mir) oder Ihr Schlafzimmer. Oder brauchen Sie einen eigenen Raum, um kreativ zu werden? (Eine gute Freundin von mir mietete sich ein ganz bestimmtes Haus, weil sie dessen Garage als Studio nutzen wollte.) Viele meiner geschiedenen und verwitweten Freundinnen mussten in eine kleinere Bleibe ziehen, aber das macht ihnen nichts aus, denn sie genießen ihre gestalterische Freiheit, auch wenn dafür die Waschmaschine und der Trockner im Badezimmer aufeinandergestapelt sind und sie sich nur auf Zehenspitzen an all ihrem Zeug vorbeizwängen können. Eine Frau beschrieb das Gefühl, ein eigenes Haus zu haben, als »ein ganzes Haus voll frischer Luft«. Eine andere Freundin strich jeden Boden weiß an – einfach, weil sie es konnte.

Wenn Sie die Möglichkeit haben, sich auszusuchen, wo und wie Sie wohnen, sollten Sie das tun. Ziehen Sie an einen Ort, den Sie mögen, in ein Haus oder eine Wohnung, deren Größe zu Ihnen passt. Bleiben Sie nicht aus Gewohnheit in Ihrem alten Zuhause. Ein Umzug ist zwar stressig, aber vielen Frauen bietet ein Tapetenwechsel den benötigten Kick, um einen neuen Lebensabschnitt einzuleiten.

Willkommen zu Hause

Nicht nur ein Umzug kann Ihnen neue Impulse liefern. Oft genügt es schon, ein paar Veränderungen im eigenen Zuhause vorzunehmen.

Betrachten Sie Ihr Zuhause mit anderen Augen. Was sehen Sie? Stellen Sie sich vor, Sie präsentieren Ihr Zuhause in einer Fernsehshow oder auf YouTube. Machen Sie ein kurzes Video mit Ihrem Handy und probieren Sie es aus:

»Das ist meine Küche, hier habe ich alles schnell zur Hand. Hier schreibe ich meine E-Mails und hier ist meine Leseecke, hier mein gemütliches Schlafzimmer ...« oder so ähnlich. Welche Bereiche gefallen Ihnen am besten, welche finden Sie okay und welche würden Sie lieber gar nicht zeigen? Die abgeblätterte Wand, die Sie schon längst neu streichen wollten? Der hässliche Sessel, den Sie eigentlich austauschen möchten? Schränke, die überquellen? Papierkram, so weit das Auge reicht?

Stellen Sie sich vor, wie Ihnen die Bereiche besser gefallen würden, und vergleichen Sie dieses Bild mit der Realität: ein gedankliches Vorher-Nachher.

> *»Dein Haus ist dein größerer Körper. Es wächst in der Sonne und schläft in der Stille der Nacht, und es ist nicht ohne Träume.« – Khalil Gibran*

Manchmal reichen kleine Veränderungen, manchmal ist etwas mehr Arbeit erforderlich. Dennoch brauchen Sie keinen teuren Raumausstatter oder eine große Neugestaltung. Schon Kleinigkeiten können einen großen Unterschied machen. Veränderungen geben Ihnen Energie, aber nur, wenn sie Ihre Persönlichkeit widerspiegeln und keine abgekupferte grau-lila Standarddeko aus dem Reality-Fernsehen sind.

Wie nutzen Sie Ihren Platz?

Ihr Zuhause sollte sich Ihnen und Ihren Bedürfnissen anpassen und nicht umgekehrt. Wie nutzen Sie Ihr Zuhause? In erster Linie ist es Ihre Zuflucht, aber auch ein Ort, um Freunde zu bewirten, und vielleicht auch ein Arbeitsplatz. Überlegen Sie, ob Ihr Zuhause zu all Ihren verschiedenen Aktivitäten und Lebensbereichen passt. Eine meiner Freundinnen, die einen extrem stressigen Beruf hat, nutzt ihr Zuhause rein als Entspannungsoase. Darum verwandelte sie ihr zweites Schlafzimmer in ein atemberaubendes Badezimmer im balinesischen Stil. Steigert das den Wiederverkaufswert? Wohl eher nicht. Nährt es ihre Seele? Absolut. Eine andere Freundin, die von zu Hause aus arbeitet, stellte ihren Schreibtisch einfach nur an einen Ort mit mehr Tageslicht und investierte in einen richtigen Bürostuhl, neue Regale und eine Schreibtischlampe – eine enorme Verbesserung. Falls Sie gerne kochen, überlegen Sie, wie Sie den Platz in Ihrer Küche optimieren könnten.

Wenn Sie Ihr Zuhause bereits genauso lieben, wie es ist – und es Ihnen passt wie ein maßgefertigtes Paar Christian Louboutins –, können Sie die nächsten Absätze überspringen. Aber wenn nicht, lesen Sie weiter.

Finden Sie Ihre »Trampelpfade«

Passen Sie Ihr Zuhause an Ihren Lebensstil an, indem Sie herausfinden, wo sich Ihre »Trampelpfade« befinden. In der Stadtplanung ist ein »Trampelpfad« ein Weg, der von Fußgängern als praktische Abkürzung gebildet wird, um längeren asphaltierten Wegen auszuweichen. Jeder von uns kennt solche Wege. Wikipedia sagt: »In Finnland besuchen Stadtplaner ihre Parks direkt nach dem ersten Schneefall, wenn die bestehenden Wege nicht zu sehen sind. Die Fußgänger bilden automatisch Trampelpfade, die man an den Fußspuren erkennt und an denen man sich bei der Planung neuer, zweckmäßiger Wege orientieren kann.« Genial.

Denken Sie an die Trampelpfade in Ihrem Zuhause. Was könnten Sie aus praktischen Gründen umstellen oder verändern, um Ihr Leben einfacher zu machen? Stellen Sie alle Gegenstände, die Sie morgens im Badezimmer verwenden, auf die rechte Seite des Waschbeckens (falls Sie Rechtshänder sind), oder geben Sie Ihre wichtigsten Rezepte in einen eigenen Ordner, oder ordnen Sie Ihre Besteckschublade neu, sodass Ihr Lieblingsbesteck ein eigenes Fach bekommt. Entwirren Sie Ihre Kabel. Falls Ihr Lesesessel einen Fußschemel, einen Überwurf oder besseres Licht benötigt, kümmern Sie sich darum.

Dekorationsideen

Auch wenn Sie gar nicht vorhaben, Ihr Zuhause neu zu dekorieren, sollten Sie sich nach Ideen umschauen – und wenn es nur Kleinigkeiten sind. Suchen Sie auf gut Glück oder nach einem bestimmten Stil. Mögen Sie es bequem, funktional, schick, minimalistisch, eklektisch, antik, ästhetisch, ungewöhnlich, eigen, heimelig, inspiriert, einzigartig, individuell, bescheiden, schlicht, traditionell, elegant, kreativ, locker oder atmosphärisch?

Suchen Sie dann im Internet, auf Pinterest oder Houzz oder einer der vielen anderen Einrichtungsseiten, und sammeln Sie Ideen. Verwenden Sie die Suchfunktion, um die Ergebnisse zu filtern. Irgendwann finden Sie jemanden, der einen ähnlichen Geschmack wie Sie hat, und schon haben Sie viele neue Ideen auf Ihrer Pinnwand. Sie können sich auch eine Zeitschrift für Innendesign kaufen und sich daraus Anregungen klauen, etwa dass man einen Pokal als Vase verwenden oder Bilderrahmen vor die Bücher in einem Regal stellen kann.

Die Wahl der Farben

Da Sie allein leben, können Sie Ihre kreative Ader auf vielerlei Weise ausleben. Die Wahl der Wandfarben ist eine davon. Sie müssen nicht jeden Raum in einer anderen Farbe streichen – bei mir sind fast alle Wände weiß –, aber der richtige Farbakzent macht viel her. Vielleicht haben Sie noch gar keine Ideen, aber die kommen bestimmt noch.

- Sehen Sie sich Ihre Pinnwände auf Pinterest an. Tauchen bestimmte Farben besonders oft auf?
- Kaufen Sie einen Farbtonfächer eines kleineren Händlers, um sicherzugehen, dass die Farbpalette von einer fachkundigen Person zusammengestellt wurde.
- Sie wählen intuitiv bestimmte Farben aus. Gehen Sie durch alle Räume und finden Sie die Farben Ihrer Lieblingssachen – etwa die Farbe eines Kleidungsstücks, einer Vase, einer Schale, eines Gemäldes oder eines Kissens.

- Die perfekte Farbgestaltung finden Sie in der Natur. In Büchern über Vögel, Schmetterlinge oder Fische entdecken Sie unglaubliche Farbkombinationen, die perfekt miteinander harmonieren. Die gelben Akzente im blütenweißen Gefieder des Gelbhaubenkakadus, das Rosa, Schwarz und Weiß der Turteltaube oder die Farbtöne einer Blauen Schwimmkrabbe.
- Machen Sie einen Spaziergang und achten Sie auf die Farben: auf den Rost an einem Eingangstor, das verwitterte Holz einer alten Tür, die Farben eines alten Ladenschilds oder das Öl in einer Pfütze. Machen Sie ein paar Fotos.

> *»Ah! Für echten Komfort gibt es nichts Besseres, als zu Hause zu bleiben.« – Jane Austen, Emma*

Mit der Zeit werden Sie merken, dass gewisse Farben oder Farbkombinationen Sie besonders ansprechen. Ich liebe Weiß und Blassblau – darum habe ich diese Farben schließlich für die Decke in meinem Schlafzimmer verwendet. Jeden Morgen, wenn ich aufwache, freue ich mich darüber.

Einige Websites für Einrichtungsideen:

- pinterest.de
- houzz.de
- elementsilove.com
- greigedesign.com
- missmustardseed.com
- funkyjunkinteriors.net
- inspiredbarn.com
- mysweetsavannahblog.com
- surfaceview.co.uk
- idealhome.co.uk

Seiten auf Deutsch:

- homify.de
- schoener-wohnen.de
- solebich.de
- livingathome.de
- wohnidee.wunderweib.de

Tipps aus meiner Ideensammlung:

- Überlegen Sie, wie Sie Ihre bereits vorhandenen Wohnaccessoires neu anordnen und kombinieren könnten. Man muss nicht immer etwas Neues kaufen.
- Stellen Sie sich Blumen neben das Bett. Statt einer normalen Vase können Sie auch eine schöne Blechbüchse, eine Tasse mit Untertasse oder eine alte Milchkanne verwenden.
- Stellen Sie Gartenfiguren im Haus auf. Im Baumarkt bekommt man Gartendeko oft zum kleinen Preis. (Und im Internet finden Sie heraus, wie Sie eine Patina erzeugen können.)
- Stellen Sie Sammlungen aus Objekten zusammen – Vasen, Hüte, Körbe, die Spielbretter alter Brettspiele usw.
- Verzieren Sie Ihre Wände mit Text – etwa mit einem schönen Zitat, das Sie ausdrucken, durchpausen und nachmalen.
- Tapezieren Sie eine Wand. Es gibt mittlerweile so schöne Tapeten. Holen Sie sich auf Pinterest neue Ideen. Suchen Sie gezielt, zum Beispiel nach »Tapete mit Vogelmotiv«.
- Schlendern Sie über den Flohmarkt und schauen Sie, ob ein interessanter Gegenstand Ihren Blick auf sich zieht.
- Wenn Besuch kommt, können Sie statt einer Blumenvase auch eine Schale mit Obst und Gemüse als Deko auf den Tisch stellen.
- Verstecken Sie in jedem Raum etwas, das Sie zum Lächeln bringt – ein heißgeliebter alter Teddybär zwischen Ihren Kleidern, ein Foto von Ihnen und einer Freundin auf der Innenseite einer Schranktür, ein kleiner Aquarell-Schmetterling an der Wand hinter einem Vorhang, ein paar schöne Ansichtskarten in Ihrer Garderobe oder hübsch gemustertes Papier als Schubladeneinlage.

- Stellen Sie Blumen und Pflanzen in dekorativen Töpfen auf. (Meinen Garten habe ich auch mit einigen Kunstpflanzen von Ikea verschönert.)
- Drucken Sie einige Ihrer Urlaubsfotos aus und rahmen Sie sie ein oder machen Sie ganze Collagen aus Fotos, Tickets, Landkarten und Andenken.
- Umgeben Sie sich mit Fotos von geliebten Menschen.
- Bestellen Sie sich schönes Briefpapier oder Karten mit Ihrer aufgedruckten Adresse. (So etwas eignet sich auch gut als Geschenk).

»Der ist am glücklichsten, er sei ein König oder ein Geringer, dem in seinem Hause Wohl bereitet ist.« – Goethe

Die wichtigsten Räume

Welcher Raum ist Ihnen am wichtigsten? Fangen Sie bei diesem Raum an und gestalten Sie die anderen Räume der Reihe nach. Es ist viel befriedigender, einen Raum fertig zu haben, statt mehrere Wohnbereiche gleichzeitig zu bearbeiten. (Multitasking ist eine Lüge!)

- Eingangsbereich
- Schlafzimmer
- Wohnzimmer
- Küche
- Badezimmer

»Das Haus sollte die Schatztruhe des Lebens sein.«
– Le Corbusier

Eingangsbereich

Oprah traf den Nagel auf den Kopf, als sie sagte, dass Ihr Zuhause »sich erheben soll, um Sie zu begrüßen«. Wahrscheinlich kommen Sie meistens allein nach Hause, darum sollten Sie sich schon in Ihrem Eingangsbereich willkommen fühlen.

Gefallen Ihnen das Licht, der Türklopfer, der Türgriff, die Klingel und die Fußmatte? In einem Trödelladen in Tunesien fand ich einen wunderschönen alten Türklopfer aus Metall in Form einer Hand, die einen Ball hält. Ich liebe ihn. Wie wäre es mit einem Schild oder einer Fußmatte mit dem Aufdruck »Willkommen« und einer Pflanze neben der Tür? Solche Kleinigkeiten machen viel aus. Wie finden Sie die Farbe Ihrer Tür? Wenn Sie die Tür streichen dürfen (also wenn Sie nicht zur Miete oder in einem Apartment wohnen), wählen Sie eine Ihrer Lieblingsfarben. Es gibt zahlreiche Apps und Programme, mit denen Sie ein Foto von Ihrem Haus farblich bearbeiten können. Meine Tür ist rot wie ein Feuerwehrauto (so wollte es meine Tochter) und heitert mich jeden Tag auf. Und neben dem Eingang steht ein Bäumchen in einem Topf.

In Ihrem Flur könnten Sie eine Lampe mit Timer anbringen, sodass Sie abends immer in ein erleuchtetes Zuhause kommen. Hängen Sie Fotos von Freunden und Angehörigen auf, als kleines Begrüßungskomitee. Für Ihre Schlüssel und die Post macht sich ein kleiner Tisch oder ein Regal gut, daneben eine Blumenvase. Sie verdienen es, in ein freundliches Zuhause zu kommen.

Hängen Sie auch einen Spiegel auf, um vor dem Verlassen des Hauses noch einen letzten Blick auf sich zu werfen – und den Spinat zwischen den Zähnen oder den Spritzer Joghurt auf dem Kinn rechtzeitig zu bemerken.

Schlafzimmer

Ihr Hauptquartier und Basislager, ein privater Bereich – Rückzugsort und Stätte der Zuflucht. Das Schlafzimmer ist der persönlichste Raum in Ihrem Zuhause und der Ort, an dem Sie wieder Energie tanken. Beginnen Sie beim Bett. Hier wird nicht zwischen »deine Seite« und »meine Seite« unterschieden. Das ganze Bett gehört Ihnen. Ein Traum! Shakespeare vermachte seiner Frau nur das »zweitbeste Bett« in seinem Testament. Pah! Gönnen Sie sich das beste Bett, das Sie sich leisten können. Eine meiner Freundinnen kaufte sich endlich das Himmelbett, das sie sich schon immer gewünscht hatte. Wie Ihr Sofa ist auch Ihr Bett jeden Preis wert und Sie werden den Kauf nicht bereuen. Mein Bett ist wie eine Oase – eine große, weiche, weiße, fluffige, fedrige Insel der Zuflucht. Auch wenn ich an manchen Abenden geplättet hineinfalle wie ein altes Brett.

Auch bei Laken, Bettdecken, Kissen, Bezügen und Tagesdecken lohnt es sich, in die Tasche zu greifen. Beobachten Sie Ihre Favoriten in den Online-Shops und greifen Sie zu, sobald sie im Angebot sind. Ich besitze nur weiße Bettwäsche und liebe sie. Eine Matratzenauflage (weich gepolstert oder mit Daunenfüllung) lässt Sie schlafen wie im Hotel. Im Sommer liege ich unter einem alten weichen Leinenlaken, das meiner Mutter gehörte, darüber eine dünne Strickdecke. Wenn ich daran denke, besprühe ich meine Bettwäsche, wenn ich sie zum Trocknen aufgehängt habe, mit einem Zitrus-Wäschespray. Im Winter wärme ich das Bett mit einer elektrischen Heizdecke und lege noch zwei flauschige Kuscheldecken darüber. Das ist, als würde man unter dem Bauch eines Teddybären schlafen.

Betten Sie sich auf den Kissen eines Millionärs. Da Sie etwa ein Drittel Ihres Lebens mit dem Kopf darauf verbringen, sollten Sie das Beste daraus machen. Leisten Sie sich den größten Luxus: Dieser Komfort ist ohnehin unbezahlbar. Suchen Sie im Internet nach Hotels, die ihre Bettwaren verkaufen. Generell gilt: Wenn Sie ein Seitenschläfer sind, brauchen Sie ein festes Kissen, wenn Sie auf dem Rücken schlafen, ein mittelfestes Kissen, und wenn Sie auf dem Bauch schlafen, eignet sich ein weiches Kissen am besten. Schauen Sie sich das Angebot an und entscheiden Sie sich. Wichtig ist aber, dass Sie vollauf zufrieden sind.

Wenn Sie morgens aus dem Bett steigen, könnten Sie Ihrem Tag ein Adjektiv als eine Art Motto zuteilen: »ruhig«, »produktiv«, »lebhaft« usw. Legen Sie einen kleinen Vorleger neben Ihr Bett, damit es Ihre Füße im Winter wärmer und im Sommer kühler haben – so wird es auch in den besten Hotels gemacht. Und wenn etwas gut genug fürs Ritz ist, dann ist es auch gut genug für mich.

Manche Leute nehmen auch ihre Tiere mit ins Bett. Ich aber nicht. Mein Hund Rory schläft am Fußende des Betts auf dem Boden. Er darf prinzipiell nicht aufs Bett (oder auf das Sofa). Das gehört nur mir! (Aber wenn ich nicht im Schlafzimmer bin, schleicht er sich hinein und wälzt sich verzückt im Bett wie ein Pornostar. Die Abdrücke seiner schmutzigen Pfoten haben ihn verraten.) Hunde schnarchen (und furzen) – wer hätte das gedacht? Also ich nicht. Ich dachte, das hätte ich hinter mir. Aber von wegen. Statt des Geschnarches meines Ex lausche ich nachts nun Rorys animalischem Knurren.

»Das Zuhause vermittelt die Bedeutung des Himmels.
Das Zuhause ist der Himmel für Anfänger.«
– Charles Henry Parkhurst

In Ihrem Schlafzimmer sollten Sie auch einen Ganzkörperspiegel haben, damit Sie vor dem Weggehen einen letzten Blick auf sich werfen können. Das ist besser, als vom Busfahrer zu hören, dass Ihr Kleid in der Unterhose steckt oder Sie Ihre Bluse falsch geknöpft haben. Wie oft schon habe ich mich im Dunkeln angezogen und das Haus verlassen. Dann hatte ich Kleidungsstücke verkehrt an oder ich trug einen schwarzen und einen blauen Schuh.

Holen Sie sich Ideen aus dem Internet, um Ihr Schlafzimmer noch zu verbessern. Ihr Nachttisch sollte aufgeräumt sein und groß genug, um Platz für eine Leselampe, eine Wasserflasche, ein Buch, Taschentücher, eine Kerze, ein Notizbuch, einen Stift, Ihr Tagebuch, einen Bilderrahmen, eine Pflanze, eine Taschenlampe – was auch immer Sie brauchen – zu bieten. Ich habe zwei Uhren aufgestellt, auf jedem Nachttisch eine, damit ich mich nicht umdrehen muss, wenn ich nachts aufwache und die Uhrzeit wissen möchte. Das ist übrigens ein gutes Beispiel für einen »Trampelpfad«. Ich besitze außerdem einen kleinen Keramikengel, den mir eine Freundin geschenkt hat, und eine (batteriebetriebene) Lichterkette. Letztere hängt an einem Kupferdraht um die antiken französischen Fensterläden, die das Kopfteil meines Betts bilden.

Das Letzte, das Sie abends sehen, und das Erste, das Sie morgens nach dem Aufwachen erblicken, sollte positiv und lebensbejahend sein. Ein Streifen meiner Schlafzimmerwand ist mit einer Weichfaserplatte bedeckt (wie eine Pinnwand). Ich nutze sie als Vision-Board, das ich immer wieder neu gestalte. Neben meinem Bett habe ich schmale Regale angebracht, auf denen ich lauter gerahmte Bilder meiner Familie, meiner Freunde und meiner liebsten Orte aufgestellt habe. In sorgenvollen Nächten, wenn ich nicht schlafen kann, tut es gut, zu wissen, dass sie über mich wachen.

> *»Führe ein Heim wie ein kleines Geschäft*
> *und nimm es genauso ernst.« – Anthea Turner*

Ein kleines Ritual vor dem Zubettgehen macht Freude: Besprühen Sie Ihr Kissen mit einem Duft (meine drei Lieblingsdüfte sind Lime, Basil & Mandarin von Jo Malone, Eau de Rochas und Eau d'Hadrien von Annick Goutal), hören Sie Musik, schalten Sie eine LED-Kerze an, lesen Sie ein paar Seiten eines Buchs und denken Sie über den vergangenen Tag nach.

Mein Schlafzimmer hat keine besondere Aussicht – ich sehe nur die Reihenhäuser auf der anderen Straßenseite. Aber manchmal hat der Himmel eine schöne Farbe oder ich bekomme Besuch von einem Kakadu. Ich mag es, denselben Ausblick zu verschiedenen Jahres- und Tageszeiten zu betrachten. Meine ganz persönliche Aussicht.

Wohnzimmer

Kaufen Sie ein Sofa, das Sie lieben. Das Sofa ist eines der wichtigsten Möbelstücke, dabei sollte man keine Kompromisse eingehen. Peppen Sie es mit ein paar unterschiedlichen Kissen auf. Falls Sie gerne nähen, können Sie Ihre Bezüge auch maßschneidern oder Ihren Namen oder ein Sprichwort aufsticken. (Schreiben Sie den Text mit der Hand vor und sticken Sie ihn dann mit der Nähmaschine und dickem Garn – YouTube zeigt Ihnen, wie das geht.) Auch auf Etsy gibt es schöne Kissen. Ich habe auch eine samtige Kuscheldecke (im Sommer eine leichte Baumwolldecke), in die ich mich gern einwickle, sowie eine helle Leselampe, damit ich immer einen gemütlichen Platz zum Schmökern habe. Die Ziersachen und Bilder im Raum sollten Ihnen auch gefallen. Handgemachte Accessoires sind etwas Besonderes, etwa eine einfache Schüssel oder die Skizze eines Kunststudenten (bei Ausstellungen auf

Unis können Sie echte Schnäppchen machen). Hauptsache, Sie haben etwas, das es nur bei Ihnen zu Hause gibt.

Umgeben Sie sich mit Dingen, die Sie auf einer tiefen körperlichen Ebene ansprechen. Wenn Sie schon einmal eine »Body-Talk«-Behandlung gemacht haben, wissen Sie, dass Ihr Körper bestimmte instinktive Reaktionen zeigt. Manches zieht ihn an und manches stößt ihn ab. Umgeben Sie sich mit Dingen, die Sie anziehen. Eine meiner Freundinnen wird zum Beispiel von Wabi-Sabi angezogen. Das ist ein japanisches Einrichtungskonzept, das auf den kleinen Freuden des Lebens basiert und das Handwerkskunst, die nicht perfekt ist, zelebriert. Der Dichter Matsuo Basho kombinierte die Worte wabi (»einsam«) und sabi (»Rost«), um »den Geschmack am Einfachen und Stillen« zu beschreiben. Betrachten Sie alle Dinge einzeln und wägen Sie ab, ob sie sich einen Platz in Ihrem Heim verdient haben. Überlegen Sie außerdem, ob Sie nicht auf Ihren Fernseher verzichten wollen. Ich weiß, dass er für manche Menschen eine Art von »Gesellschaft« ist und die Stille mit Gemurmel füllt. Aber er stiehlt Ihnen auch viel Zeit und wird angesichts von Netflix und Streaming immer überflüssiger. Sie müssen nicht wie im Trappistenkloster ganz ohne moderne Technik leben, aber ein Laptop tut es auch – und Sie sind nicht ans Sofa gefesselt, sondern können auch im Bett oder während des Kochens eine Sendung gucken. Aus diesem Grund höre ich gerne Radio. Über das Internet können Sie sich Radiosender und Podcasts aus der ganzen Welt anhören.

Auch Musik kann Ihr Zuhause bereichern. Ein guter, tragbarer Bluetooth-Lautsprecher bringt Ihre Musik in jeden Raum und ist besonders nützlich, wenn Sie immer wieder neue Interpreten entdecken. Lassen Sie sich von Ihren Freunden und vom Internet inspirieren und erstellen Sie dann Wiedergabelisten für verschiedene Stimmungen. Übertragen Sie all Ihre CDs auf den Computer und sichern Sie die Dateien. Sie müssen auch nicht nur Musik hören.

Zu meinen Lieblingstiteln gehören Regengeräusche und die Gesänge koreanischer Mönche. Haben Sie sich Ihre Musik erst einmal eingerichtet, können Sie dasselbe Stück so oft hintereinander hören, bis Ihre Ohren bluten. Es ist schließlich niemand da, den es stören könnte.

Küche

Die Aktivitäten in Ihrer Küche stehen in direktem Zusammenhang zu Ihrem Selbstwert. Aber gerade in diesem Bereich wird man leicht nachlässig. Es sieht ja keiner, stimmt's? Dann stapelt sich das Geschirr in der Spüle, ein Fleck trocknet am Boden an, man isst im Stehen mit einer Plastikgabel von Pappgeschirr, die Kühltruhe ist schon ganz vereist und der Müll könnte ruhig öfter hinausgebracht werden. Kommt Ihnen das bekannt vor? Neben dem Badezimmer muss auch die Küche makellos und chirurgisch sauber sein. Jeder von uns hat eine gewisse Grenze, bei deren Überschreiten man weiß, dass man zu weit gegangen ist. Für mich ist diese Grenze das Spülen des Geschirrs. Wenn ich das nicht mache, fühle ich mich wie in einer Studentenbude nach einer Party oder in einem Messie-Paradies.

> *»Ein Haus ist kein Heim, solange es darin nicht Nahrung und Wärme für den Geist und für den Körper gibt.« – Benjamin Franklin*

Wie bereits erwähnt, freue ich mich immer auf das abendliche Ritual des Allein-Essens. Da ich an meinem kleinen quadratischen Küchentisch auch arbeite, markiere ich das Ende des Arbeitstags, indem ich eine Tischdecke (oder ein hübsches altes Geschirrtuch aus Leinen) darüberbreite, eine Kerze anzünde und den Tisch decke, inklusive Serviette in einem silbernen Serviettenring. Geringer Aufwand, große Wirkung. Ich habe einige selbst gemachte Tischdecken. Eine davon besteht aus aneinandergenähten Geschirrtüchern, eine andere nur aus einem gesäumten Stoff, der mir gefiel. Ich bewahre Sie gefaltet und einsatzbereit in einem Korb auf.

Wenn Sie kostbares Porzellan und Besteck besitzen, verwenden Sie es jeden Tag. Wenn nicht, kaufen Sie sich ein Set nur für sich. Ich habe in den letzten Jahren unterschiedlichstes Geschirr angesammelt, darunter Schüsseln, die mit Fischen und Kraken verziert sind, Bento-Boxen der Marke Muji, eine dünnwandige auberginefarbene Nudelschale oder einen Salatteller in Form eines Salatblatts. Außerdem unzählige blau-weiße Teller und Schüsseln aus Chinatown und japanischen Läden. Und blau-weißes Emaillegeschirr von Falcon. Und winzige

Holzbrettchen, auf denen ich mein Essen wie Jamie Oliver anrichte. Ich liebe sie einfach. Auch meine Gläser kaufe ich, einzeln und nach und nach, im Secondhand- oder Trödelladen. Einzelstücke sind nicht teuer. Zumindest bei Geschirr kann man als Single Schnäppchen machen!

Betrachten Sie Ihre Küche in ihrer Gesamtheit. Gefällt sie Ihnen? Auch in einer Küche kann man Bilder aufhängen (nur keine wertvollen, wegen der Fettspritzer) – oder ein paar Fotos Ihrer liebsten Menschen und Orte.

»Zuhause ist da, wo man beginnt.« – T. S. Eliot

Falls Sie wie ich sind und viel Zeit in der Küche verbringen, lohnt es sich, den Raum so zu gestalten, dass Sie sich darin wohlfühlen. Wenn ich Freunde zu Besuch habe, sitzen immer alle auf Barhockern in der Küche, während ich koche, und plaudern mit mir, oder wir essen an meinem kleinen Tisch. In meiner Küche hängen ein paar große Pinnwände voller Tickets, Fotos, Postkarten, Briefe und alter Preisschilder (von E-Bay) sowie Papierfächer und -drachen aus Chinatown. Sie eignen sich gut, um Gespräche zu beginnen. Ich habe auch gerahmte Collagen aus Urlaubsfotos mit meinen Kindern. Sie bringen mich immer zum Lächeln. Fotos gehören nicht auf Speicherkarten: Erst wenn man sie ausdruckt oder als Hintergrundbild auf dem Handy einstellt, erhalten sie wahren Wert.

Badezimmer

Es gibt wohl kaum eine Frau, die bei den Wörtern »schönes Badezimmer« nicht sofort die Augen weit aufreißt. In einem Hotelzimmer, einem frisch renovierten Haus oder bei einer Wohnungsbesichtigung wird das Badezimmer oft als Erstes besichtigt. Es ist wichtig, einen gepflegten, privaten Ort zu haben, an dem man sich wäscht, entspannt und regeneriert – und an dem gezupft, gebürstet, gequetscht und begutachtet wird.

Für Menschen, die allein leben, sind die drei wichtigsten Elemente eines Badezimmers: gutes Licht, ein Vergrößerungsspiegel und eine Badewanne.

Licht und Spiegel gehören zusammen. Schließlich gibt es niemanden, der Sie auf Ihre mascaraverschmierten Panda-Augen, wuchernden Brauen oder kränkliche Hautfarbe hinweist. Sie müssen den Makel sehen und beheben, und dafür benötigen Sie ordentliches Licht und einen guten Spiegel. Ich habe noch zusätzliche Lampen, unter anderem zwei Wärmelampen, einbauen lassen, und einen Vergrößerungsspiegel gekauft (ein runder Spiegel an einer ausziehbaren Halterung – um nur 15 Dollar im Baumarkt). So gut waren 15 Dollar noch nie angelegt. Es gibt auch Spiegel mit eingebautem Licht – wenn Sie so einen haben, werden Sie nie wieder darauf verzichten wollen.

Ich liebe Badewannen! In meiner Kindheit, die ich in England verbrachte, waren Duschen noch eine exotische Seltenheit. Darum sind Badewannen für mich ganz normal. Ich würde nie ein Haus mieten oder kaufen, in dem es keine Badewanne gibt. Natürlich braucht man auch die morgendliche Dusche, aber da ich fast jeden Abend bade, dusche ich nicht, um sauber zu werden, sondern um mich zu erfrischen. Ich gebe es nur ungern zu, aber ich habe sogar eine Pinnwand auf Pinterest nur für schöne Badewannen. Wenn ich reich wäre, würde ich eine Tour durch die besten Hotelbäder der Welt machen. Sie alle haben eine tolle Aussicht: im Oberoi in Agra blickt man auf das Tadsch Mahal, und das Atlantis Hotel in Dubai hat eine Unterwassersuite. Aber zurück zum Thema. Man kann selbstverständlich auch ohne Badewanne leben und auch ohne Kerzen, Blumen, Champagner und dunkle Schokolade. Aber warum sollte man?

Wenn Sie allein leben, fungiert Ihr Badezimmer als Zentrum der Selbstsorge. Es ist Ihre Wellnessoase, in der Sie sich verwöhnen. Wie können Sie also mehr aus Ihrem Badezimmer machen? Ich habe auf Pinterest gerade nach »Wellness-Badezimmer« gesucht und viele tolle Ideen entdeckt – etwa ein Badezimmer »wie im Hotel« oder »als Spa-Erlebnis«.

Schon ein paar kleine Veränderungen können Ihr Badezimmer verwandeln. Kerzen (aber nicht neben Ihren Haaren) oder LED-Kerzen, ein Schaumbad (Badedas ist der ungeschlagene Klassiker), ein flauschiger Badvorleger, ein Badewannenkissen, ein Stirnband, ein schicker Bademantel, Körbe mit Badezubehör, eine Körperbürste, ein Naturschwamm, entspannende Musik und ein Vorrat an kleinen Schokoladentafeln, falls ich beim Baden eine essen möchte. Und unbedingt einen Rückenkratzer. In meinem Badezimmer hängen mindestens zwei Handtücher, damit eines immer trocken ist, und ein paar weiße Handtücher liegen gefaltet auf einem Stapel (für das besondere Hotel-Flair). Aber wenn Sie die Atmosphäre Ihres Badezimmers wirklich verändern wollen, stellen Sie einen frischen Blumenstrauß auf. Oder auch nur eine einzelne Blume. Probieren Sie es aus.

Was gehört in den Medizinschrank im Bad? Da Sie Ihr eigener Ersthelfer sind, sollte Ihre Hausapotheke gut ausgestattet sein. Sie benötigen unter anderem: Pflaster, Schmerztabletten, Hustensaft, Halsbonbons, Bandagen, Thermometer, Allergiemittel, Wundsalbe, Mittel gegen Insektenstiche, Desinfektionsmittel, Sonnencreme, Pinzette, Schere, Reserve-Zahnbürste, Mittel gegen Durchfall und Verstopfung, Elektrolytpulver, Wattestäbchen und Taschentücher. Überprüfen Sie regelmäßig das Ablaufdatum der Arzneien. Falls Sie Medikamente nehmen, gibt es auch Apps, die Sie an die Einnahmen erinnern.

Achten Sie darauf, dass der Griff und das Schloss Ihrer Badezimmertür einwandfrei funktionieren. Selbst wenn Sie nicht extra abschließen, kann eine alte Tür steckenbleiben, sodass Sie sie vielleicht nicht mehr öffnen können. Glauben Sie mir, ich habe das leider schon erlebt.

»Sammle Momente, keine Dinge.« – Unbekannter Verfasser

Praktische Tipps

Nicht materielle Dinge machen uns glücklich, sondern ein aktives, erfülltes Leben. Darum heißt es auch so schön: »Weine nie um etwas, das nicht über dich weinen kann.«

Aufräumen

Ich hege die unrealistische Hoffnung, dass mein Haus eines Tages frei von Unordnung sein wird. Aber es gibt keine Anzeichen dafür. Dennoch gebe ich mir Mühe, mein Chaos zu bändigen, damit es mich nicht überwältigt. Außer mir ist schließlich keiner da, der aufräumt.

Ordnung im Haus wirkt in jeder Hinsicht befreiend. Der Aufräum-Experte Peter Walsh beschreibt es treffend: »Unerledigte Dinge erledigen irgendwann Sie. Sie erzeugen Stress und verschwenden wertvolle Zeit. Wenn Sie Ordnung schaffen, schenken Sie sich mehr Zeit und Seelenfrieden.« Ich stimme ihm zu, während ich im Augenwinkel Papierstapel und Bücher sehe, die sich wie Bodendecker über alle freien Flächen ausbreiten.

> *»Zuhause ist ein Name, ein Wort, aber ein starkes – stärker, als jeder Zauberspruch, den ein Magier je ausgesprochen hat.« – Charles Dickens, Martin Chuzzlewit*

Manchmal möchte ich alles einfach in den Mülleimer werfen und sehen, wie es mir damit geht. Eine Freundin, die von England nach Australien zog, sagte zu mir, dass sie sich insgeheim wünschte, der Container mit ihren Sachen würde vom Schiff fallen, sodass sie mit weniger Zeug neu anfangen konnte. Das kann ich gut verstehen.

Wie schaffen wir es also, Ordnung zu halten? Meine Grundregel lautet: Wenn etwas Neues ins Haus kommt, muss dafür etwas Altes raus. Neue Dinge müssen sich den Platz in Ihrem Leben erst verdienen. Der Künstler und Textildesigner William Morris sagte: »Bewahren Sie nichts auf, das Sie nicht für nützlich oder schön halten.« Mir gelingt das Aufräumen am besten, wenn ich es in kleine Einheiten aufteile – drei Stapel Papier, ein paar Regale – und etwa eine halbe Stunde pro Tag dafür aufwende. Ich fühle mich wie der Typ im Film *Gesprengte Ketten*, der nach und nach einen Tunnel durch die Erde (den Krimskrams) gräbt. Einmal im Monat bringe ich dann eine Ladung Zeug zum Secondhandladen.

Saubermachen

Das Leben allein bringt gewisse Freiheiten mit sich, erfordert aber auch Disziplin. Wenn Sie Ihr nasses Handtuch auf den Boden des Badezimmers werfen, wird es auf unbestimmte Zeit dort liegen bleiben wie eine eklige Nacktschnecke. Um sich zum Aufräumen zu motivieren, stellen Sie sich am besten vor, dass Sie bald Besuch bekommen – von einer Freundin oder einem Immobilienmakler – und Sie Ihre Bude darum in Schuss bringen müssen.

Das Gleiche gilt für das Saubermachen. Ich habe einen Tag in der Woche, an dem ich das Haus sauge und putze – also gästetauglich mache. Zwischendurch wische ich die Böden im Badezimmer und in der Küche und reinige die Toiletten. Auch saubere Fenster sind ein Muss. Einmal im Jahr reinige ich die Teppiche und das Sofa mit dem Dampfreiniger und besprühe das Haus mit einem Insektenschutzmittel. Und mit »Insekten« meine ich Kakerlaken: Die Küchenschaben in Sydney sind so groß, dass man auf ihnen reiten könnte.

Sicherheit

In Ihrem Zuhause müssen Sie sich hundertprozentig sicher fühlen. Sie sollten sich nicht fragen müssen: »Könnte nachts jemand einbrechen?« Oder: »Werde ich ausgeraubt?« Wenn Sie sich nicht wirklich sicher fühlen, lassen Sie an Ihren Eingangstüren Sicherheitsschlösser einsetzen. Und bei Bedarf auch Türspione, einen Riegel mit Sicherheitskette sowie Schlösser und Riegel für die Fenster.

Lassen Sie eine Alarmanlage einbauen. Meine Eingangstür hat einen schweren, alten Riegel, den ich jeden Abend vorschiebe. So fühle ich mich sicherer. Bringen Sie an der Außenseite Ihres Hauses oder Grundstücks Schilder und Aufkleber an, die auf Ihre Alarmanlage hinweisen (oder vor Ihrem Hund warnen, falls Sie einen haben). Wenn Sie wertvollen Schmuck besitzen, verstecken Sie ihn – aber nicht in der Sockenschublade. Es gibt kleine Tresore, die wie Konservendosen, Bücher oder Steckdosen aussehen. Sie können Ihr Zuhause mittlerweile auch per App überwachen. Damit können Sie zum Beispiel Ihren

Computer als Überwachungssystem einsetzen oder Ihr Licht vom Handy aus ein- oder ausschalten, während Sie nicht zu Hause sind. Diese Apps werden immer besser – suchen Sie sich eine passende aus.

Noch ein paar andere Sicherheitstipps: Tun Sie so, als würden mehrere Personen in Ihrem Haus wohnen – etwa, indem Sie mehrere Paar Schuhe (auch Herrenschuhe) vor die Tür stellen. Oder Sie installieren eine Außenbeleuchtung mit Bewegungsmelder. An Ihrem Schlüsselanhänger sollten sich keine persönlichen Daten befinden. Geben Sie nur absolut vertrauenswürdigen Personen einen Schlüssel. Wenn Sie Ihr Auto waschen lassen oder zum Service geben oder wenn Sie Schlüssel nachmachen lassen, sollten Sie nie den ganzen Schlüsselbund aushändigen. Pflegen Sie gute Kontakte mit Ihren Nachbarn, sodass sie immer ein Auge auf Ihrem Haus haben, besonders wenn Sie verreisen. Bestellen Sie nie ein Taxi zu Ihrem Haus, wenn Sie zum Flughafen fahren. Geben Sie eine Adresse in der Nähe an und warten Sie dort.

Sie sollten immer eine funktionierende Taschenlampe und genügend Kerzen und Streichhölzer im Haus haben. In der Küche sollten sich ein Feuerlöscher und eine Brandschutzdecke befinden. Alle Rauchmelder sollten richtig angebracht und regelmäßig überprüft werden (bei jeder Zeitumstellung). Kerzen sorgen für eine gemütliche Atmosphäre, können aber auch gefährlich sein. Achten Sie darauf, dass Sie nie einschlafen, solange eine Kerze brennt. Stellen Sie sich lieber den Wecker. Oder verwenden Sie elektrische Kerzen, die auch sehr stimmungsvolles Licht verbreiten.

Selbst ist die Frau

Manchmal fühle ich mich wie ein menschgewordenes Schweizer Messer: Sie kann nähen! Sie kann bohren! Sie befreit verstopfte Abflüsse! Sie schlägt Nägel in die Wand! Sie kratzt Pferdehufe aus! Wenn man allein lebt, bleibt einem oft nichts anderes übrig, als sich ein paar grundlegende Heimwerkerfähigkeiten anzueignen. »Do it yourself« – machen Sie buchstäblich alles selbst. Bleiben Arbeiten und kleinere

Reparaturen unerledigt, können sie sich mit der Zeit zu größeren und teureren Problemen entwickeln. Die Theorie dahinter lautet: »Sei gut zu deinem Haus, dann wird es auch gut zu dir sein.« Ich war schon immer ein guter Amateur-Elektriker. Stromausfälle behebe ich mit links. Ich kann mittlerweile auch mit dem Hochdruckreiniger umgehen, eine verstopfte Toilette freipümpeln, die Dichtung am Wasserhahn austauschen, ein Loch in die Wand bohren, den Heizstab am Warmwasserboiler wechseln, die Filter des Dunstabzugs reinigen, die Dichtungen am Kühlschrank erneuern, die Dachrinne saubermachen, einen Neustart bei der Alarmanlage machen, die Batterien in den Rauchmeldern austauschen, die Fliesen im Badezimmer neu verfugen, Kakerlaken, Motten und sogar Mäuse töten, Probleme mit dem Internet beheben und Duschköpfe entkalken.

Natürlich kann ich nicht alles allein machen – etwa schwere Bilder aufhängen, auf hohe Leitern klettern oder schwere Möbel verrücken (wofür es aber auch Möbelgleiter gibt). Schätzen Sie Ihre Fähigkeiten realistisch ein und bitten Sie zur Sicherheit um Hilfe. Arbeiten, die ich nicht selber machen kann, schreibe ich in ein Notizbuch. Wenn die Liste lang genug ist, bestelle ich für einen halben Tag einen Handwerker ins Haus. Für Reparaturen am Dach und für kompliziertere Elektro- und Installationsarbeiten rufe ich natürlich einen Fachmann. Ich kenne meine Grenzen.

Es lohnt sich, hochwertige Werkzeuge (und Küchengeräte) zu kaufen. Finger weg von den lächerlichen bunten Werkzeugsets »für Frauen«. Was soll das? Sie brauchen unbedingt einen ordentlichen Hammer, ein Maßband, Nägel, Schrauben, Bilderhaken, Superkleber, einen guten Schraubenzieher mit austauschbaren Aufsätzen (Kreuz und Schlitz), Isolierband, Kreppband, Malerpinsel, eine Ahle, verschiedene Batterien, eine Zange, einen Schraubenschlüssel, eine Wasserwaage, eine kleine Säge, ein Teppichmesser, einen Pümpel, einen Bohrer und einen Tacker. Puh! Ich bewahre all meine Werkzeuge in einer Schublade auf. Ich habe auch eine »Elektro-Schublade«, in der sich Steckdosenleisten, Glühbirnen, Zeitschaltuhren, Steckdosenadapter für verschiedene Länder, Litzen und andere Dinge befinden.

Zusammenfassung

Ihr Zuhause beeinflusst Ihr Wohlbefinden enorm.

Nehmen Sie seine Atmosphäre wahr und betrachten Sie es mit anderen Augen.

Finden Sie die »Trampelpfade« in Ihrem Zuhause.

Keine Angst vor Farbe!

Nehmen Sie sich einen Raum nach dem anderen vor und verwirklichen Sie einige der Ideen aus diesem Kapitel, aus dem Internet und aus Zeitschriften.

Kümmern Sie sich um Ihr Zuhause – räumen Sie auf, machen Sie sauber, sorgen Sie für Sicherheit, kümmern Sie sich um Reparaturen und halten Sie es gut in Schuss.

Schaffen Sie sich einen Wohnraum, den Sie lieben.

8 Freizeitgestaltung

Auch wenn Sie allein leben, können Sie in Ihrer Freizeit alles machen, was Sie wollen. Und das sollten Sie tun. Sie müssen nur die Tür öffnen und sich auf Ihr eigenes Abenteuer begeben. Ich bin immer noch oft sprachlos, mit welcher überheblichen, bohrenden Neugier mich viele meiner Freunde, die nicht allein leben, zu meinen Freizeitaktivitäten ausfragen: Wie ich denn auf Urlaub fahre, auf ein Konzert, eine Ausstellung oder ins Kino gehe oder – Gott bewahre! – allein im Restaurant esse. »Das könnte ich nicht«, murmeln sie dann. Aber natürlich könnten sie es. Nur ihre Befangenheit und die Angst davor, was die Leute denken, halten sie davon ab. Sie wollen nicht, dass man sie für seltsam oder einsam hält oder dass sie sich allein unwohlfühlen.

Aber ich habe eine gute Nachricht für sie: Keinen interessiert es. Fakt ist, dass 100 Prozent aller Menschen zu 100 Prozent mit sich selbst beschäftigt sind. Die anderen Gäste im Restaurant denken daran, wie ekelhaft der Ehemann sein Essen kaut, oder sie bereuen, was sie bestellt haben, oder fragen sich, ob die Carbonara die Kalorien wert ist, oder ärgern sich, weil es im Restaurant so laut ist oder weil Jo nicht zurückgeschrieben hat oder würden lieber zu Hause Netflix gucken. Sie fragen sich nicht, warum Sie allein an Ihrem Tisch sitzen. Das kümmert keinen. Die Leute urteilen nicht, ziehen keine Schlüsse und spekulieren nicht. Sie denken überhaupt nicht an Sie, und selbst wenn, na und? Heutzutage machen Menschen immer öfter etwas allein. Das Leben geht weiter. Ich liebe Reisen, Filme und Restaurants und würde gern ein paar Kurse belegen. Warum sollte ich darauf verzichten, nur weil ich keine Begleitung habe?

Was Sie heute tun, und morgen und übermorgen, legt den Grundstein für Ihre Zukunft. Machen Sie also Pläne, öffnen Sie die Tür und treten Sie der Welt mit erhobenem Haupt entgegen.

Sagen Sie nicht »nur«

Ich sage es ständig. »Nur ein Ticket bitte.« »Einen Tisch für nur eine Person bitte.« »Nur eine Scheibe bitte.« »Nur«: Mit diesem Wort machen wir uns klein und unwichtig. Warum entschuldigen wir uns? Weil wir den Aufwand nicht wert sind? Wir zeigen anderen, wie wir uns behandeln lassen, und wenn wir »nur« sagen, werden wir auch anders behandelt. Ich versuche, dieses Wort aus meinem Vokabular zu verbannen. Ich bin eine Person. Das reicht vollauf.

Im ersten Teil dieses Kapitels geht es um besondere Anlässe, die Sie allein bestreiten. Im zweiten Teil finden Sie Tipps, wie Sie Ihre Zeit allein optimal nutzen.

> *»Die Erfahrungen, die man allein macht, sind viel intensiver und reiner.« – Eugene Delacroix*

Teil 1: Besondere Anlässe

Unter diesem Begriff fasse ich hier Urlaube, Kino, Restaurantbesuche, Weihnachten und lange Wochenenden zusammen. Ich versuche, ein gutes Gleichgewicht aus Unternehmungen allein und mit Freunden zu halten – Konzerte, Theater, Kurse, Urlaube und Wochenendausflüge. So habe ich immer etwas, worauf ich mich freuen kann, aber dennoch genug Raum für spontane Ideen.

Allein verreisen (oder: »Schön, dass du nicht da bist.«)

Ich bin voreingenommen. Das Reisen nimmt einen ganz besonderen Platz in meinem Herzen ein. Ich liebe es, zu reisen, und es ist der ultimative Test, um herauszufinden, wie sehr man sich wirklich mag und wie gerne man wirklich allein ist. Eine Solo-Reise ist nicht immer einfach, aber sie lohnt sich. Wenn niemand Sie begleitet, entdecken Sie sich selbst.

Agatha Christie wusste, wovon sie sprach: »Das Leben auf Reisen ist wie ein Traum. Es ist außergewöhnlich, aber man ist dennoch ein Teil davon. Es ist von Menschen bevölkert, die man noch nie gesehen hat und wahrscheinlich nie wieder sehen wird. Gelegentlich bringt es Heimweh und Einsamkeit und Sehnsucht mit sich ... Aber man ist wie ein Wikinger, der in eine Welt aus Abenteuern aufgebrochen ist, und das Zuhause ist kein Zuhause, solange man unterwegs ist.«

Auf ins Abenteuer

Die meisten Menschen können nicht nachvollziehen, dass das Reisen allein Spaß macht, aber ich wette, dass es die meisten von ihnen noch nie ausprobiert haben. Man muss schon ein dickes Fell haben. Letztes Jahr plante ich eine Reise nach Frankreich und besuchte einen Sprachkurs, um mein Schulfranzösisch etwas aufzufrischen. Als ich von meinen Plänen erzählte, meldete sich eine Kursteilnehmerin: »Wirst du dich denn nicht einsam fühlen in Paris, der Stadt der Liebe?« Danke, Schwester. Ich dachte mir nur: »Wenn du einen Typen kennst, der groß ist, rechtschreiben kann, Ironie versteht und sein Körpergewicht in palourdes farçies (gefüllten Muscheln) essen kann, nehm ich ihn gerne mit. Wenn nicht, komme ich auch allein ganz gut klar, aber vielen Dank.« Und so war es auch. Ich machte mich also auf den Weg nach Paris (und Dubai und Rom und in die Normandie und auf die Insel Noirmoutier) und ich genoss jeden Augenblick.

Glauben Sie mir. Falls Sie noch Zweifel haben, ob Sie wirklich allein verreisen sollten, lassen Sie sie los und stürzen Sie sich ins Abenteuer. Für mich war das Reisen allein eine echte Offenbarung. Ich fand heraus, was ich mag (Dachterrassen) und was ich nicht mag (große Menschenmengen), wie gut ich mittelmäßiges Essen, Hitze und Schlangestehen ertrage (nicht besonders gut) und wie aktiv ich sein möchte (vormittags Vollgas, nachmittags Entspannung). Mich zieht es zu Märkten, Streetfood und staubigen alte Schreibwarenläden. Ich bevorzuge kleine Städte und unbekanntere Museen. Und ich habe gemerkt, dass ich stärker, selbstbewusster, neugieriger und robuster bin, als ich dachte.

Natürlich gibt es auch Nachteile. Die Reisebranche orientiert sich an Paaren und Familien. Ein Einzelzimmer im Hotel ist meist nicht günstiger als ein Doppelzimmer. Auch für Führungen und Kreuzfahrten, Reiseversicherungen und Mietwagen bezahlen Singles in der Regel nicht weniger. Zum Glück gibt es immer mehr Reiseveranstalter, die sich auf Alleinreisende spezialisieren und keinen Einzelzimmerzuschlag verlangen. Informieren Sie sich und vergleichen Sie verschiedene Anbieter. Es lohnt sich.

Auch was die Sicherheit auf Solo-Reisen angeht, haben viele Bedenken. Die Terroranschläge haben ihre Spuren hinterlassen, aber ich habe keine Angst. Bleiben Sie nicht nur im Resort – erkunden Sie die Gegend, aber gehen Sie keine unnötigen Risiken ein und halten Sie sich immer an die offiziellen Reisewarnungen. Informieren Sie sich in Reiseführern und auf Reiseblogs über mögliche Gefahren. Meiden Sie zwielichtige Stadtviertel (die sich oft um große Bahnhöfe befinden) und seien Sie nach Einbruch der Dunkelheit besonders vorsichtig. Instinkt und Verstand sind die besten Reiseführer – neben den Einheimischen. Falls Sie sehr ängstlich sind, können Sie auch einen Kurs für Selbstverteidigung belegen.

Vielleicht klinge ich schon wie eine hängengebliebene Schallplatte, aber ob Ihnen Ihre Reise gefallen wird, hängt stark von Ihrer Einstellung ab. Wenn Sie nervös und besorgt sind und Ihre Solo-Reise für Sie nur eine Notlösung ist, wird es sich auch wie eine anfühlen. Freuen Sie sich aber auf ein aufregendes Abenteuer, auf dem Sie selbst entscheiden, beobachten, wachsen, interessanten Menschen begegnen und neue Erfahrungen machen, werden Sie auch genau das erleben.

> *»Die Zeit ist ein Vogel; erst sitzt sie,*
> *dann fliegt sie.« – Unbekannter Verfasser*

Wir haben das Glück, in einer Zeit zu leben, in der das Reisen allein so einfach und gesellschaftlich akzeptiert ist. Das Stigma verblasst angesichts der wachsenden Zahl an selbstbewussten Solo-Reisenden. Auf dem Blog Solo Traveler finden Sie viele Tipps und Erfahrungsberichte zu verschiedenen Reisezielen. Ich empfehle auch das dazugehörige Buch, *The Solo Traveler's Handbook* (A. d. Ü.: Auf Deutsch gibt es das

Buch *Solo unterwegs: Die besten Tipps und Ideen für die perfekte Reise allein* von Lonely Planet).

Bevor es losgeht

Tragen Sie bei jeder Gelegenheit Ideen für potenzielle Reiseziele zusammen. Ich habe zwei Ordner (einen digitalen, einen »in echt«), in denen ich Informationen über interessante Orte sammle. Ich habe auch eine Weltkarte, auf der ich meine Wunschziele markiere. Wenn Sie noch nie allein auf Reisen waren und sich fragen, wie das so ist, könnten Sie zuerst einmal ein Wochenende allein in einer nahen Stadt verbringen, bevor Sie sich in die Ferne wagen. Ich würde zum Beispiel gerne einmal eine Rundreise durch die USA machen und Flohmärkte besuchen, einen Monat auf der französischen Insel Noirmoutier verbringen und eine Weltreise machen, auf der ich all meine Freunde besuche. Vielleicht lasse ich mich auch noch einmal von Italien verführen. (Wenn Länder ein Tinder-Profil hätten, würde ich bei Italien sofort nach rechts wischen.)

Vor und nach der Reise koste ich das Urlaubsgefühl möglichst lange aus. Ich bereite mich immer lange vor und informiere mich gründlich. Ich vergleiche gern verschiedene Länder, Städte, Anreise- und Übernachtungsmöglichkeiten, Sehenswürdigkeiten, Restaurants, Märkte, Einkaufszentren und vieles andere. Nichts macht mir eine größere Freude, als einen ganzen Nachmittag auf TripAdvisor und in verschiedenen Blogs und Reiseartikeln Erfahrungsberichte zu lesen, bezahlte Rezensionen auszusortieren und Reaktionen auf Negativberichte einzuschätzen. Einzelne negative Kritiken stören mich nicht, sehr wohl aber eine extrem defensive oder unangemessene Antwort des Hotels. In manchen Fällen habe ich den Hotelmanager kontaktiert und direkt ein gutes Angebot erhalten.

> *»Der Mann, der allein reist, kann sich heute schon auf den Weg machen, aber wer mit anderen reist, muss warten, bis der andere bereit ist, und es kann lange dauern, bis die Reise beginnt.« – Henry David Thoreau*

Um mich auf die Reise einzustimmen, suche ich im Internet nach »Insider-Tipps« oder »Tipps von Einheimischen« für meinen Reiseort. Ich lese auch Bücher und schaue mir Filme an, die an diesem Ort spielen, und lerne ein paar Brocken der Sprache – selbst wenn Sie nur ein paar Wörter kennen, kommen Sie bei den Einheimischen viel besser an. Ich habe auf diese Weise schon schönere Hotelzimmer bekommen, Geheimtipps für Restaurants erhalten und ich wurde sogar zu Leuten nach Hause eingeladen, nur weil ich mit Müh und Not und einem starken Akzent ein paar Sätze in der Landessprache stammeln konnte. Sprachkurse gibt es online oder als App, zum Beispiel auf busuu.com, duolingo.com oder rosettastone.de. Die kostenlosen Sprachprogramme von Fodor (»Language for Travellers«) beinhalten 150 wichtige Wörter und Sätze, die Sie anhören und nachsprechen können.

Sparen Sie sich das Warten in der Schlange und buchen Sie Tickets für Sehenswürdigkeiten schon im Voraus. Was Touristenhorden angeht, stimme ich Jean-Paul Sartre zu: »Die Hölle, das sind die anderen.« Manche Reisende hingegen sparen sich die Vorbereitungen und verlassen sich auf ihre Improvisationskunst und etwas Glück. Gehen Sie den Mittelweg – vorbereiten, informieren, buchen, aber dennoch flexibel und spontan bleiben.

Ich plane meinen Reiseverlauf immer auf einem leeren Monatskalender und schreibe in jedes Kästchen die Informationen zu meinem Flug, meiner Unterkunft und den täglichen Aktivitäten – und diese Aktivitäten bestimmte ganz allein ich. Sie können Ihren Urlaub komplett auf ein Hobby ausrichten, etwa auf Kochen, Schnorcheln, Fotografieren, Zeichnen oder Wandern. Oder widmen Sie einen ganzen Tag einem speziellen Interesse. Lernen Sie in Rom, wie man Spaghetti macht, begeben Sie sich in Chicago auf einen Architektur-Rundgang oder lassen Sie in Dubai einen Falken fliegen.

Aber zuallererst müssen Sie Ihre Flüge buchen. Je nachdem, wie flexibel Sie zeitlich sind, könnten Sie auf einen günstigen Flug warten (abonnieren Sie die Newsletter der Fluggesellschaften) oder durch zusätzliche Zwischenstopps Geld sparen. Vergleichen Sie mit Preissuchmaschinen im Internet, etwa auf billigflieger.de. (Für besonders Neugierige gibt es sogar Vergleichsseiten für die Speisen im Flugzeug: inflightfeed.com; A. d. Ü.: Eine ähnliche Seite auf Deutsch ist bordverpflegung.de.)

Ich buche am liebsten auch schon meine Unterkunft im Voraus. Selbst wenn Sie das nicht tun möchten, brauchen Sie zumindest ein Zimmer für Ihre erste Nacht. Vergleichen Sie Hotels und Airbnb und diverse andere Möglichkeiten an Ihrem Ankunftsort. Gerade für Alleinreisende sind die Art und die Lage des Hotels sehr wichtig, also informieren Sie sich ausreichend und gönnen Sie sich die beste Unterkunft, die Sie sich leisten können. (In Hostels und ähnlichen Quartieren der niedrigen Preisklasse trifft man jedoch mehr Menschen.) Der Einzelzimmerzuschlag ist der Horror aller Alleinreisenden. Wir bezahlen fast immer so viel, wie ein Paar bezahlt. In älteren Hotels gibt es manchmal kleine Verschläge mit einem Bett darin, die dennoch mehr als die Hälfte eines Doppelzimmers kosten. Man kann versuchen, höflich nach einem Preisnachlass zu verlangen, besonders wenn Sie außerhalb der Saison reisen und das Zimmer sonst leer stehen würde. Aber machen Sie sich keine großen Hoffnungen.

Die Reisezeit schlägt sich natürlich auch auf die Gesamtkosten. Die Übergangsphase zwischen Haupt- und Nebensaison bietet noch schönes Wetter und geöffnete Touristenattraktionen, außerdem ist es nicht mehr so überfüllt. Urlaub in der Hauptsaison ist teuer, voller Touristen und fällt mit den Schulferien zusammen. Alles schlecht. Die Nebensaison ist günstiger, aber das Wetter weniger verlässlich. Dennoch erlebte ich einige meine schönsten Urlaube im ländlichen, winterlichen Frankreich, wo ich als Touristin wie ein verirrter exotischer Vogel verwöhnt wurde, oder im nebligen Venedig oder beim Eislaufen mit Einheimischen auf den gefrorenen Kanälen von Amsterdam.

Was müssen Sie sonst noch beachten? Sorgen Sie dafür, dass Sie über alle nötigen Impfungen verfügen; schließen Sie die beste Reiseversicherung ab, die Sie sich leisten können; scannen oder kopieren Sie die Hauptseiten Ihres Reisepasses (und Ihre Bank- und Kreditkarten), lassen Sie sie zu Hause, und geben Sie einen Satz Kopien in Ihren Koffer. Kaufen Sie eine Zeitschaltuhr, um während Ihrer Abwesenheit das

Licht im Haus ein- und auszuschalten; leiten Sie die Post um und bitten Sie einen Nachbarn, die Werbeflyer vor Ihrer Haustür zu entfernen, damit sie sich nicht ansammeln. Kleben Sie ein Etikett mit Ihrem Namen, Ihrer Adresse, E-Mail-Adresse und Telefonnummer in Ihren Koffer, damit man Sie benachrichtigen kann, falls er verloren geht. Tragen Sie das Ablaufdatum Ihres Reisepasses in Ihren Terminkalender ein, damit Sie rechtzeitig einen neuen Pass beantragen. Ich habe ein eigenes Reiseetui, in dem ich meinen Pass, mein E-Ticket, meine Bordkarten und etwas Geld in Fremdwährung aufbewahre. Ich schreibe mir auch den Wechselkurs auf ein kleines Stück Karton (»1 Euro = $A1,50, 5 Euro = $A7,30« usw.), das ich in mein Etui stecke.

Zwei Wochen vor meiner Abreise beginne ich, alles aufzuschreiben, was ich mitnehmen möchte, und packe nach und nach meinen Koffer. In mein Gepäck kommen unter anderem meine Ladekabel und ein Steckdosenadapter. Ihr Kulturbeutel sollte enthalten: Mittel gegen Durchfall und Verstopfung (damit Sie dem Apotheker, der Ihre Sprache nicht spricht, Ihr Leiden nicht schauspielerisch darstellen müssen), Schmerztabletten, Wundsalbe, Sonnencreme, Insektenschutz und Mittel gegen Insektenstiche, Pflaster sowie verschreibungspflichtige Medikamente (falls Sie welche nehmen). Ich erstelle eine Liste aller Kleidungsstücke, die ich für meine Aktivitäten brauche, und überlege mir, wie ich sie kombinieren könnte. Meistens packe ich zu viel ein, darum verzichte ich mittlerweile auf meine extra Hosen und Schuhe »für alle Fälle«.

> *»Die Frau, die der Herde folgt, wird meist nicht weiter gehen als die Herde. Die Frau, die allein geht, findet sich wahrscheinlich an Orten wieder, an denen noch nie ein Mensch gewesen ist.« – Albert Einstein*

Da Sie allein reisen, wird ohnehin keiner merken, dass Sie jeden Tag dieselben Klamotten tragen. Lassen Sie lieber etwas Platz für Mitbringsel oder packen Sie eine leere Tasche ein, aber achten Sie darauf, wie viel Freigepäck Ihre Fluggesellschaft erlaubt – ist das Gepäck zu schwer, bezahlen Sie für jedes Kilo extra, was schnell sehr teuer werden kann.

In mein Handgepäck packe ich mein Handy, auf dem sich meine Hörbücher befinden, einen superweichen Schal aus Merinowolle, meine eigene Version des Business-Class-Kulturbeutels (enthält eine Schlafmaske, einen Mini-Waschlappen, Socken, Händedesinfektionsmittel, ein Mini-Deo und Parfum sowie Feuchtigkeitscreme von Jo Malone in Reisegrößen), eine leere Wasserflasche (die ich nach der Sicherheitskontrolle auffülle) und eine Zeitschrift oder mein iPad mit heruntergeladenen Videos (Noise-Cancelling-Kopfhörer stehen auf meiner Wunschliste ganz oben).

Nutzen Sie den Tag

Für jeden Tag meiner Reise stelle ich mir vorher eine Reihe von möglichen Aktivitäten (über die ich mich informiert habe) zusammen. Falls ich mich aber spontan anders entscheiden sollte, umso besser. Ich muss nicht mehr unbedingt jede Sehenswürdigkeit in einer Stadt abklappern, sondern erkunde lieber die kleinen, geheimen Ecken und unbekannteren Museen.

> *»Indem wir die kleinen Dinge erforschen, erlernen wir die große Kunst, so wenig Unglück und so viel Glück wie möglich empfinden zu können.« – Samuel Johnson*

Zum Beispiel befindet sich im großartigen, aber weniger besuchten Museo Nazionale Romano das rekonstruierte Fresko aus dem Haus der Livia, das Orangenbäume vor blauem Himmel zeigt. Unglaublich. Sie können etwas sehen, das auch Livia gesehen hat.

Solo-Reisen sind Reisen ohne schlechtes Gewissen. Stellen Sie sich vor, Sie sind in Rom und sehen eine lange Schlange vor dem Petersdom. Sie könnten sich den Dom einfach sparen und stattdessen auf der Via Tunisi zum riesigen Andrea-Doria-Markt spazieren und dort die beste Porchetta der Welt essen. Dazu eine Tüte Mozzarellabällchen, ein warmes Panino, sonnengereifte Tomaten und frisches Basilikum. Setzen Sie sich auf eine Bank und genießen Sie Ihr luxuriöses Picknick. Da muss man sich nicht schlecht fühlen, weil man auf die Kunstschätze des Petersdoms verzichtet hat. Die köstlichen Tomaten sind genauso ein Teil des echten Italiens wie Michelangelos Pietà.

Ich nutze gern den Beginn des Tages und mache einen Spaziergang, bevor die meisten Menschen aufgestanden sind. Falls ich mich doch einmal einsam fühle, dann eher abends. Darum esse ich mittags gemütlich im Restaurant, esse früh zu Abend und ziehe mich dann auf mein Zimmer zurück, um in der Badewanne ein Glas Wein zu genießen und anschließend zu lesen oder am Laptop einen Film zu gucken und den kommenden Tag zu planen. Manchmal entdecke ich auch ein tolles Restaurant, in dem ich jeden Abend esse: Es wird zu meinem »Stammlokal«. Das Personal ist viel freundlicher, wenn es bemerkt, dass Sie mehrmals wiederkommen (und auch, wenn Sie nach einem Rezept fragen). Würden Sie nicht allein reisen, hätte Ihre Begleitung vielleicht keine Lust, jeden Abend in dasselbe Restaurant zu gehen.

Falls Sie es vermissen, Ihre Abenteuer mit jemandem zu teilen, schreiben Sie doch die Eindrücke des Tages in ein Notizbuch, unterwegs oder abends im Hotel. Sie müssen nicht wie Shakespeare schreiben, nicht einmal in ganzen Sätzen: Halten Sie einfach Ihre Gedanken und Gefühle fest, damit Sie sich zu Hause wieder daran erinnern. Sie teilen sie mit dem Notizbuch. Ich nehme immer auch einen kleinen Aquarellkasten und postkartengroßes Papier mit, um ein paar Impressionen zu malen – etwa die Aussicht aus dem Hotel. Wenn ich zeichne oder male, achte ich ganz genau auf die Details, und selbst meine ungelenken Malereien rufen später wieder intensive Erinnerungen hervor. Ich bewahre auch meine Eintrittskarten auf, kaufe eine CD mit regionaler Musik, ein Kartenspiel aus der Region, ein paar typische Küchengeräte und ein Kochbuch, ein Etikett von einem landestypischen Bier, Visitenkarten von Läden und Restaurants, und ich nehme die Geräusche der Straße mit meinem Handy auf. Das sind tolle Erinnerungsstücke. Aus einigen bastle ich eine Collage, die ich dann einrahme. Das ist mir lieber, als alle paar Tage etwas auf Facebook zu posten. Außerdem soll keiner wissen, dass ich nicht zu Hause bin.

Eigentlich sind Sie auf Reisen nie wirklich allein: Um Sie herum sind immer Menschen. Sie können mit Ihnen in Kontakt treten oder auch nicht. Manchmal mache ich das, manchmal nicht. Wie stellen Sie es am besten an, wenn Sie Leute kennenlernen wollen? Es gibt viele Möglichkeiten: im Flugzeug, in einem Hostel, bei einem Kurs, auf Meetup.com, auf einer Tour, in der Lobby des Hotels oder im Restaurant, wo Sie die Gäste am Nebentisch oder, noch besser, an einem Gemeinschaftstisch, ansprechen können. Falls Sie das große Glück haben, einmal im unverwüstlichen Bouillon Chartier in Paris zu essen, werden Sie mit anderen Leuten an einem Tisch sitzen, wo sich dann ganz automatisch ein Gespräch ergibt. Oder wenn Sie auf der wundervollen Dachterrasse des römischen Hotels Campo de' Fiori stehen, wo sich die Gäste abends einfinden, um die Sonne hinter der Kuppel des Petersdoms versinken zu sehen, und wo die Konversation fließt wie der Prosecco. Oder bleiben Sie einfach eine ganze Woche im selben Hotel und die Kontakte knüpfen sich wie von allein.

Sie können sich auch einer Reisegruppe anschließen. Es gibt Gruppenreisen mit einem bestimmten Schwerpunkt, wie Kulinarik, Wein, Kunst oder Geschichte, und manche richten sich an Alleinreisende. Eine alternative Möglichkeit wäre eine Kreuzfahrt – aber ich habe noch nie eine gemacht. (Entweder man liebt Kreuzfahrten oder man hasst sie.)

Informieren Sie sich im Internet, ob es an Ihrem Reiseort einheimische »Greeter« gibt. Das sind Menschen, die Touristen ihre Heimatstadt vorstellen. Falls Sie mehrere Tage am selben Ort bleiben, besuchen Sie ein Café oder einen Marktstand öfter und sprechen Sie den Kellner oder Inhaber an. Melden Sie sich bei einer kulinarischen Tour an. Ich machte eine tolle Tour im Trastevere-Viertel von Rom: Wir besuchten ein Dutzend Delikatessenläden, Restaurants und Weinlokale, die ich allein nie entdeckt hätte, und es machte Spaß, sich mit anderen Reisenden über die Stadt auszutauschen. Wenn Sie auch abends etwas unternehmen wollen, informieren Sie sich in Blogs, fragen Sie die Einheimischen und halten Sie Ausschau nach Plakaten für Veranstaltungen. Plakate haben mich zu einigen meiner schönsten Abenderlebnisse geführt. Eines davon war eine Aufzeichnung des Internet-Storytelling-Events »The Moth« in einer Bar in New York. Ich freundete mich in der Warteschlange mit ein paar Leuten an (ein australischer

Akzent hat seine Vorteile) und hatte viel Spaß. Ein anderes Erlebnis war ein kostenloses Klassik-Konzert in einer Prager Kirche.

> *»Ich sehe meinen Weg, aber ich weiß nicht, wohin er führt. Nicht zu wissen, wohin ich unterwegs bin, spornt mich an, den Weg zu gehen.« – Rosalia de Casto*

Zu Hause bin ich kein großer Sportfan, aber auf Reisen sind Sportveranstaltungen eine großartige Gelegenheit, sich unters Volk zu mischen und mit Leuten zu plaudern. Informieren Sie sich vorab über die Spielpläne und feuern Sie die Lokalmannschaft an – oder sogar die Sumo-Ringer, wie ich es in Japan tat.

Die meisten Menschen sind freundlich. Begegnen Sie der einheimischen Kultur mit Offenheit, Interesse, Respekt und Begeisterung. Es lohnt sich. Betrachten Sie Ihre Reise als Annäherung, nicht als Flucht. An jeder Ecke warten Überraschungen: In Sydney war ich seit Ewigkeiten auf keinem Date mehr, aber nach nur 20 Minuten in Rom wollte sich Maurizio, mein Taxifahrer, mit mir verabreden. (Aber diese Geschichte erzähle ich ein anderes Mal.)

Manche Leute machen im Urlaub viel zu viele Fotos. Betrachten Sie die Umgebung lieber mit Ihren Augen als nur durch Ihre Kamera, und speichern Sie die Bilder in Ihrem Gedächtnis ab. Aber ganz ohne Fotos geht es dann natürlich doch nicht. Hier einige Tipps für tolle Fotos:

> *»Ich fürchte mich nicht vor Stürmen, denn ich lerne, mein Schiff zu segeln.« – Louisa May Alcott*

- Machen Sie sich schon zu Hause mit den Funktionen Ihrer Kamera vertraut und probieren Sie sie in der Nachbarschaft aus.
- Machen Sie Fotos von den Personen, denen Sie begegnen. Oft konzentrieren wir uns nur auf die Landschaft und vergessen all die wichtigen Menschen auf unserer Reise.
- Fotografieren Sie Ihre Füße oder Ihren Schatten an unterschiedlichen Orten, aber immer aus dem gleichen Winkel – auf Pflastersteinen, im Wasser oder auf einer Wiese.

- Ich fotografiere gerne alte Fenster, verzierte Türen und abblätternde Farbe. Die schön verblassten, dezenten Farbtöne machen sich gut als Fotoserie.
- Vielleicht fallen Ihnen bestimmte Farben immer wieder auf – auf Kleidungsstücken, Lebensmitteln und Gebäuden. Wieder zu Hause können Sie aus diesen Bildern eine tolle Collage zusammenstellen.
- Wählen Sie den Bildausschnitt und die Perspektive mit Bedacht. Befolgen Sie die Drittel-Regel: eine grundlegende Richtlinie für die Bildkomposition.
- Früh aufstehen und lange aufbleiben: Das beste Licht gibt es eine Stunde nach Sonnenaufgang und eine Stunde vor Sonnenuntergang.
- Lassen Sie sich Zeit – ein Schnappschuss muss kein Schnellschuss sein und kann trotzdem spontan wirken. Die Digitalfotografie hat den Vorteil, dass Sie das Foto direkt anschauen und bei Bedarf noch einmal schießen können.
- Bearbeiten Sie Ihre Bilder schon unterwegs, bevor Sie sie speichern. Bearbeitete Fotos wirken besser. Außerdem wissen Sie, dass Sie es zu Hause ohnehin nicht mehr machen werden.
- Lassen Sie Ihre Fotos nicht auf der Speicherkarte in Vergessenheit geraten. Ich drucke mir die schönsten Bilder aus und hefte Sie an meine Pinnwand in der Küche oder mache eine Collage daraus.

Heimkommen

Ein Nachteil der Solo-Reisen ist, dass mich am Flughafen niemand abholt. Alle anderen werden umarmt und geküsst. Das macht mich traurig. Falls Sie zu einer christlichen Zeit ankommen, bitten Sie am besten eine Freundin, Sie abzuholen. Ich wünsche mir von meinen Freundinnen zum Geburtstag, dass Sie mich nach einer Reise am Flughafen abholen.

Kurzurlaub

Wenn Sie kein Geld für einen langen Urlaub haben, gönnen Sie sich doch einen Wochenendausflug, vielleicht in Kombination mit einem Kurs oder einer Ausstellung. Falls auch ein Kurztrip nicht möglich ist, brauchen Sie ein wenig Fantasie. Machen Sie zu Hause einen Thementag oder -abend mit der passenden Unterhaltung und darauf abgestimmtem Essen – nur für sich allein. Schmausen Sie zum Beispiel dänische Fleischbällchen und eingelegte Gurken, während Sie die preisgekrönte dänische TV-Serie *Borgen* verfolgen.

> *»Die Neugier ist die erste und letzte Leidenschaft eines großen und großzügigen Geistes.« – Samuel Johnson*

Weihnachten

Die vier traurigsten Worte überhaupt sind vermutlich: »Weihnachtsessen für eine Person.« Das klingt doch wie ein kulinarischer Abschiedsbrief. Die Weihnachtszeit ist keine Zeit, in der man gern allein ist. Auf einmal klingt Ihr Standardspruch der Unabhängigkeit – »Ich komme auch allein klar, vielen Dank!« – nicht mehr so überzeugt. Wenn Sie die Möglichkeit oder das Verlangen haben, Weihnachten mit Freunden oder Verwandten zu feiern, sollten Sie das tun. Falls Sie allein sind, versuchen Sie das Beste daraus zu machen.

In den letzten sieben Jahren habe ich Weihnachten immer allein verbracht. Ich habe eine Weile gebraucht, um mich daran zu gewöhnen. Seit meiner Scheidung verbringen meine Kinder Weihnachten bei meinem Exmann und seiner Familie (ich habe keine). Das war hart für mich. Anfangs luden mich meine Freunde zu ihren Feierlichkeiten ein. Das war gut gemeint, aber inmitten der glücklich feiernden Familien fühlte ich mich erst recht wie ein Außenseiter, der am Katzentisch sitzt. Ich wollte das, was meine Freunde haben. Ich fühlte mich, als hätte ich versagt.

Mittlerweile bleibe ich an Weihnachten allein. Es ist nur ein Tag, den ich sorgfältig plane und für den ich meine eigenen Traditionen erfunden habe. Es ist wie ein konzentrierter Feiertag nur für mich. Im Oktober notiere ich in meinem Kalender, dass ich mit dem Schreiben der Weihnachtskarten anfangen muss. Ich verschicke schon früh viele Weihnachtskarten (oder E-Mails), um mich bei Freunden zu melden, aber auch in der Hoffnung, selbst welche zu erhalten. Es freut mich, wenn andere an mich denken, selbst wenn ich sie daran erinnern muss. Meinen Weihnachtsbaum schmücke ich jedes Jahr auf die gleiche Weise. (Ich liebe alte Christbaumkugeln aus pastellfarbenem Glas, die ich im Laufe des Jahres auf E-Bay zusammensammle.) In den Wochen vor dem Fest höre ich Weihnachtslieder, um mich in die richtige Stimmung zu bringen. Meine Lieblingslieder sind »Gaudete«, »A Spaceman Came Travelling«, »Stop the Cavalry« und »The Coventry Carol«. Ich kaufe Geschenke für mich (einen Taschenkalender von Tiffany, ein Kochbuch, ein Schaumbad von Badedas, eine Zeitschrift, vielleicht ein personalisiertes Schmuckstück von Etsy), verpacke sie und lege sie unter den Weihnachtsbaum.

Der Weihnachtstag läuft bei mir mittlerweile immer gleich ab. Ich stehe früh auf, meditiere und gehe schwimmen – in Sydney ist im Dezember nämlich Sommer. Falls bei Ihnen Winter ist, können Sie auch einen Spaziergang machen: Hauptsache, Natur. Danach lese ich ein gutes Buch oder eine besondere Zeitschrift und esse etwas Leckeres – einige hauchdünne Scheiben Ibérico-Schinken, etwas Käse und eine weiße Nektarine. Dazu trinke ich ein Glas Champagner. (Ich gehe nicht in die Kirche, aber auch das könnte Teil Ihres Weihnachts-Rituals sein.) Anschließend schaue ich mir einen Film oder eine Serie an. Manchmal spreche ich auch mit Freunden via Skype. (Was auch immer Sie an Weihnachten machen, halten Sie sich von Facebook fern – der Großaufmarsch glücklicher Familien ist nur schwer zu ertragen.) Im Laufe des Tages nehme ich auch ein Bad bei Kerzenschein. Und ich schreibe meine Pläne für das neue Jahr in mein Tagebuch. Mittlerweile ist Weihnachten für mich ein glücklicher, friedvoller, zwangloser Mini-Urlaub. Genießen Sie Ihr eigenes Glück. Das ist wirklich befreiend. Manche meiner Freunde sind sogar neidisch, weil mir der typische Festtags-Familienzank erspart bleibt. Ich habe eine Weile dafür gebraucht, aber heute komme ich mit Weihnachten gut klar.

Alternativ können Sie an Weihnachten auch bei einer Wohltätigkeitsorganisation ehrenamtlich arbeiten und Obdachlose oder andere Bedürftige verköstigen. Fragen Sie aber rechtzeitig an, denn oft gibt es eine Warteliste für freiwillige Helfer.

Auch der Silvesterabend ist nicht mein Freund. Ich stehe einfach nicht auf erzwungene Fröhlichkeit. Darum empfehle ich einen ähnlichen entspannten Ablauf wie an Weihnachten.

Allein im Restaurant

Wer hätte das gedacht? Die Angst, allein in der Öffentlichkeit zu essen, hat sogar einen Namen: Solomangarephobie. Da muss ich an Edward Hoppers Gemälde »Nighthawks« denken. Und man kann es nicht schönreden: Sie sitzen allein an einem Tisch und essen. In der Öffentlichkeit. Ich habe lange gebraucht – nicht nur Tage oder Monate, sondern Jahre –, bis ich das konnte. Dabei gibt es gar nicht einmal so wenige Solo-Esser. Unter den Restaurantgästen sind Menschen, die allein essen, die am schnellsten wachsende Kategorie. Das australische Reservierungs-Plattform Dimmi meldet, dass von Jahr zu Jahr immer mehr Reservierungen für eine Person getätigt werden.

Ein Vorteil des Solo-Essens ist, dass Sie selbst in angesagten Restaurants meistens einen Platz für eine Person bekommen. Informieren Sie sich vorab über die Lage des Restaurants und wie Sie am besten dorthin gelangen. Reservieren Sie einen Tisch, am besten vor oder nach der Hauptgeschäftszeit. Plätze neben einer offenen Küche sind für Einzelpersonen eine gute Wahl: Ich schaue den Köchen gerne bei der Arbeit zu. Mittags bekommt man leichter einen Platz. Falls Sie noch nie allein im Restaurant waren: Die Mittagszeit ist generell weniger einschüchternd für den ersten Solo-Besuch.

> *»Ich liebe die Einsamkeit. Nie fand ich einen Kameraden kameradschaftlicher als die Einsamkeit.« – Henry David Thoreau*

In einer Bar, die auch Essen serviert, finden Sie normalerweise leicht einen Platz und erhalten einen guten Eindruck vom Geschehen. An einem Gemeinschaftstisch ist es weniger einsam, aber nehmen Sie sich lieber auch etwas zu lesen mit (und beispielsweise ein Halstuch, um Ihren Platz zu markieren, wenn Sie auf die Toilette gehen). Ein Handy widerspricht ein bisschen der mutigen Botschaft, die der Solo-Esser vermitteln möchte. Da immer mehr Gäste allein im Restaurant essen, verbessert sich auch der Service für Einzelpersonen, und die Akzeptanz steigt. Also bleiben Sie stark!

Ich schaue zuvor schon im Internet auf die Speisekarte, dann habe ich im Restaurant die Situation gefühlt besser im Griff. Meistens wähle ich zwei Vorspeisen (die ich hintereinander esse) und Salat, statt nur eine Vorspeise und ein Hauptgericht, was mir oft zu viel (und zu teuer) ist. Allein beobachte ich mehr und esse weniger. Setzen Sie beim Essen all Ihre Sinne ein. Betrachten sie die Farben und Formen der Speisen. Schließen Sie Ihre Augen und achten Sie darauf, ob das Essen nun anders schmeckt. Lauschen Sie den Gesprächen der anderen und denken Sie sich eine kleine Geschichte zu den Gästen aus.

> *»Das glücklichste aller Leben ist eine geschäftige Einsamkeit.« – Voltaire*

Die Akzeptanz für Menschen, die allein essen, ist von Land zu Land unterschiedlich. Ich möchte unbedingt einmal das weltweit erste Restaurant speziell für Solo-Esser besuchen: Eenmaal (»eine Mahlzeit«) in Amsterdam. Es beschreibt sich als »das erste Einpersonenrestaurant der Welt und ein attraktiver Ort, um temporär abzuschalten«. Die meisten der Gäste sind nicht einmal Singles oder leben allein, sondern wollen nur einmal für sich sein. Anfangs war das Restaurant nur als Kurzzeit-Projekt geplant, wurde aufgrund der großen Beliebtheit aber zum Fixpunkt. Weitere Restaurants in anderen Ländern sind geplant. Das Mumin-Café in Tokio bietet eine andere Lösung für einsame Gäste, die dort neben nilpferdartigen Mumin-Plüschtieren am Tisch sitzen. Seitdem sich das singlefreundliche Konzept herumgesprochen hat, floriert das Geschäft. Auf mich wirkt es aber doch etwas verzweifelt. Ich habe schon in vielen unterschiedlichen Restaurants in Asien,

Indien und Europa allein gespeist und habe es auch ganz ohne Mumins geschafft.

Manche Gastwirte finden Solo-Esser lästig. Ihr Argument: Wir belegen einen Tisch für zwei, wir trinken weniger (der meiste Umsatz wird mit Alkohol gemacht) und wir tragen nicht zum Ambiente bei. Ich frage mich, wie sie eine Ansammlung von Solo-Essern nennen würden. Ein Ärgernis? Ich wurde schon während des Essens gebeten, an einen anderen Tisch zu wechseln, um Platz für drei Personen zu machen. Schon viel zu oft wies man mir den Tisch neben den Toiletten zu. Das ist nicht schön. Ich gebe mich damit nicht zufrieden, und auch Sie sollten das nicht tun. Man kann solche Notlösungen auf zweierlei Weise vermeiden. Wenn Sie online reservieren, gibt es meistens ein eigenes Feld für Kommentare: Schreiben Sie dort Ihre Wünsche hinein. Alternativ können Sie auch Stammgast in einigen Restaurants werden. Ich vergesse nie, wie sich die Kellner im Café La Palette in Paris aufmerksam um eine charismatische ältere Dame (eindeutig ein Stammgast) und ihr weißes Hündchen bemühten. Der Hund saß bei Tisch neben ihr und bekam sein eigenes Steak. Sie wurde wie eine Königin behandelt, während einige Touristen verscheucht wurden.

Falls es Ihnen an Selbstbewusstsein mangelt, schlüpfen Sie für den Abend doch in eine Rolle: »Suzanne, die Feinschmeckerin« oder »Caroline, die Geschäftsfrau von außerhalb« – oder tun Sie so, als wären Sie eine Restaurantkritikerin. Nehmen Sie immer Ihr Notizbuch ins Restaurant mit und schreiben Sie über das kulinarische Erlebnis. Behalten Sie die Visitenkarte und die Rechnung und kleben Sie sie in ein Album – oder werden Sie zu einer Expertin der lokalen Küche. Eine meiner Freundinnen erstellte ein eigenes Instagram-Profil, auf dem sie die Teigtaschen verschiedener Restaurants in Sydney bewertet.

Allein ins Kino

Dafür schäme ich mich ein wenig, wobei ich gar nicht weiß, warum. Kinos und Theater sind ohnehin nicht für Geselligkeit gemacht. Man muss schließlich zwei Stunden lang stillsitzen. Bleiben Sie souverän und genießen Sie die Chance, dem Alltag zu entfliehen, statt nervös mit Ihrem Handy herumzuspielen. Es schämt sich ja auch keiner vor dem Fernseher, dem hässlichen kleinen Bruder des Kinos, aber zwei leere rote Samtsitze rechts und links von uns machen uns unruhig? Dafür können Sie den Film wählen, den Sie wirklich sehen wollen. (Ganz unter uns: Ich habe eine Schwäche für Star-Trek-Filme.)

> *»In Paris war ich unbekannt und fühlte mich in der großen Stadt verloren. Aber das Leben allein, in dem ich mich ganz ohne Hilfe versorgen musste, bedrückte mich nicht. Auch wenn ich mich manchmal einsam fühlte, war ich doch meist gelassen und zufrieden.« – Marie Curie*

Sie können essen, was Sie möchten. Sie werden nicht durch Ihre Freunde gestört, weil sie während des Films reden oder ihr Handy checken. Und Sie können zu jeder Tageszeit ins Kino gehen – auch, wenn es draußen noch hell ist, was ich ziemlich dekadent finde.

Auch hierbei macht es Spaß, immer wieder in dasselbe Kino zu gehen. Manchmal gibt es auch Bonuskarten für Ermäßigungen. Ich habe das Glück, in der Nähe eines Programmkinos zu wohnen, und habe den Newsletter des Kinos abonniert. Alle paar Wochen sehe ich mir einen außergewöhnlichen, künstlerisch wertvollen oder ausländischen Film an. Wenn Sie sich beim Kauf einer einzelnen Karte im Kino komisch fühlen, können Sie Ihr Ticket auch online kaufen. Allerdings gibt es genügend Menschen, die allein ins Kino gehen. Sie könnten auch zu jedem Film eine Rezension in ein eigenes Notizbuch schreiben. Wenn Sie (wie ich) nahe am Wasser gebaut sind, vergessen Sie nicht, Taschentücher mitzunehmen. Und sehen Sie sich lieber keinen Horrorfilm an, wenn Sie im Anschluss in ein leeres Haus zurückkehren.

Teil 2: Nutzen Sie die Zeit allein voll aus

Martha Beck fragte ihre Fans auf Facebook, welches das beste Geschenk sei, das sie sich machen könnten. Die meisten sagten »Zeit« – genauer gesagt: »Zeit für mich allein.« Wir Singles sollten uns also glücklich schätzen, so viel von etwas zu haben, was sich viele Menschen wünschen: Zeit für sich selbst. Aber wir sind nicht immer glücklich darüber, oder? An manchen Tagen rast die Zeit nur so dahin. An anderen Tagen scheint eine ganze Ewigkeit vergangen zu sein, aber die Zeiger der Uhr haben sich kaum bewegt und man weiß nicht, was man mit der ganzen Zeit anfangen soll. Ich hasse dieses Gefühl, darum lasse ich es gar nicht erst so weit kommen.

Ich spreche nicht von der Arbeit. Wenn man allein lebt, gewöhnt man sich schnell an, auch abends und an den Wochenenden zu arbeiten. Aber kaum jemand dankt es Ihnen und mit der Zeit wird man es sogar von Ihnen erwarten. Natürlich sollten Sie gewissenhaft arbeiten und in Ihrem Beruf aufgehen, aber auch noch in der Freizeit zu arbeiten, ist nicht das wahre Leben. Ihr Job wird Ihre Liebe zu ihm nicht erwidern.

Nutzen Sie Ihre Zeit stattdessen, um herauszufinden, wer Sie sind und was Sie begeistert. Und machen Sie es dann.

Ein erfüllteres Leben

Wenn Sie allein leben, liegt es ganz in Ihrer Hand, Ihre Zeit produktiv zu nutzen. Schon das Wort »leben« gibt Ihnen einen Hinweis. Wenn Sie nicht leben, sondern nur existieren wollten, würden Sie nicht dieses Buch lesen. Aber um wirklich zu leben, müssen Sie sich immer wieder überwinden und sich neuen Herausforderungen stellen, auch wenn Sie sich dabei unwohlfühlen. Es ist viel leichter, in einer kleinen, gemütlichen Blase zu leben, als den eigenen Horizont zu erweitern. Ich möchte meinen Horizont ganz weit ausdehnen. Die spannendsten Erfahrungen liegen jenseits des Horizonts.

Das Beste im Leben ist oft auch das, was uns am schwersten fällt und was uns zwingt, uns zu verändern: das Lernen einer neuen Sprache, der Umzug in eine fremde Stadt, das Ausprobieren einer neuen Sportart – dadurch bleiben Sie offen und flexibel. Und Sie fühlen sich lebendig.

»Jeder hat die Pflicht, die moralische Verantwortung für die eigene Langeweile zu übernehmen.« – Samuel Johnson

Machen Sie etwas für sich und mit sich

Vor Jahren sah ich ein Werbeplakat von Nike. Darauf war eine laufende Frau abgebildet. Der Slogan lautete einfach: »Meine Zeit.« Heute passt das genau zu der Art, wie ich meine Zeit allein verbringe. Wenn ich etwas »für« mich oder »mit« mir mache, ist meine Einstellung eine andere, als wenn ich etwas nur »allein« mache. (Ein ähnliches Aha-Erlebnis hatte ich, als ich den treffenden Begriff »Lernunterschiede« hörte, der ganz anders wirkt als »Lernschwierigkeiten«.) Das ist nicht nur Wortklauberei. Wenn Sie vor der hohen, grauen Mauer des Alleinseins stehen, macht es einen großen Unterschied, wie Sie Ihr Dasein beschreiben.

Vergleichen Sie sich nicht mit anderen

Besonders an den Wochenenden stellte ich mir oft vor, dass meine Freundinnen gerade ohne mich erstaunliche Abenteuer erlebten, während ich in meinem banalen Alltag vor mich hindümpelte. Vielleicht machten sie gerade eine Bootsfahrt oder speisten in einem neuen Restaurant oder veranstalteten ein Picknick am Strand. Das taten sie natürlich nicht. Und ich hatte auch keine Angst, etwas zu verpassen. Ich dachte nur, dass die anderen ein interessanteres Leben führten als ich. Das war der Preis des Alleinseins. Abgesehen davon, dass der Vergleich die Wurzel allen Übels ist, haben wir doch alle die gleichen Pflichten – das Auto waschen, einkaufen, die Wäsche bügeln oder im Internet Katzen beim Jenga-Spielen zusehen. Blicken Sie also nach vorne und konzentrieren Sie sich auf sich, nicht auf die anderen.

Moderne Technik – Fluch oder Segen?

Ich liebe dich, mein Laptop, mein Schatz, aber ich weiß, dass es mir nicht guttut, wenn wir uns zu oft sehen. Nur allzu leicht versinke ich in den bodenlosen Tiefen von Netflix. Es ist wie eine Droge für den Faulpelz in mir, aber im Übermaß genossen ist es Gift für die Seele. Jemand sagte sogar einmal, dass der Kauf von DVD-Boxen ein »diagnostisches Kriterium für eine Depression« sei. Mir ist bewusst, dass zu viel »Bildschirmkonsum« reine Zeitverschwendung ist und ich mich danach nur unbedeutend und schlecht fühle.

Auch die sozialen Medien sind ein zweischneidiges Schwert. Einerseits verbinden sie uns mit anderen Menschen, andererseits zwingen sie uns auch deren Selbstgefälligkeit auf. Manche Online-Gruppen sind hilfreich und interessant, viele rauben uns aber nur die Zeit, die wir lieber mit echten Freunden verbringen sollten. Ich frage mich auch, ob der übermäßige Medienkonsum unseren eigenen Blick auf die Welt verfälscht, wie es auch William Deresiewicz vermutet:

»Selbstständig zu denken bedeutet, sich selbst und die eigene Realität zu finden. Aber es gibt noch ein anderes Problem mit Facebook und Twitter und sogar der *New York Times*. Wer sich diesen Medien aussetzt, besonders in dem Ausmaß, in dem man es heute tut, und das betrifft ältere wie jüngere Menschen, beschießt sich ständig mit den Gedanken anderer Personen. Man badet in herkömmlichen Meinungen. In der Realität anderer Menschen: für andere gemacht, nicht für einen selbst. Man erzeugt eine Kakophonie, in der man die eigene Stimme nicht mehr hören kann, egal, ob man an sich selbst oder an etwas anderes denkt. Genau das meinte Emerson, als er sagte: ›Wer inspirieren und führen soll, muss vor den Seelen anderer beschützt werden, dass er nicht im täglichen, abgenutzten Joch ihrer Meinungen lebt, atmet, liest und schreibt.‹ Er verwendet bewusst das Wort »führen«. Führung bedeutet, eine neue Richtung zu finden, und sich nicht einfach an die Spitze der Herde, die auf die Klippe zuläuft, zu stellen.«

Ich bin auch zwiegespalten, was das Fotografieren mit dem Handy angeht. Die großartige Adele sprach mir aus der Seele, als sie mit einem filmenden Konzertbesucher schimpfte: »Hörst du bitte auf, mich mit dieser Videokamera zu filmen? Denn ich bin wirklich hier, im echten Leben, du kannst dir das Konzert in echt ansehen statt durch deine Kamera. Das hier ist keine DVD, sondern ein echtes Konzert.« Ich hatte schon erwähnt, dass ich meine Umgebung lieber genau betrachte, statt nur Fotos davon zu machen. Die Bilder werden nur zu einer Art virtueller Briefmarkensammlung, die Sie davon abhält, das echte Leben auszukosten.

Mich wundert nicht, dass sich immer mehr Menschen eine digitale Auszeit nehmen. In der englischen Bar The Gin Tub in Hove werden Mobilfunksignale blockiert, was großen Anklang findet. (Allein der Name »Gin-Wanne« klingt schon einladend.) Wir ernähren uns immer bewusster; da wäre es nur sinnvoll, auch einmal über eine digitale Diät nachzudenken. Wir sollten darauf achten, was wir konsumieren, und uns Dingen zuwenden, aus denen wir lernen können.

Alte Hobbys …

Im nächsten Abschnitt werden wir Ideen für neue Unternehmungen sammeln, aber beschäftigen wir uns doch zuerst mit Ihren bereits bestehenden Interessen. Vielleicht möchten Sie sich jetzt noch intensiver mit einem Hobby befassen, statt es nur oberflächlich auszuüben?

> *»Der Intellekt darf nicht in gleichbleibender Spannung gehalten werden, er muss durch Vergnügen zerstreut werden … Der Geist braucht Erholung und wird sich danach stärker und schärfer erheben.« – Seneca*

Selbstverständlich kann man auch in einer Beziehung Hobbys pflegen, aber als Single haben Sie die Gelegenheit, sich komplett und voller Begeisterung darin zu versenken. Tanzen Sie mit Ihrer Neugier. Flirten Sie mit Ihren Vorlieben. Werfen Sie nicht nur eine Angel aus, sondern gleich ein ganzes illegales Schleppnetz! Vielleicht möchten Sie endlich ganz viel zu einem bestimmten Thema lesen, sich zu einem Kurs oder einigen Vorträgen anmelden oder eine bestehende Fähigkeit perfektionieren. Statt sich auf viele verschiedene Interessen gleichzeitig zu stürzen, konzentrieren Sie sich lieber nur auf einen oder zwei Bereiche.

Nutzen Sie auch die Gelegenheit, um sich beruflich weiterzuentwickeln. Vielleicht bringt Sie ein Fortbildungskurs auf der Karriereleiter nach oben oder verbessert Ihre digitalen Kompetenzen. Oder lernen Sie etwas ganz Neues, falls Sie sich beruflich verändern wollen. Auf Lynda.com/De/international finden Sie eine Vielzahl von Online-Kursen.

… und neue Ideen

> *»Ein Geist, der durch neue Ideen erweitert wurde, schrumpft nie wieder auf seine ursprüngliche Größe zurück.« – Oliver Wendell Holmes*

Wenn Sie sich fühlen wie im Film *Und täglich grüßt das Murmeltier* und Ihnen ein Tag wie der andere vorkommt, zwingen Sie sich dazu, jede Woche etwas Neues zu unternehmen. »Interessiert« = »interessant«. »Möbliere deinen Geist«, sagte Helen Gurley Brown, die legendäre Feministin und Chefredakteurin des Cosmopolitan.

> *»Lernen ist wie stromaufwärts rudern; nicht weiterkommen bedeutet zurückfallen.« – Chinesisches Sprichwort*

Wenn wir unseren Geist nicht fordern, stagniert er. Sorgen Sie daher für ein paar Veränderungen und machen Sie prägende Erfahrungen. Hier sind einige Anregungen:

- Falls Sie keine Ideen haben, bummeln Sie einfach im Haus herum und folgen Sie den sprichwörtlichen Brotkrumen. Kleine Hinweise werden sich Ihnen zeigen. Das ist wie der Prolog zum Hauptakt. Ein altes Buch, eine unvollendete Bastelei, ein Souvenir oder ein Foto erinnern Sie vielleicht an etwas, das Sie tun oder beenden wollten, oder wecken Ihre Lust auf etwas Neues. Das japanische Sprichwort on-ko chi-shin (»Lerne etwas Altes, um etwas Neues zu lernen«) beschreibt diesen Gedanken gut.

- Erstellen Sie eine Liste aller kleineren Museen in Ihrer Gegend und besuchen Sie nach und nach alle davon.
- Besuchen Sie eine Kunstgalerie und wählen Sie intuitiv zwei oder drei Bilder aus, die Sie ganz genau betrachten. Was versuchen sie Ihnen über Ihr Leben zu sagen?
- Werden Sie eine Flâneuse. Lauren Elkin beschreibt die Flâneuse als eine »entschlossene, einfallsreiche Frau, die ein feines Gespür für das kreative Potenzial einer Stadt und die befreienden Möglichkeiten eines guten Spaziergangs besitzt«. Sie hat auch ein Buch geschrieben, Flâneuse: Frauen erobern die Stadt – in Paris, New York, Tokio, Venedig und London. Es folgt den Spuren der Schriftstellerin George Sand, der Pariser Künstlerin Sophie Calle, der Journalistin Martha Gellhorn und der Schriftstellerin Jean Rhys. Flanieren auch Sie durch Ihre Stadt und entdecken Sie sie mit ganz neuen Augen.
- Finden Sie eine neue Wiese für ein Picknick allein.
- Malen oder zeichnen Sie ein Selbstporträt. Lassen Sie sich von Frida Kahlo inspirieren, die sagte: »Ich bin meine eigene Muse. Ich bin das Motiv, das ich am besten kenne. Das Motiv, das ich besser kennenlernen möchte.«
- Machen Sie sich mit Ihrem Stadtteil eng vertraut. Finden Sie die besten Spazierwege und lernen Sie etwas über seine Geschichte. (Fotografieren Sie alte Häuser, bevor sie abgerissen werden.) Besuchen Sie Sportstätten, Theater und die Bibliothek. Es gibt oft mehr zu entdecken, als man denkt.
- Besuchen Sie eine Schnupperstunde in einer Tanzschule oder lernen Sie auf YouTube eine Choreografie.
- Lassen Sie einen Drachen steigen.
- Machen Sie einen »Künstlertreff«, wie es Julia Cameron in ihrem Bestseller *Der Weg des Künstlers* empfiehlt: Eine Solo-Expedition, um Ihr kreatives Ich zu entwickeln, sich selbst zu verzaubern und Ihre innere kreative Quelle aufzufüllen, sodass es dort immer etwas gibt, woraus Sie schöpfen können. Ihr Künstlertreff könnte ein Besuch in einem Bastel- oder Textilgeschäft, einem Garten, einer Galerie oder einem Kino sein. Cameron beschreibt dieses Konzept auf ihrer Website juliacameron.com.
- Zeichnen Sie ein Mandala.

- Erkunden Sie die Parks in Ihrer Nähe und tanken Sie Energie in der Natur.
- Das Großartige am Internet sind die vielen Menschen, die ungewöhnliche Hobbys ausüben, etwa das Fotografieren von verblasster handgemalter Reklame auf alten Geschäftsgebäuden. Finden Sie eine Nische, die Ihr Interesse weckt.
- Lassen Sie sich von einem TED-Talk inspirieren.
- Lernen Sie Meditieren – etwa mit der App »Headspace«.
- Finden Sie einen Podcast, der Sie begeistert.
- Ich höre mir auch gerne Hörspiele im Radio an, besonders auf BBC Radio 4. (Meine Lieblingssendungen sind *15 Minute Drama*, *Afternoon Drama* und *Book at Bedtime*.)
- Stöbern Sie auf Pinterest und erstellen Sie ein paar Vision-Boards.
- Melden Sie sich auf Meetup.com an und lernen Sie Gleichgesinnte für gemeinsame Unternehmungen kennen.
- Schreiben Sie eine kurze Zusammenfassung Ihrer Lebensgeschichte.
- Zeichnen Sie Ihr Elternhaus – die Fassade und die Räume. Notieren Sie sich besondere Erinnerungen, die dabei geweckt werden.
- Belegen Sie einen Erste-Hilfe-Kurs.
- Spenden Sie Blut.
- Engagieren Sie sich ehrenamtlich.
- Lernen Sie etwas von The French Whisperer auf YouTube. Ich verrate Ihnen nichts – lassen Sie sich überraschen.
- Lernen Sie die Planeten unseres Sonnensystems kennen. Es gibt sogar eine App dafür!
- Lernen Sie ein Gedicht auswendig. (Für T. S. Eliot war die Dichtkunst »wie das Schreiben, aber mit viel Stille auf den Seiten«.)

Manchmal finden Sie Ihren Horizont erst dann, wenn Sie ihn schon überschritten haben. Gehen Sie nur weiter.

> *»Sei nicht zu zaghaft und zimperlich. Das ganze Leben ist ein Experiment.« – Ralph Waldo Emerson*

Lesen eröffnet Welten

Marcel Proust schrieb einst: »Wir lesen, um uns selbst zu erkennen.« Das erklärt meine neu geweckte Lust an Büchern. Cassandra Clare sagte: »Man muss mit Büchern und ihrem Inhalt vorsichtig umgehen, denn Worte haben die Macht, uns zu verändern.« Mit einem Buch sind Sie nie allein, was schon vor 500 Jahren Niccolò Machiavelli erkannte: »Ich streife mein schmutziges, verschwitztes Arbeitsgewand ab und … betrete die alten Höfe der Antike … und vier Stunden lang vergesse ich die Welt.« Oder, wie es W. H. Auden formulierte: »Ein wahres Buch liest man nicht, man wird von ihm gelesen.« Es gibt kaum ein anderes Hobby, das uns so tief in die Gedanken anderer Menschen eintauchen lässt wie das Lesen. Ich habe beim Lesen immer einen Textmarker zur Hand und unterstreiche Sätze, die mich besonders ansprechen.

Vielleicht wäre ein Online-Buchclub etwas für Sie. Der »World Book Club« von BBC World Service interviewt jeden Monat einen anderen Autor. Ältere Episoden kann man sich als Podcast anhören. Besuchen Sie auch die Bibliothek in Ihrer Stadt. Ich konsumiere meine Bücher meist im Audioformat. Zurzeit arbeite ich auf meinen Spaziergängen durch den Park sechs Jane-Austen-Hörbücher ab. Einige andere Hörbücher, die mir gefielen, waren unter anderem *H wie Habicht* von Helen Macdonald, alle Bücher von David Sedaris und Bill Bryson und einige großartige BBC-Produktionen – *The Martin Beck Mysteries* von Per Wahlöö und Maj Sjöwall. (A. d. Ü.: Auf Deutsch gibt es im Audioformat *Die große Kommissar-Beck-Box*, eine weitere gute Anlaufstelle für Hörbücher ist die App Audible.)

> *»Ohne Wissen ist das Leben nur ein Schatten des Todes.« – Molière*

Ich bin mittlerweile sehr anspruchsvoll, was meinen Lesestoff angeht. Wenn mir ein Buch nicht gefällt, höre ich auch mittendrin damit auf. Man sagt, es gibt zwei Arten von Büchern, die man nicht zu Ende liest: Bücher, die nicht gut genug sind, und Bücher, für die man selbst noch nicht gut genug ist. Auf der ganzen Welt gibt es 129 Millionen verschiedene Buchtitel. Fangen Sie besser gleich an zu lesen!

Persönliches Wachstum

Das Leben allein bietet Ihnen die einzigartige Chance, sich als Mensch weiterzuentwickeln. Genau darum geht es in diesem Buch, weswegen ich Ihnen das nicht weiter einhämmern möchte. Aber ich muss gestehen, dass ich mich viele Jahre lang geschämt habe, im Buchladen in der Kategorie »Selbsthilfe« zu stöbern. Ich mochte es lieber, wenn man sie »Selbstverbesserung« nannte. Man wäre schließlich dumm, würde man sich nicht verbessern wollen, oder? Auf Basis meiner langjährigen Erfahrung möchte ich Sie aber warnen: Oft kauft man sich eine ganze Ladung Selbsthilfebücher, blättert sie einmal durch und stellt sie dann ins Regal, wo die Bücher meist auch dauerhaft bleiben. Also mehr Sammlung als Verbesserung. Es ist deprimierend, ein ganzes Regal voll mit solchen Büchern zu haben, die Sie vorwurfsvoll anblicken, weil *The Secret (das Gesetz der Anziehung)* keinen Erfolg brachte, weil Sie die Mäusestrategie nicht interessiert, weil Sie keine Hühnersuppe für die Seele brauchen oder weil Sie scheinbar der einzige Mensch auf der Welt sind, der seinen Lebenszweck noch nicht gefunden hat.

Kein einzelnes Buch kann all Ihre Fragen beantworten. Blättern Sie sie also durch, schreiben Sie die besten Gedanken und Ideen in Ihr Notizbuch und verschenken Sie die Bücher dann.

Kreativität ist das Kind der Einsamkeit

Viele große Persönlichkeiten waren nie verheiratet und lebten allein, unter anderem Isaac Newton, Friedrich Nietzsche, Beatrix Potter, Emily Dickinson, Greta Garbo und Ludwig van Beethoven.

Vielleicht werden Sie merken, dass Sie das Alleinsein kreativer macht, so wie es auch die australische Künstlerin Clarice Beckett vor 100 Jahren erkannte. Ihr Vater war sehr dominant und sie lehnte mehrere Heiratsangebote ab. Sie hatte einige Liebhaber, aber die meiste Zeit kümmerte sie sich um ihre kranken Eltern. Ihren häuslichen Pflichten entkam sie nur, wenn sie morgens und abends in der Dämmerung durch die Vororte von Melbourne schlenderte und dort malte. Wenn sie allein war, erwachte ihre Kreativität. Sie starb im Alter von 47 Jahren und war unbekannt, bis ihre Schwester 40 Jahre später einige ihrer Skizzen und Gemälde in eine Galerie brachte. Daraufhin entdeckte man in einem alten, verwitterten Schuppen über 2000 Bilder. Sie waren den Elementen ausgesetzt gewesen und viele davon konnten nicht mehr restauriert werden, aber einige sind noch erhalten. Sie sind wunderschön, in Einsamkeit entstanden und von Traurigkeit und innerer Stärke geprägt.

Julia Camerons Buch *Der Weg des Künstlers* half vielen Menschen dabei, ihre kreative Quelle zu entdecken. (Mittlerweile gibt es auch einen Online-Kurs zum Buch.) Der Spruch »jeder ist kreativ« klingt wie ein Klischee, aber er ist wahr. Oft wird uns die Kreativität in der Kindheit ausgetrieben. Als ich sieben Jahre alt war, schrieb ich ein Gedicht über mein Kinderzimmer. Ich gab mir große Mühe und war richtig stolz auf mich, aber meine Lehrerin gab mir darauf eine Vier, weil sie mir nicht glaubte, dass ich das Gedicht selbst verfasst hatte. Danach schrieb ich nie wieder ein Gedicht. Bis letzten Monat. Und ich bin mir sicher, ich hätte es nicht geschrieben, wenn ich nicht allein leben würde. Erfolg ist die beste Rache, zeigen Sie darum allen Zweiflern den Mittelfinger und zeigen Sie ihnen, was Sie können. Entdecken Sie Ihre Kreativität nicht nur – entfesseln Sie sie!

Sie können in vielen Bereichen Ihres Lebens kreativ werden – beim Kochen, beim Styling, beim Dekorieren Ihres Hauses. Ich male und bastle gern. Leider habe ich nicht genug Platz, um meine Farben und Pinsel immer frei herumliegen zu lassen, darum besitze ich für jedes meiner aktuellen Projekte eine eigene Tasche – für meine chinesische Pinselmalerei, für meine Aquarelle, für mein »Altered Book« (ein kreativ neu gestaltetes altes Buch) und für meine Toile-de-Jouy-Stickerei, zu der mich der Textilkünstler Richard Saja inspirierte. Dann schnappe ich mir eine meiner Taschen und werke ein oder zwei Stunden vor mich hin.

Als Mensch, der allein lebt, bin ich wie eine Insel, aber eine interessante Insel voller aufregender Orte, die es zu erforschen gilt.

Auch Langeweile muss sein

Meine Generation ist die letzte, die noch richtige Langeweile erlebt hat. Heutzutage füllt die moderne Technik sämtliche zeitlichen Lücken. Vor einigen Jahren sah ich mir die »Highlights des Bolschoi-Ballets« an. Ich hatte mich sehr darauf gefreut, aber die Aufführung war eine der langweiligsten, die ich je besucht hatte. Die Highlights (hohe Sprünge und Zigtausende Pirouetten) verlieren nämlich ihre Wirkung, wenn die ruhigen, langsamen Teile, die den Kontrast bilden, fehlen. Langeweile ist nicht schlimm, wenn sie nur bedeutet, dass man auch einmal still sein und zuhören kann. Langeweile und Durchbruch liegen nah beieinander.

> *»Langeweile verwandelt sich in etwas anderes. Langeweile ist der unangenehme Teil, aber dann geschieht der Durchbruch in den Tagtraum – in diese höhere Ebene des kreativen Denkens.« – Michael Harris*

Falls Sie Langeweile absolut nicht ertragen können, stellen Sie sich einen Anti-Langeweile-Notfallkasten zusammen. Schreiben Sie einige Aktivitäten auf kleine Zettel und geben Sie sie in eine Kiste. Das können praktische Arbeiten sein (drei Schubladen aufräumen, den Kühlschrank saubermachen) oder kreativere Tätigkeiten (ein Gedicht auswendig lernen, zwei Freundinnen anrufen, einen handschriftlichen Brief an eine Person, zu der Sie schon lange keinen Kontakt mehr hatten, verfassen). Immer wenn Sie Langeweile haben, brauchen Sie dann nur in Ihre Ideenkiste zu greifen.

Nehmen Sie sich eine Auszeit

In jeder Hinsicht. Nicht jeder Tag muss voller Action sein. Ich möchte nicht mehr das Gefühl haben, dass ich rund um die Uhr etwas leisten muss. Man muss sich auch erholen und neue Energie tanken. Klinken Sie sich hin und wieder komplett aus. Nehmen Sie sich einen Tag oder einen Abend frei und widmen Sie ihn voll und ganz der Entspannung. Kochen Sie sich ein Wohlfühlessen (ich mache meist Nigel Slaters Shepherd's Pie), trinken Sie ein Glas Rotwein und sehen Sie sich einen

Film an. Gönnen Sie sich vielleicht auch einige Stücke der dunkelsten, teuersten Schokolade, die Sie kriegen können.

Und denken Sie an die Worte des unvergesslichen Willy Wonka: »Ein bisschen Unfug dann und wann schätzt gerade auch der klügste Mann.«

Zusammenfassung

Haben Sie keine Angst, etwas allein zu unternehmen.

Je häufiger Sie sich neuen Herausforderungen stellen, desto selbstbewusster werden Sie. Lassen Sie sich nicht durch die Neugier und das Mitleid von Ihren Freunden und Angehörigen entmutigen. Seien Sie wie ein Gürteltier mit starkem Panzer!

Auf Reisen gilt: nicht schauen, beobachten; nicht hören, lauschen; nicht kennenlernen, verstehen. Planen Sie noch heute Ihre nächste Solo-Reise.

Schmieden Sie Pläne für Weihnachten, das Essen allein im Restaurant und nette Kinobesuche.

Unternehmen Sie etwas mit oder für sich statt nur allein.

Nutzen Sie die moderne Technik mit Bedacht.

Beschäftigen Sie sich intensiver mit Ihren Hobbys oder probieren Sie etwas Neues aus. Aber machen Sie irgendwas. Der Dichter Wallace Stevens nannte das »die Linie überschreiten«.

Langeweile gehört zum Leben. Genau wie Pausen.

Ist Ihr Schiff noch nicht in den Hafen gesegelt, schwimmen Sie ihm entgegen.

9 Spiritualität

Spiritualität ist ein sehr persönliches, komplexes Thema und nicht nur ein weiterer Punkt, den Sie auf Ihrer Liste der Selbstverbesserung abhaken müssen. Ich bin pragmatisch veranlagt und habe, wie bereits erwähnt, ein feines Gespür für Blödsinn. Darum finde ich auch viele Texte über Religion und Spiritualität unverständlich und verwirrend. Ich möchte dieses Thema für Sie auf eine inspirierende, praktische Weise aufbereiten. Wie finden Sie zu Ihrer persönlichen Spiritualität und wie integrieren Sie sie in Ihr Leben?

Bevor wir uns auf diese Entdeckungsreise begeben, müssen wir aber noch definieren, wonach wir überhaupt suchen. Dazu stellen wir uns drei Fragen:

Warum ist Spiritualität wichtig?

Was müssen Sie tun, um Ihre Spiritualität zu finden?

Wie integrieren Sie Spiritualität in Ihr alltägliches Leben?

Warum?

Warum sollte Spiritualität ein wichtiger Teil Ihres Lebens sein? Wofür braucht man sie? Um allein zu leben, müssen Sie sehr stark sein. Wenn Sie auch ein »inneres Leben« führen, wird es Sie bereichern und bestärken. Wie der zweiköpfige Gott Janus hat auch die Spiritualität zwei Seiten. Eine Seite ist wie ein Brunnen, ein inneres Reservoir aus Mut und Weisheit, aus dem Sie schöpfen können. Die andere Seite inspiriert und nährt Ihre Energie und die Art, wie Sie sich nach außen hin zeigen. Wenn Sie diese beiden Seiten in ein Gleichgewicht gebracht haben, werden Sie auch anderen Menschen besser helfen können.

Ich fragte einige Singlefrauen, was sie dazu bewegt, nach einem tieferen Sinn zu suchen. Hier sind ihre Antworten:

»Ich möchte einen anderen Aspekt meines Lebens kennenlernen – nicht nur meinen Job, meine Freunde, meinen Haushalt oder meinen Alltag. Sondern einen ganz eigenen, persönlichen Teil von mir.«

»Ich glaube, es gibt einen ganzen Bereich in mir, der noch unentdeckt ist.«

»Mehr Sein, weniger Tun.«

»Ich möchte mich selbst besser verstehen.«

»Ich möchte mein wahres Ich entdecken.«

»Ich fühle mich innerlich leer.«

»Ich möchte etwas zurückgeben.«

»Ich habe eine Scheidung hinter mir. Ich bin verzweifelt und traurig und brauche eine neue Perspektive.«

»Ich möchte Frieden finden.«

»Ich möchte das Knäuel, das mein Leben ist, entwirren und vereinfachen.«

»Ich möchte außer an mich selbst auch noch an etwas anderes glauben.«

»Ich spüre keine Verbindung zu mir selbst.«

»Der Tod meiner Mutter lässt mich alles hinterfragen.«

»Ich möchte das Gedankenkarussell stoppen.«

»Ich fühle mich, als ob ich erst jetzt aufwachen würde.«

»Ich fühle mich unvollständig.«

»Das gehört zu meiner Verwandlung.«

»Ich möchte ein wenig Spiritualität in mein tägliches Leben bringen.«

»Ich bin nicht religiös, aber ich glaube an eine höhere Macht.«

»Manche meiner Freunde haben eine bestimmte Energie,
die ich auch gerne hätte.«

»Ich habe Angst vor dem Tod.«

»Ich möchte Meditieren lernen.«

»Ich habe das Verlangen, irgendetwas Spirituelles zu machen.«

»Ich möchte meinen Lebenszweck finden.«

Unser Vorteil

Wir brauchen genügend Zeit und Gelegenheiten, um herauszufinden, was Spiritualität für uns bedeutet, was für uns funktioniert und wie wir sie in unser Leben integrieren. Zum Glück erfüllen wir Solisten alle Anforderungen. Und wir sind es uns schuldig, diesen Vorteil zu nutzen und auch diesen Teil unseres Lebens zu erforschen. Wenn wir allein sind, können wir uns leichter mit unserem spirituellen Ich verbinden und die Beziehung zu unserer inneren Welt aufrechterhalten. Ihre Spiritualität wird sich entfalten.

Was?

Gehen Sie dieses Abenteuer Ihrer Seele ganz entspannt und offen an und zwingen Sie sich zu nichts. Finden Sie heraus, was Sie anspricht. Manchmal dauert es eine Weile, bis man den für sich passenden Weg findet, und anfangs spürt man oft Widerstände. Wenn Sie sich zum ersten Mal nach langer Zeit wieder einmal Ihrem Inneren zuwenden, gefällt es Ihnen vielleicht gar nicht. Mit den großen Fragen unseres Lebens beschäftigen wir uns schließlich nicht aus Spaß oder weil wir leicht eine Antwort finden: Im Gegenteil, sie gehen ganz schön ans Eingemachte. Dieser Weg ist nur für die Mutigen von uns.

»Das häufigste Hindernis für den introspektiven Geist ist die Angst vor dem, was man im Inneren finden wird. Da ist diese schmerzende Leere in der Brust, ein dunkler, kalter Fleck auf dem Herzen, ein verborgenes, unheilvolles Gefühl, wovor das Bewusstsein bewahrt werden muss; ein blinder Passagier, den man weder hinauszuwerfen noch zu behalten vermag.« Samuel Taylor Coleridge

Sie sind also nicht allein mit Ihren Bedenken. Aber lassen Sie sich nicht entmutigen. Stellen Sie sich Ihre Ängste wie die Flecken auf einem alten Spiegel vor – sie werden sich auflösen, sodass sich ein klares Spiegelbild zeigen kann.

Das Gute an der Einsamkeit

Im Laufe der Geschichte gab es viele Männer und Frauen, die die Abgeschiedenheit nutzten, um sich besser zu kennenzulernen und sich mit einer höheren Macht zu verbinden. Das heißt aber nicht, dass Sie sich für 40 Tage und 40 Nächte in eine Höhle zurückziehen müssen, aber lassen Sie sich von den Einsiedlern der Vergangenheit inspirieren.

Zum Beispiel vom heiligen Hieronymus, der als Eremit in der Wüste lebte und ganz nebenbei noch einen Dorn aus der Pfote eines Löwen zog. Der Löwe folgte ihm daraufhin den Rest seines Lebens. Ich liebe das Gemälde des Hieronymus von Antonella da Messina in der Londoner National Gallery. Es vermittelt ein wundervolles Gefühl der Besinnung und Selbstgenügsamkeit (neben den liebevollen Details, wie etwa die zusammengerollte Katze auf dem Boden, das Handtuch am Haken und der Löwe im Hintergrund). Hieronymus ist vollkommen gelassen. Und allein.

Die Freuden der Stille

»Im Laufe der Zeit erkannte ich immer deutlicher, dass die Stille eine innere Dimension besitzt, eine Ruhe des Herzens und des Geistes, die keine Leere ist, sondern ein reich gefüllter Raum«, schrieb Sara Maitland in ihrem großartigen Buch der Stille. Sie mietete sich eine kleine, abgeschiedene Hütte auf der Insel Skye und wartete und lauschte der Stille. Sie entdeckte viel mehr, als sie erwartet hatte, darunter auch körperliche Veränderungen, etwa einen stärkeren Geschmackssinn, einen geschärften Hörsinn, eine feine Wahrnehmung der Körpertemperatur und intensive Gefühle – Freude, Traurigkeit, Lachanfälle. Sie verlor ihre Hemmungen und wusch sich nur noch einmal in der Woche, genoss dann aber ihr heißes Bad. Es gab keinen Grund, gesellschaftliche Normen einzuhalten. Sie berichtet auch von vielen anderen Menschen, denen es ähnlich ging. Und es war nicht nur das Alleinsein: Sie fühlte sich, als würde ihr die Stille selbst »die Haut abstreifen«.

Der amerikanische Komponist John Cage schrieb das Stück »4'33"« – vier Minuten und 33 Sekunden der Stille. Es ist ein Stück aus drei Sätzen, in denen die Musiker keinen Ton spielen – in der Stille hört man nur die Umgebungsgeräusche, die auch das Publikum hört. Sie waren das eigentliche Stück. (Schauen Sie sich eine Aufführung davon auf YouTube an.) Es ist interessant, was man in der Stille alles hören kann. Integrieren Sie auch in Ihren Alltag ein wenig Stille. Eine gute Zeit dafür ist die Morgendämmerung. Ich stehe immer früher und früher auf und liebe diese Tageszeit. Sie ist wie mein persönliches Geheimnis.

> *»Und du, wann wirst du dich auf deine lange Reise*
> *in dein Inneres begeben?« – Rumi*

Anthony Robbins nennt sie »die Stunde der Kraft«, und Hal Elrod schrieb darüber sein empfehlenswertes Buch *Miracle Morning: Die Stunde, die alles verändert.*

Hören Sie auf Ihre Intuition

»Vertraue deinem Instinkt« – an diesen Spruch glaube ich so fest, dass ich ihn auf jede Seite meines Buchs *Midlife Manifesto* drucken ließ. Vielleicht ist es aber vielmehr unsere Intuition, auf die wir hören sollen? Was ist der Unterschied zwischen Intuition und Instinkt? Instinkte sind automatische Reaktionen, auf die Sie nicht bewusst Einfluss nehmen können. Dieses Urwissen ist in unserem Körper gespeichert. Wenn jemand Sie angreift, heben Sie Ihre Arme. Wenn Sie einen Knall hören, zucken Sie zusammen. Intuition ist eher ein Gefühl oder eine Vorahnung, die dazu führen kann, dass Sie sich für eine bestimmte Reaktion entscheiden und nicht für eine andere. Sie müssen das aber nicht tun. Ihre Intuition ist von Ihren Erfahrungen geprägt. Je stiller Sie sind, desto lauter spricht die Stimme Ihrer Intuition, wie eine Art spirituelles Navigationssystem. Hören Sie ihr zu, dann wird sie Ihnen den Weg zu Ihrer persönlichen spirituellen Perspektive und Praxis weisen.

Lisa Kogan sagte: »Ja, spirituelles Erwachen und Sandalen sind toll. Aber auch Klimaanlagen und Sanitäranlagen sind toll. Spirituelles Erwachen kann man überall finden, wenn man dazu bereit ist.«

Stellen Sie Ihre eigenen Regeln auf

Wir vergessen oft, dass die größten spirituellen Lehrer der Welt zu ihrer Zeit als radikal galten und ihre Anhänger aufforderten, die alten Glaubenssysteme anzuzweifeln. Wir können ihren Spuren folgen, indem wir versuchen, die Vergangenheit zu verstehen und zu hinterfragen, und jenes Wissen aufspüren, das für uns stimmig ist. Sie lösten sich von jahrhundertealten Dogmen. Selbst Buddha sagte noch auf dem Sterbebett zu seinen Anhängern: »Akzeptiert nicht, was ihr hört, akzeptiert keine Tradition, akzeptiert keine Aussage, nur weil sie in unseren Büchern steht oder weil sie euren eigenen Glauben bestätigt oder weil es die Worte eures Lehrers sind. Seid euch selbst ein Licht.«

Wir alle wollen das erleben, was der amerikanische Mythologe Joseph Campbell die »Wonne des Lebendigseins« nannte. Es gibt nicht nur einen Weg. Jeder von uns ist ein fühlendes Wesen mit eigenen Gedanken. Das Richtige für mich ist nicht unbedingt auch das Richtige für Sie. »Religionen sind wie Kochbücher und Reiseführer: Sie sind weder die Speise noch das fremde Land, sie empfehlen nur die Zutaten und weisen uns den Weg«, schreibt Elizabeth Lesser in ihrem Buch *The Seeker's Guide* (das ich nur empfehlen kann). Nur Sie allein können Ihren Weg finden.

Seien Sie für alles offen

Wenn für Sie die Zeit gekommen ist, um sich mit Spiritualität zu befassen, werden Sie vielleicht einige vorgefertigte Meinungen darüber entdecken, die an Ihnen haften wie Muscheln an einem alten Schiffsrumpf. Dazu gehören vielleicht Ihre bestehenden religiösen oder spirituellen Glaubenssätze oder jene Ihrer Eltern oder Freunde. Das ist nicht unbedingt schlecht, aber es lohnt sich, diese Ansichten zu hinterfragen.

Zum Glück lebe ich in einer Zeit und in einer Gesellschaft, in der man die akzeptierten Meinungen und sogar die Existenz Gottes anzweifeln darf, ohne dafür auf dem Scheiterhaufen verbrannt zu werden. Wir können uns dem Thema von allen Seiten nähern. Der Intellektuelle Stephen Fry formuliert zum Beispiel ein überzeugendes Argument gegen Gott. Sein Interview gibt es auch auf YouTube: »Stephen Fry on God/The Meaning of Life«. Er nimmt kein Blatt vor den Mund. Als man ihn etwa fragte, was er vor dem Himmelstor zu Gott sagen würde, sagte er: »Knochenkrebs bei Kindern? Warum machst du das? Wie kannst du es wagen. Warum erschaffst du eine Welt, in der Unschuldige leiden müssen? Das ist nicht richtig. Das ist abgrundtief böse. Warum sollte ich einen unberechenbaren, boshaften, dummen Gott respektieren, dessen Schöpfung voller Ungerechtigkeit und Elend ist?« Mein Vater hätte ihm zugestimmt. Er verlor nach dem Zweiten Weltkrieg seinen Glauben und akzeptierte keinen Gott, der den Tod von sechs Millionen Menschen durch den Holocaust zugelassen hatte.

Auch die organisierte Religion kann Alleinstehenden spirituellen Halt geben, und sie bietet auch eine Möglichkeit, andere Gläubige kennenzulernen und zu einem Teil der Gemeinde zu werden. Es gibt unzählige Glaubensgemeinschaften, über die Sie sich informieren können. Sie könnten auch einen Kurs zum Thema Religion belegen oder verschiedene Gottesdienste besuchen (bitten Sie falls nötig vorher um Erlaubnis). Ich habe bis jetzt an Gebeten und Gottesdiensten in einer Moschee, einer Synagoge und einer russisch-orthodoxen Kirche teilgenommen, aber am besten gefiel es mir bei den Quäkern. Das Kennenlernen einer anderen Glaubensgemeinschaft kann Ihnen dabei helfen, Vorurteile und bestehende Ansichten zu hinterfragen und Ihre eigene Spiritualität weiterzuentwickeln. Besuchen Sie eine Bibliothek und schmökern Sie in interessanten Büchern zu den Themen Religion, Mythologie, Philosophie und Psychologie.

Strecken Sie Ihre Brust heraus. Legen Sie Ihre Hand auf Ihr Brustbein. In manchen spirituellen Traditionen nennt man diesen Bereich das »Herzzentrum«. Öffnen Sie es neuen Gedanken.

Was ist Ihr spiritueller »FastPass«?

In den Disney-Vergnügungsparks gibt es ein »FastPass«-Ticketsystem, das einen schnelleren Zugang zu den Attraktionen bietet. Solche Abkürzungen gibt es auch auf dem Weg in eine tiefere Spiritualität. Zum Beispiel ein Mantra, ein Kristall, ein Bild, eine Statue, eine Gebetskette, ein Armreif oder der Platz, an dem Sie regelmäßig meditieren oder beten. Eine meiner Freundinnen hat an ihrem Handgelenk ein Tattoo, das ihr hilft, sich zu konzentrieren. Menschen, die besonders feinfühlig sind, spüren in manchen Andachtsstätten, etwa in Tempeln oder Kirchen, eine angesammelte Kraft der Gebete.

Auch der Gang durch ein Labyrinth hat eine meditative Wirkung. Ich habe das erst kürzlich hier in Syndey zum ersten Mal ausprobiert unter der Führung der amerikanischen Spiritualistin Judith Tripp und zusammen mit etwa einem Dutzend anderer Frauen (die ich alle nicht kannte). Es war wie eine sanfte Meditation im Gehen. Zuerst setzten wir uns hin und meditierten kurz, dann standen wir auf, bildeten einen Kreis und hielten uns an den Händen.

> *»Wenn du etwas tust, das aus dem Inneren deiner Seele kommt, spürst du einen Fluss der Freude in dir.« – Rumi*

Judith bat uns, an unsere Familien, unsere Vorfahren und an andere Frauen auf der Welt zu denken und uns vorzustellen, dass sie alle unterstützend hinter uns standen. Wir stellten uns unsere Füße als Wurzeln vor, die uns mit der Natur und dem Mittelpunkt der Erde verbanden, und die Äste der Bäume als Arme, die uns umschlossen. Manche Leser googeln jetzt vielleicht schon: »Wo ist das nächste Labyrinth?«, während andere das Buch in eine Ecke schleudern. Die Labyrinth-Meditation ist gewiss nicht für jeden, aber es geht schließlich darum, etwas Neues auszuprobieren. Trauen Sie sich.

Marianne Williamson formulierte es sehr schön: »Die Weisheit ist wie eine Marinade. Zuerst mischt man sie ganz nach Rezept oder nach der Anleitung eines Lehrers, dann verwendet man seine eigenen Ideen. Später kommen Erfahrungen und ein paar Eimer Tränen hinzu. Dann noch die Erinnerungen an eine vergangene Liebe, eine Prise persönliche Demütigung und ein Teelöffel tiefste Reue. Zuletzt mit einer Tasse Mut aufgießen, einige Jahre einziehen lassen und – voilà – schon sind Sie weiser geworden.«

Ein weiterer spiritueller »FastPass« für mich ist es, Zeit in der Natur zu verbringen. Kein Wunder, dass die japanischen »Waldbäder« oder shinrin-yoku (der Aufenthalt inmitten von Bäumen) den Puls und Blutdruck senken, die Ausschüttung von Stresshormonen reduzieren, das Immunsystem stärken und das allgemeine Wohlbefinden fördern können.

> *»Es gibt keine besonders dunkle Melancholie für den, der in der Natur lebt und noch bei Sinnen ist … Ich fühlte mich nie einsam oder auch nur von dem Gefühl des Alleinseins bedrückt.« – Henry David Thoreau*

Hier ein paar Ideen, um die Verbindung zur Natur zu spüren:

- Liegen Sie auf dem Rücken und betrachten Sie die Sterne.
- Gehen Sie barfuß über Gras.
- Laufen Sie durch den Regen und spüren Sie die Tropfen auf Ihrem Gesicht.
- Genießen Sie den Wechsel der Jahreszeiten.
- Beobachten Sie die Vögel.
- Holen Sie sich ein Stück Natur ins Haus. Stellen Sie statt Blumen ein paar Zweige oder Treibhölzer in eine große Vase. Sammeln Sie verlassene Vogelnester oder Federn.
- Lauschen Sie den Klängen des Meeres (oder einer Tonaufnahme davon).
- Suchen Sie sich für einen Tag ein »Krafttier« aus. Kaufen Sie im Secondhandladen ein paar alte Bücher mit Tierbildern und lassen Sie sich inspirieren.
- Finden Sie Kunstwerke, über die es sich zu sinnieren lohnt. Ich liebe Monets Seerosen aus dem Musée de l'Orangerie in Paris, Rothkos »Seagram Murals«, Antony Gormleys bewegende Installation »Another Place« sowie seine Skulptur »Angel of the North«, die Skulpturen von Elisabeth Frink … und noch viele andere.

Sie können auch einen Schutzheiligen oder eine Göttin der Antike bitten, Sie auf Ihrer spirituellen Reise zu unterstützen. Als ich mit dem Schreiben dieses Buchs begann, hoffte ich, den Schutzpatron der Alleinlebenden zu finden. Schließlich haben auch Gürtelmacher, Komiker, italienische Gefängnisaufseher und sogar Geschlechtskrankheiten ihre eigenen Schutzheiligen (Alexius, Genesius, Basilides und Fiacrius). Warum nicht auch wir? Leider haben wir keinen. Vielleicht sollten wir einfach einen ernennen. (Auf Wikipedia gibt es eine Liste der Schutzpatrone und ihrer Zuständigkeiten.)

Um eine antike Schutzgöttin mit für Sie passenden Eigenschaften zu finden, können Sie den Test auf der Seite goddessmeca.com machen (oder googeln Sie einfach »Göttin Archetypen«). Mein Ergebnis war die Göttin Hekate und ich fand, die Beschreibung passte: »Wenn das Ihr Archetyp ist, leben Sie im gegenwärtigen Moment und vertrauen dem Universum. Passende Berufe finden Sie in der Kunst oder in der Telekommunikation. Auch als Motivationsrednerin oder Life Coach wären Sie gut geeignet. Sie wissen, dass die Welt eine Illusion ist, und die Verbindung zur Spiritualität ist Ihnen wichtig. Oprah Winfrey ist ein Beispiel für diesen Archetyp. Dieser kraftvolle Archetyp steht für die Frau, die auf interessante und gesunde Weise altern kann. Wenn das Ihr Archetyp ist, betrachten Sie das Leben als eine Reihe von Lernerfahrungen und haben wahrscheinlich einen ausgeprägten Sinn für Humor. Das Leben ist für Sie wie ein kunstvoller Wandteppich, der trotz unvermeidlicher Fehler wunderschön ist.«

Probieren Sie es aus und erhalten Sie eine neue Perspektive.

Spinner und Scharlatane

Falls Sie mich jetzt für komplett übergeschnappt halten: Ich sage nicht, dass antike Göttinnen die ultimative Antwort auf all Ihre Fragen liefern. Aber sie könnten ein weiteres Puzzleteil im großen Gesamtbild sein, eine weitere Perle auf unserer Gebetskette. Ich habe mir schon die Tarot- und Wahrsagekarten legen lassen, habe schon mehrmals eine Hellseherin befragt, kenne jemanden, der behauptet, mit den Geistern der Toten zu sprechen, und ich besitze ein wunderschönes Lenormand-Tarotkartendeck. Bin ich hundertprozentig von der Nützlichkeit, Richtigkeit und den Erkenntnissen dieser Methoden überzeugt? Nein. Halte ich sie für eine komplette Zeit- und Geldverschwendung und absoluten Quatsch, den nur Scharlatane verbreiten? Nein. Ich weiß es nicht. Für mich liegt die Wahrheit irgendwo dazwischen.

Aber jedes Mal, wenn ich solche Menschen um Rat gefragt hatte, ging ich mit einem bestimmten Problem im Hinterkopf zu ihnen, und jedes Mal hatte sich eine Lösung dafür gezeigt. Vielleicht rede ich mir das auch nur ein, um meine Besuche bei ihnen zu rechtfertigen. Aber für mich war es schon ein Erfolg, dass ich mich danach besser fühlte. Manche meiner Freundinnen finden besonders Tarotkarten hilfreich, um Entscheidungen zu treffen oder den Tag zu planen. Warum probieren Sie es für kleines Geld nicht selber aus? Ich habe mir die Göttinnen-Karten von Kris Waldherr gekauft (*Die Weisheit der Göttinnen: Ein Orakel*), aber Doreen Virtue ist die berühmteste »Königin« der Orakelkarten, die meistens Engel zum Thema haben.

Natürlich sind wir selbst für unser Schicksal verantwortlich und wir sollten unsere Zukunft nicht in die Hände von Tarotkarten und Wahrsagern legen. Aber diese Methoden können uns Klarheit verschaffen und uns in die richtige Richtung lenken. Und das halte ich für positiv.

Meditation und Achtsamkeit

Die Buddhisten glauben, dass man alles, was man wissen muss, lernen kann, während man auf einem Kissen sitzt. Das ist leichter gesagt als getan. Die Autoren der Zeitschrift *Science* fanden 2014 bei einem Experiment heraus, dass es die meisten Versuchspersonen kaum sechs bis 15 Minuten lang allein und untätig in einem Raum aushielten. Banale Tätigkeiten machten ihnen aber Spaß, und viele von ihnen gaben sich selbst lieber Stromstöße, als mit ihren Gedanken allein zu sein. Die Forscher kamen zu folgendem Schluss: »Die meisten Personen beschäftigen sich lieber, statt einfach nichts zu tun, selbst wenn es sich um eine unangenehme Tätigkeit handelt.« Ich kann das kaum glauben, aber ich verstehe schon, dass man die Vorteile des Stillsitzens und Nichtstuns erst mit der Zeit erkennt. Ich habe herausgefunden, dass man im Fluss der Stille von den Strömungen und Strudeln davongetragen wird. Es ist eine Abenteuerreise ohne Ziel.

Ich interessiere mich schon länger für Meditation und es gibt auch viele wissenschaftliche Studien, die ihren Nutzen belegen. Aber ich bin immer noch eine Anfängerin und muss wohl noch viel öfter meditieren, damit es mir leichterfällt und es mir noch mehr nützt. Nur zehn Minuten täglich, immer zur gleichen Zeit, Jane. Wie schwer kann das schon sein? Wir erwarten so viel von der Meditation, dass uns fast wieder die Lust vergeht – besonders, wenn wir nicht sofort große Veränderungen bemerken. Betrachten Sie die Meditation am Anfang daher nur als die Übung, allein zu sein und sich damit wohlzufühlen. Weniger vom »Tun« und mehr vom »Sein«.

Elizabeth Lesser schreibt, dass das Meditieren »den Schleier zwischen unserem normalen Bewusstsein und den ›Engelreichen‹ durchdringt«. Ich habe bis jetzt weder die Glückseligkeit noch diese »Engelreiche« gefunden. Aber Meditation lohnt sich, auch wenn Ihr Gehirn diese nur dazu benutzt, seinen »Papierkorb zu leeren«, wie man es am Computer macht. Der Autor Ken Robinson beschreibt sie als »wirkungsvolle Möglichkeit, um sich wieder mit sich selbst zu verbinden und Ihr wahres Ich erstrahlen zu lassen«. Kein Wunder, dass man von »Meditationsübungen« spricht. Übung macht beständig.

Ein Meditationslehrer ist hilfreich, aber Sie können auch allein meditieren lernen. Es gibt viele verschiedene Arten der Meditation, aber die Grundprinzipien sind sich ähnlich: Man konzentriert sich auf das Atmen und lässt seinen Gedanken freien Lauf. Man versucht, das Gedankenkarussell, das sich stets im Kreis dreht, zu beruhigen, ohne bestimmte Gedanken zu unterdrücken. Meditations-Apps sind sehr hilfreich, um regelmäßig zu meditieren.

»Unser Leben ist eine endlose Reise; es ist wie eine breite Straße, die sich unendlich weit in die Ferne erstreckt. Die Meditation bietet uns ein Fahrzeug, um auf dieser Straße zu reisen. Unser Weg besteht aus ständigen Höhen und Tiefen, aus Hoffnung und Furcht, aber es ist eine gute Reise. Die Meditation ermöglicht es uns, die Straße in ihrer ganzen Beschaffenheit zu erleben, und darum geht es auf dieser Reise.«
Chögyam Trungpa

Manchmal mache ich zur Abwechslung die Kieselstein-Meditation des vietnamesischen buddhistischen Mönchs Thích Nhat Hanh. Sie wurde ursprünglich für Kinder entwickelt und ist angenehm einfach. Nehmen Sie vier glatte Kieselsteine (oder vier polierte Schmucksteine), die Ihnen gefallen, und teilen Sie jedem eine Rolle und eine Eigenschaft zu. Der erste ist eine Blume und steht für Frische, der zweite ist ein Berg und steht für Stabilität, der dritte ist ein stilles Gewässer und steht für Ruhe und Gelassenheit, und der vierte Stein ist der Raum und steht für Freiheit. Diese vier Aspekte – Frische, Stabilität, Ruhe und Freiheit – bilden die Grundlage der Meditation.

Nehmen Sie dann jeden Stein einzeln und der Reihe nach in die Hand und konzentrieren Sie sich auf seine Eigenschaft. Denken Sie beim Ein- und Ausatmen an die Rolle und die Eigenschaft:

- Erster Stein. Einatmen: »Ich spüre die Frische.« Ausatmen: »Ich bin eine Blume.«
- Zweiter Stein. Einatmen: »Ich bin stabil.« Ausatmen: »Ich bin ein Berg.«
- Dritter Stein. Einatmen: »Wasser, Stille.« Ausatmen: »Ich bin wie ein Spiegel.«
- Vierter Stein. Einatmen: »Ich spüre Raum in mir und um mich herum.« Ausatmen: »Ich bin frei.«

Natürlich gibt es zu dieser Meditation auch Anleitungsvideos auf YouTube – zum Beispiel »Pebble Pocket Meditation«. Meine Steine bewahre ich in einem Beutel auf meinem kleinen »Altar« auf. Ich habe auch ein Kärtchen, das mich daran erinnert, welcher Stein welche Eigenschaft hat.

> *»Wir können unseren Geist unendlich entwickeln – es gibt keine Grenze. Viele von uns sind unzufrieden, weil sie nicht so viele materielle Dinge besitzen, aber mit unserer spirituellen Entwicklung sind wir zufrieden. Damit machen wir schon den ersten Fehler.« – Tenzin Gyatso, 14. Dalai Lama*

Zur Achtsamkeit habe ich noch nicht den rechten Zugang gefunden. Sie kommt mir wie eine Möchtegern-Variante der Meditation vor. Achtsamkeit ist eine »wertfreie Aufmerksamkeit«, die man auf den gegenwärtigen Moment richtet, um das Gedankenkarussell zu stoppen. Thích Nhat Hanh lehrt uns, dass der gegenwärtige Moment der einzige ist, über den wir die völlige Kontrolle haben, und er daher das Wichtigste in unserem Leben ist. Statt immer auf etwas Besseres zu hoffen, sollten wir lieber den Moment genießen. Für mich funktioniert die Achtsamkeit am besten, wenn ich einfach zwischendurch einmal die Pausentaste drücke und meine ganz banalen Alltagsaktivitäten bewusst wahrnehme und würdige, als würde ich sie zum ersten oder letzten Mal tun – und wenn es nur das Essen eines Apfels ist. Thích Nhat Hanh war übrigens auch bei Oprah zu Gast. Das interessante Gespräch zum Thema Achtsamkeit finden Sie im Internet.

Definieren Sie Ihre Art der Spiritualität

»Man ist nicht als Frau geboren, man wird es«, sagte Simone de Beauvoir. Wer allein lebt und sich seiner spirituellen Seite widmet, kann sich auf sein Wachstum konzentrieren. Das ist wichtig, um sich menschlich und seelisch weiterzuentwickeln.

Wie und ob Sie Ihre Spiritualität definieren, liegt ganz bei Ihnen. Ich stelle mir meine Spiritualität wie eine Kette vor, an die ich mal hier eine neue Perle knüpfe (etwa in Form von Meditation) und mal dort (etwa das Labyrinth). Ich bin immer noch eine spirituelle Anfängerin, auch wenn ich schon Fortschritte sehe – ich bin geduldiger und toleranter geworden; ich meditiere, wenn ich in der Schlange stehe, und ich bin dankbar für die Wunder der Natur. Diese Veränderungen geben mir ein gutes Gefühl, das sich auszubreiten scheint.

Oprah sagte treffend, dass man sein Leben erst dann in die eigenen Hände nimmt, wenn man sich auf spiritueller Ebene kennenlernt (womit nicht unbedingt ein religiöses Gefühl gemeint ist, sondern Ihr innerstes Wesen).

Wie?

Wie integrieren Sie nun die Spiritualität in Ihren Alltag? Für mich zeigt sie sich oft als innere Einstellung, die beeinflusst, wie ich mit meinem Leben und mit verschiedenen Situationen umgehe. Diese Einstellung durchdringt alles, was Sie tun; sie stellt die Weichen. Ich hoffe, dass Sie sich glücklicher und ausgeglichener fühlen, denn Sie haben alles, was Sie für Ihre innere Erfüllung benötigen – oder Sie wissen zumindest, wo Sie Inspiration und Rat finden. Sie brauchen niemanden sonst. Schenken Sie Ihrem inneren Wesen Aufmerksamkeit und lassen Sie es wachsen. Lernen Sie Ihr Selbst und Ihre Seele kennen, aber auch unterschiedliche Aspekte von Spiritualität und Religion. Und folgen Sie dann Ihrer Intuition. Wenn Ihnen das Sein gelingt, kommt das Lebendigsein von ganz allein.

»Wenn ich Gutes tue, fühle ich mich gut. Wenn ich Schlechtes tue, fühle ich mich schlecht. Das ist meine Religion.« So sagte es Abraham Lincoln. Wenn wir immer wieder das Gleiche tun, wird es irgendwann ein Teil unserer Persönlichkeit.

Ich versuche mich von falschen Freunden fernzuhalten und Materialismus, Unhöflichkeit, Geschäftigkeit und Getratsche zu vermeiden. Ich strebe nach Neugier und Offenheit und möchte aus mir und anderen Menschen das Beste herausholen. Man kann sein Leben in seichten oder in tiefen Gewässern verbringen. Im seichten Wasser planscht es sich leichter, im tiefen Wasser muss man sich mehr anstrengen, aber es lohnt sich.

Um sich immer an Ihre Spiritualität zu erinnern, können Sie in Ihrem Zuhause einen symbolischen Gegenstand oder Bereich dazu auserwählen – etwa einen ruhigen Ort zum Meditieren, ein besonderes Bild oder einige Objekte. Auf meinem Schreibtisch im Schlafzimmer steht eine eklektische Auswahl religiöser Gegenstände. Kleine vergoldete italienische Relieftafeln aus Holz mit katholischen Heiligenbildern, ein holzgeschnitzter Buddha mit Gebetsperlen um den Hals, und ein kleiner hinduistischer Singhasan (Thron), auf dem eine winzige Ganesha-Figur sitzt. Mir gefällt diese hübsche, friedvolle Zusammenstellung, und ich fühle mich irgendwie von ihr beschützt.

Spiritualität ist ein sehr persönliches Thema, das perfekt zu uns Solisten passt. Elizabeth Cady Stanton sagte sehr treffend: »Unser inneres Wesen, das wir unser Selbst nennen, hat weder ein Blick noch eine Berührung von Mensch oder Engel je durchbohrt.«

Falls Sie sich verloren oder überfordert fühlen, machen Sie einen Tag Pause. Nehmen Sie sich Zeit, um auszuruhen, nachzudenken und auf Ihr inneres Selbst zu hören. Die meisten Antworten auf unsere Fragen befinden sich bereits in uns. Vielleicht fühlen Sie sich ein wenig flügellahm, also kuscheln Sie sich in Ihr Nest und entspannen Sie sich.

Sobald Sie ein inneres Gleichgewicht gefunden haben, werden Sie vielleicht scheinbare Zufälle bemerken – Beispiele für Synchronizität. Das ist ein tolles Gefühl und mehr als nur Zufall. Vielleicht denken Sie gerade an einen bestimmten Menschen und plötzlich ruft er Sie an. Oder ein Buch, nach dem Sie schon ewig suchen, liegt im Secondhandladen auf einmal ganz oben auf dem Stapel. Oder Sie beschäftigen sich seit Kurzem mit einem bestimmten Thema und lernen unerwartet einen Experten auf diesem Gebiet kennen. Wenn ich meine Spiritualität aber »abschalte«, hört auch die Synchronizität auf. Bin ich jedoch offen, zuversichtlich und optimistisch (selbst wenn ich nur so tue, als ob), geht es wieder los.

Florence Falk schreibt in Ihrem Buch *Gestatten: Single* über die »Selbstsegnung« als letzten Schritt, bevor man sich auf seinen Weg begibt. Mir gefällt diese Idee. Ein wenig positive Anerkennung dafür, dass Sie sich auf Ihrer eigenen spirituellen Reise befinden. Auf Ihrem ganz persönlichen Jakobsweg.

Trauer und Tod

Ich finde es wichtig, auch das Thema Tod in diesem Buch anzusprechen: Allein zu leben bedeutet, sich auch den unangenehmen Tatsachen des Daseins zu stellen. Ich möchte zwei Aspekte dieses Themas betrachten: die Trauer, wenn wir einen geliebten Menschen verlieren, und die Gedanken an unsere eigene Sterblichkeit.

Trauer

Ich kann immer noch nicht fassen, dass meine Eltern tot sind. So etwas passiert nur den anderen, nicht den beiden wichtigsten Menschen in meinem Leben, die mich wirklich kannten und die ich wirklich kannte. Bei denen ich ganz entspannt ich selbst sein konnte. Der Tod der Eltern ist der wahre Beginn des Erwachsenseins, wenn wir erkennen, dass wir die nächsten sein könnten. Aber der Tod jeder Person, die uns nahesteht (sogar der Tod einer berühmten Persönlichkeit), erschüttert uns. Jeder Mensch geht auf seine eigene Art mit Trauer um und so sollte es auch sein. Ein Teil von mir bewundert die Gefasstheit der Engländer (wie sie die Königsfamilie bei Prinzessin

Dianas Beerdigung zur Schau stellte) und ich hasse die kitschigen Kreuze, Teddybären und Plastikblumen, die man oft an Unfallstellen sieht. Aber tief in mir drin wollte ich mich nach dem Tod meiner Eltern wie Königin Boudicca blau anmalen und schreien und schreien.

Wir wollen schreien, weil wir sie vermissen, und wir schreien, weil uns bewusst wird, dass auch in unserer Zukunft der Tod wartet und uns schon auf die Schulter tippt.

Der folgende Abschnitt fängt die Gefühle der Trauer wunderschön ein. Ich könnte es nicht besser sagen. Ich habe den Text im Internet gefunden und weiß nicht, wer ihn geschrieben hat, aber ich verwende ihn an dieser Stelle und bedanke mich bei seinem Verfasser. Der Text war die Antwort auf eine Person, die schrieb:

»Mein guter Freund ist gestorben. Ich weiß nicht, was ich machen soll.«

Das war die Antwort:

»Na gut, fangen wir an. Ich bin alt. Das bedeutet, dass ich (bis jetzt) überlebt habe, während viele Menschen, die ich kannte und die mir viel bedeuteten, starben. Ich habe Freunde, beste Freunde, Bekannte, Arbeitskollegen, Großeltern, meine Mutter, Verwandte, Lehrer, Mentoren, Studenten, Nachbarn und viele andere Menschen verloren. Ich habe keine Kinder und kann mir nicht vorstellen, wie schmerzvoll es sein muss, ein Kind zu verlieren. Aber ich möchte ein paar Worte sagen.

Ich würde gerne sagen, dass man sich an den Tod von Menschen gewöhnt. Ich habe mich nie daran gewöhnt. Ich möchte mich gar nicht daran gewöhnen. Wenn ein geliebter Mensch stirbt, reißt sein Tod ein Loch in mich, egal unter welchen Umständen er starb. Aber ich möchte nicht, dass mir das egal ist. Ich möchte nicht, dass es einfach vorbeigeht. Die Narben in meiner Seele sind Beweise meiner Liebe und der Beziehung, die ich zu diesem Menschen hatte. Je tiefer die Narbe, desto tiefer war die Liebe. So sei es. Narben sind ein Beweis für das Leben. Narben sind ein Beweis, dass ich intensiv lieben und intensiv leben kann, dass ich verletzt, ja sogar ausgehöhlt werden kann, und die Wunden dennoch heilen und ich weiterleben und weiterlieben kann.

Und das Narbengewebe ist stärker, als es das Fleisch jemals war. Narben sind ein Beweis für das Leben. Nur Menschen, die das nicht erkennen, finden Narben hässlich. Du wirst merken, dass dich die Trauer in Wellen überkommt. Wenn du zum ersten Mal Schiffbruch erleidest, wirst du untergehen und zwischen lauter Wrackteilen treiben. Alles, was im Wasser schwimmt, erinnert dich daran, wie schön und beeindruckend das Schiff war. Und jetzt ist alles kaputt. Du kannst nur dahintreiben. Du greifst nach einem Stück des Schiffes und hältst dich eine Weile daran fest. Vielleicht ist es eine glückliche Erinnerung oder ein Foto. Oder ein anderer Mensch, der auch im Wasser treibt. Eine Zeit lang kannst du nur dahintreiben. Überleben.

Anfangs sind die Wellen 30 Meter hoch und krachen über dir zusammen. Alle zehn Sekunden kommt eine Welle, sodass du kaum Luft holen kannst. Du kannst dich nur anklammern und weitertreiben. Nach einiger Zeit, vielleicht nach Wochen oder Monaten, sind die Wellen immer noch 30 Meter hoch, aber sie kommen nicht mehr so oft. Wenn sie dann kommen, reißen Sie dich immer noch in die Tiefe. Dazwischen kannst du aber atmen und funktionieren. Du weißt nie, was die Trauer auslösen wird. Vielleicht ein Lied, ein Bild, eine Kreuzung auf der Straße, der Duft von Kaffee. Alles könnte ein Auslöser sein. Aber zwischen den Wellen, da gibt es Leben.

> *»Es ist seltsam: Man kann in den schwersten Stunden der Trauer die Tränen zurückhalten und sich ordentlich ›benehmen‹. Doch dann macht jemand eine freundliche Geste hinter dem Fenster, oder jemand merkt an, dass eine Blume von einem Tag auf den anderen plötzlich aufgeblüht ist, oder ein Brief fällt aus einer Schublade … und alles bricht zusammen.« – Colette*

Irgendwann wirst du merken, und dieser Zeitpunkt ist für jeden Menschen ein anderer, dass die Wellen nur noch 25 Meter hoch sind. Oder 15 Meter hoch. Sie kommen immer noch, aber die Abstände zwischen ihnen werden größer. Und du siehst sie kommen. An einem Jahrestag, einem Geburtstag, an Weihnachten oder bei der Landung am Flughafen von Chicago. Meistens siehst du sie und kannst dich darauf vorbereiten. Und wenn sie dann über dich hinwegspülen, weiß du schon, dass du wieder aufstehen wirst. Klatschnass, spuckend und noch immer mit einem kleinen Stück des Wracks in den Händen, aber du stehst auf. Glaube einem alten Mann. Die Wellen werden nie aufhören und irgendwie willst du das auch gar nicht. Aber du erkennst, dass du sie überleben kannst. Neue Wellen werden kommen. Und auch die wirst du überleben. Wenn du Glück hast, bleiben dir viele Narben von vielen geliebten Menschen. Und viele Schiffswracks.«

> *»Man kann weder der Sonne noch dem Tod ins Auge blicken.«*
> *– François de la Rochefoucauld*

Das Buch *Healing After Loss* von Martha Whitmore Hickman hat schon vielen trauernden Menschen geholfen. Ebenfalls empfehlenswert ist *Unsere Seelen bei Nacht* von Kent Haruf. Es geht darin um zwei alte Menschen, die sich nach dem Tod ihrer Partner mit ihrer Einsamkeit auseinandersetzen. Die bewegende Geschichte geht besonders nahe, weil der Autor beim Schreiben des Buchs bereits im Sterben lag.

Was können wir vom Tod lernen?

Irvin D. Yalom ergründet in seinem Buch *In die Sonne schauen* die Angst vor dem Tod und den Umgang mit ihr. Ich kann dem Buch hier nicht gerecht werden, aber ich möchte ein paar wichtige Punkte aufgreifen. Yalom spricht über gewisse »Weckrufe«, etwa wenn man dem Tod nur knapp entrinnt oder mit einer lebensbedrohlichen Krankheit diagnostiziert wird, aber auch weniger dramatische Erlebnisse, etwa ein Geburtstag mit einer Null in der Zahl, Trauer, eine Scheidung, ein unerfüllter Lebenstraum oder Kinder, die von zu Hause ausziehen. Diese »Weckrufe« sind Brüche im Leben, können aber zu positiven Veränderungen führen. Im Mittelalter stellten sich viele Mönche einen Totenschädel in ihre Kammer, um sich ihre Sterblichkeit bewusst zu machen und sich so stärker auf ihr Leben zu konzentrieren.

> *»Die Angst vor dem Tod entsteht aus der Angst vor dem Leben. Ein Mensch, der sein Leben voll auskostet, ist jederzeit bereit, zu sterben.« – Unbekannter Verfasser*

Wenn wir daran denken, dass wir eines Tages sterben werden, lernen wir vielleicht unser Leben mehr zu schätzen. Der heilige Augustinus sagte: »Erst im Angesicht des Todes wird das menschliche Selbst geboren.«

Ich habe einmal gelesen, dass man zweimal stirbt. Einmal, wenn der Tod eintritt, und einmal, wenn man vergessen ist. Yalom zufolge kann man dem Vergessen durch den »Welleneffekt« entgegenwirken: »Jeder von uns erzeugt – oft ohne bewusste Absicht oder es zu wissen – konzentrische Kreise, die sich wie Wellen verbreiten und andere Menschen über Jahre oder sogar Generationen hinweg beeinflussen können.« Wir müssen nicht unbedingt unseren Namen oder ein greifbares Vermächtnis hinterlassen. Das haben wir bereits aus Shelleys wunderbarem Gedicht Ozymandias gelernt, in dem die Statue des »Königs der Könige« in einer Wüste verlassen in Trümmern liegt: »Seht mein Werk, ihr Mächtigen, und verzweifelt!«

Man kann auch kleine Wellen schlagen. Vielleicht hinterlassen Sie bleibenden Eindruck auf einen anderen Menschen. »Suche sie unter deinen Freunden«, riet man einer Tochter, deren Mutter gestorben war. Fragen Sie sich, welche Wellenkreise Sie schon erzeugt haben oder noch erzeugen werden. Welches Vermächtnis würden Sie gerne hinterlassen?

> *»Der Tag, den wir als unseren letzten fürchten,*
> *ist der Geburtstag der Ewigkeit.« – Seneca*

Wir können diesen Welleneffekt also durch gute Taten erzeugen. Yalom empfiehlt auch, dass wir in unserem Leben das tun, was wir wirklich möchten, damit wir unsere Entscheidungen nicht eines Tages bereuen. Wichtig ist auch, dass wir erfüllende Beziehungen pflegen und den Mut haben, unser Leben bei Bedarf zum Positiven zu verändern. Yalom mahnt uns, den Moment zu genießen und jedem Tag Sinn zu verleihen. Das klingt offensichtlich, aber genau wie eine Diät oder das Meditieren nutzen uns diese Ratschläge auch nur, wenn wir sie wirklich befolgen.

Yalom rät uns auch, das Bewusstsein für unsere Sterblichkeit im Hinterkopf zu behalten und den Schatten des Todes anzunehmen. »Dieses Bewusstsein kann die Dunkelheit mit Ihrem Lebensfunken verbinden und Ihr restliches Leben bereichern.«

Ich sollte wohl endlich Tolstois Roman *Der Tod des Iwan Iljitsch* lesen. Darin geht es um einen sterbenden Mann, der erkennt, dass er nicht das Beste aus seinem Leben gemacht hat. Es gibt schon einen Grund, warum manche Bücher zu einer bestimmten Zeit in unserem Leben auftauchen. Dieses Buch klopft gerade an meine Tür.

Das Leben nach dem Tod

Die wunderbare Sängerin Deva Premal (ich liebe ihr Mantra-Album »The Essence«) und ihr ungleicher Partner, der zauselige Brite Miten, sprachen davon, dass ein sterbender Mensch »seinen Körper verlässt«. Ganz ohne Angst wechselt er nur auf eine andere Ebene. Meine Neugier war geweckt und ich wollte mehr darüber erfahren. Dieses Thema ist für mich komplettes Neuland, aber ich würde mir wünschen, dass nach diesem Leben nicht alles vorbei ist. Ich möchte an ein Jenseits glauben und daran, dass man irgendwann wieder mit seinen verstorbenen Angehörigen vereint wird. Aber es ist auch okay, wenn Sie nicht an ein Leben nach dem Tod glauben. Da wir keinen Partner haben, mit dem wir über die großen Fragen des Lebens philosophieren können, müssen wir sie allein ergründen, damit wir auf das letzte Kapitel unseres Lebens vorbereitet sind.

Praktische Überlegungen zum Tod

Erdbestattung oder Einäscherung? In der Kirche oder unter einem Baum? Religiös oder weltlich? Adeles »When We Were Young«, Robbie Williams' »Angels« oder – Gott bewahre! – »Wind Beneath My Wings«? Eine schlichte »Holzkiste« oder ein personalisierter Luxussarg? (Schauen Sie sich gleich im Internet die Möglichkeiten an!) Eine schwermütige Trauerfeier oder eine Champagner-Party? Freunde als

Sargträger? Die Asche verstreuen oder im Familiengrab beisetzen? Und was soll auf Ihrem Grabstein stehen?

Aus diesen Fragen könnte man ein lustiges Gesellschaftsspiel machen, wenn sie nicht so wichtig wären. Ihre Freunde werden so erleichtert sein, wenn Sie bereits vor Ihrem Tod all diese Fragen geklärt haben. So erhalten Sie die Beerdigung, die Sie gerne hätten und die zu Ihnen passt. Schreiben Sie alles auf und sagen Sie jemandem, wo sich Ihre Aufzeichnungen befinden.

> *»Ein gut verbrachter Tag bringt uns einen glücklichen Schlaf, so wie uns ein gut genutztes Leben einen glücklichen Tod bringt.« – Leonardo da Vinci*

Zusammenfassung

Die Spiritualität füllt Ihr inneres Reservoir mit Mut und Weisheit. Sie verleiht Ihnen Kraft und beeinflusst, wie Sie sich der Welt zeigen.

Lernen Sie die Vorteile von Einsamkeit und Stille zu schätzen.

Hören Sie auf Ihre Intuition.

Entdecken Sie Ihren spirituellen »FastPass« – etwa das Gehen durch ein Labyrinth, die Natur, ein Mantra, einen Schutzpatron oder eine Göttin.

Finden Sie eine Art des Meditierens, die zu Ihnen passt.

Stellen Sie sich Ihre eigene spirituelle »Kette« und die dazugehörigen Perlen zusammen.

Nehmen Sie sich Zeit, um zu entspannen und um Ihr inneres Gleichgewicht zu finden. Erfreuen Sie sich dann an der Synchronizität.

Denken Sie an die Wellen der Trauer, die Narben der Liebe und Ihre Schiffswracks.

Lernen Sie, mit der Angst vor dem Tod umzugehen, sodass Sie der Gedanke an Ihre Sterblichkeit motivieren kann.

10 Aktiv werden

Die Welt gehört den Machern. Ich hoffe, dass Sie dieses Buch dazu anregt, allein und ganz nach Ihren Vorstellungen zu leben. Ich hoffe, es konnte Sie inspirieren. Aber die schönsten Gedanken, Pläne und Träume sind wertlos, wenn Sie sie nicht wahr werden lassen. Füllen Sie Ihr Leben nicht mit »sollte«, »könnte«, »wollte« ... »Wenn ich nur die Zeit dafür hätte!« Sie haben mehr Zeit, als Sie glauben. Im Durchschnitt verbringen wir über 46 Tage pro Jahr im Internet und 41 Tage vor dem Fernseher. (Im Vergleich dazu: Wir verbringen 4,4 Tage mit Lesen.) Unsere Strategien bestehen aus Gedanken, Worten und Taten, aber ohne die Taten sind die ersten beiden Strategien überflüssig. Taten – alle Arten von Aktivität – werden Sie entlasten und weiterbringen. Sagen Sie nie wieder, Sie hätten keine Zeit. Sagen Sie stattdessen: »Ich werde Zeit dafür finden.« Die folgenden Tipps sollen Ihnen einen kleinen Schubs geben.

Seien Sie wie eine Briefmarke

Heften Sie sich an eine Sache, bis Sie Ihr Ziel erreicht haben. Wenn Sie zu viele Eisen im Feuer haben, verbrennen Sie sich vielleicht die Finger. Am besten konzentrieren Sie sich nur auf eine Sache und erledigen Sie sie. Multitasking ist eine Lüge. Willenskraft lässt sich jederzeit herstellen, ist aber eine begrenzte Ressource, die Sie schnell und klug einsetzen müssen, damit sie Ihnen etwas nützt. Das sind einige der wesentlichen Prinzipien aus dem Buch *The One Thing* von Gary Keller und Jay Papasan. Die Autoren glauben, dass außergewöhnliche Erfolge nur durch gebündelte Konzentration entstehen können. Denken Sie an die eine Sache, die Sie tun könnten, um eine spürbare Veränderung in jedem wichtigen Lebensbereich herbeizuführen – etwa um Ihr Alleinsein, Ihre Beziehungen, Ihre Gesundheit, Ihre Finanzen, Ihre Spiritualität usw. zu verbessern.

Zeiteinheiten

Eine Strategie für das Zeitmanagement ist das »Chunking-down«, ein Prozess, bei dem größere, abstrakte Konzepte in kleinere, spezifischere Einheiten zerlegt werden. Aktivität ist nicht gleich Produktivität. Das Zerkleinern von Zeit in bewältigbare Einheiten hilft Ihnen, die Zeit besser zu nutzen. Ich möchte nicht die nervige Person sein, die fragt: »Wo ist nur die Zeit geblieben?« Wenn ich meine Zeit gut einteile, bin ich schon einen Schritt voraus. Wenn Sie Ihre Zeit im Griff haben, haben Sie auch Ihr Leben im Griff.

Das Einteilen der Zeit in kleinere Einheiten ist eine uralte Praktik, die auch Sara Maitland in ihrem *Buch der Stille* aufgreift. Sie berichtet von Menschen, die in den vergangenen Jahrhunderten in Stille lebten, und darüber, wie sie damit umgingen. Ein Entwerfen von ›Lebensregeln‹ – Zeitpläne, die man mithilfe der eigenen Willenskraft einhält – ist eine notwendige Maßnahme gegen die stumpfe Trägheit der Acedia und ihrer gefährlichen Begleiterscheinungen.« (»Acedia« bedeutet Lustlosigkeit oder Apathie.)

Bei der Arbeit, aber auch in der Freizeit, teile ich den Tag wie nach einem Stundenplan auf. So bin ich effizienter und nutze wirklich jeden Moment. Dann schreibe ich zwei Stunden lang, gehe eine Stunde lang spazieren oder ins Fitnessstudio, beantworte eine Stunde lang meine E-Mails, erledige eine Stunde lang Arbeiten im Haushalt und so weiter. Je nachdem, ob Sie eher ein Nacht- oder Morgenmensch sind (»Eule« oder »Lerche«), können Sie den Zeitplan entsprechend anpassen. Für mich vergeht die Zeit immer wie im Flug und es gibt immer etwas zu erledigen. Wenn das bei Ihnen nicht der Fall ist und Sie zu viel Zeit haben, teilen Sie den Tag in Blöcke auf und weisen Sie jedem Block einen Schwerpunkt zu. Manche Menschen tun sich mit kleineren Zeiteinheiten leichter. Der Autor Francesco Cirillo schwört auf 25-Minuten-Abschnitte (»pomodori«) konzentrierter Leistung mit kurzen Pausen dazwischen. (Diese »Pomodoro-Technik« wurde nach seiner Küchenuhr in Tomatenform benannt.)

Kleine Schritte machen

Daran muss ich mich immer erinnern, wenn ich mich von einer Aufgabe überfordert fühle. Die ersten Schritte, die man in eine Richtung macht, bescheren uns Zufriedenheit und Hoffnung. Eine Tat führt zur nächsten und schon bald entsteht eine Eigendynamik.

Jeden Tag. Man sagt, wie wir unseren Tag verbringen, verbringen wir das ganze Leben. Sorgen Sie also dafür, dass jeder Tag zählt. Ich erledige jeden Tag ein bis drei Dinge. Was aber nicht heißt, dass ich nicht noch viel mehr an einem Tag schaffe (denn das tue ich), aber ich meine hier nicht das Erledigen einer Arbeit oder das Bügeln der Wäsche. Ich möchte auch jeden Tag etwas tun, das mich meinen großen Zielen näher bringt. (Das sind Ihre wichtigsten Aufgaben.) Ich versuche, sie jeden Tag möglichst früh zu erledigen, wenn meine Willenskraft noch stark ist. Um zu überprüfen, wie erfolgreich ich dabei bin, frage ich mich immer: »Hat sich der heutige Tag gelohnt?«

Jede Woche. Jede Woche setze ich mir ein bis drei kleine, meist sehr spezifische Ziele. Zum Beispiel, dass ich jeden Tag mindestens 10 000 Schritte gehe, dass ich meine Steuererklärung mache und dass ich an zehn meiner Freunde eine E-Mail schreibe. Ich schreibe mir diese Ziele auf kleine Zettel, die ich in der Küche und im Badezimmer aufhänge. (Auch ein Vorteil des Alleinlebens – man kann sein Innerstes auf Post-it-Notizen offenbaren.)

Alternativ können Sie sich auch mehrere Wochen lang für jede Woche einen bestimmten Schwerpunkt setzen – zum Beispiel Gesundheit, Beziehungen, Finanzen, Beruf, Haushalt oder Spiritualität. Kate Harrison schlägt in ihrem Buch *5:2 Your Life* einen sechswöchigen Plan vor. Dabei widmet sich jede Woche einem der folgenden Themen: Entdecken, Verbinden, Vereinfachen, Bewegen, Entspannen und Machen.

Jeden Monat. Zu Beginn jedes Monats nehme ich mir ein Thema vor oder stecke mir einen Zeitrahmen, um eine Sache fertigzustellen: dieses Buch schreiben, das Haus entrümpeln, ein berufliches Projekt vollenden oder alte Freundschaften auffrischen.

Jedes Jahr. Jedes Jahr setze ich mir nur ein großes Ziel. Dieses eine »große Ding« können Sie auf zwei Arten manifestieren. Sie könnten etwas Neues lernen oder anfangen – eine Sprache, eine Sportart oder ein Hobby (schauen Sie sich gleich mal nach Kursen um) – oder erreichen Sie endlich ein Ziel, dem Sie schon lange hinterherlaufen. Vielleicht möchten Sie Ihr Wunschgewicht erreichen, Ihr Haus zu einem Wohlfühltempel umgestalten, Ihre Finanzen in den Griff bekommen und einen bestimmte Summe ansparen oder die Beziehungen zu bestimmten Menschen verbessern. Sie müssen dieses Ziel nicht am Neujahrstag festlegen. Ein Jahr aus 365 Tagen kann jeden Tag beginnen. Ein Montag reicht, um ein Gefühl von Anfang zu verspüren. Wichtig ist nur, dass Sie am 365. Tag zu sich sagen können: »Ich habe es geschafft.«

Atempausen

Unser Leben ist voller Aktivität, aber auch in den Atempausen zwischen wichtigen Ereignissen können kleine Glücksmomente entstehen. Die Sonnenstrahlen, die auf Ihr Gesicht fallen, ein Vogel am Himmel, den nur Sie sehen können, die Hand einer Freundin, die auf Ihrer Schulter liegt, eine überraschende, positive E-Mail eines guten Freundes. Als Kinder wichen wir immer den Zwischenräumen am Gehsteig aus, weil uns sonst die Bären schnappen würden. Heute glaube ich, dass in den Zwischenräumen die wahre Schönheit zu finden ist. Immer her mit den Bären!

Was würde Oprah tun?

Wenn Sie keine Energie und keine Motivation haben, stellen Sie sich vor, Sie wären jemand anderes. Wie würden Ihr perfektes Ich, Ihr Alter Ego und/oder eine Person, die Sie bewundern, mit der betreffenden Situation umgehen? Oder tun Sie so, als wären Sie der Star Ihrer eigenen Reality-Show. Wie möchten Sie auf andere wirken? Dieser schnelle Perspektivenwechsel kann neue Denkansätze bringen.

Erstellen Sie ein Action-Board

Ich glaube nicht daran, dass man ein Vision-Board macht und die Wünsche darauf plötzlich wahr werden. Aber ich erstelle gerne motivierenden Collagen, um meine Pläne visuell darzustellen. Man könnte sie wohl eher als »Action-Boards« bezeichnen. Darauf stelle ich die Freuden des Alleinlebens sowie meine Pläne und Träume bildlich dar. Ich freue mich, wenn ich sie anschaue. Bestimmt fanden Sie in diesem Buch einige Ideen, die Ihnen gefielen, während andere Sie weniger interessiert haben. Suchen Sie sich ganz nach Gefühl all das aus, womit Sie etwas anfangen können und was Sie in Ihrer Solo-Zukunft bereichern könnte. Halten Sie einige dieser Ideen auf einem Action-Board fest.

Wählen Sie passende Bilder und Grafiken aus, wie ein Kurator. Das Wort »Kurator« kommt vom lateinischen Wort cura und bedeutet, die gewünschten Gegenstände sorgfältig auszuwählen und zusammenzustellen, um eine größere Bedeutungseinheit zu erzeugen. Jedes Bild muss sich seinen Platz am Board verdienen. Ein Kurator arbeitet in einem Museum oder in einer Galerie und ist für die Auswahl und Anordnung der Kunstwerke und Ausstellungsstücke zuständig. Dafür benötigt man ein besonderes Talent und man erkennt instinktiv, wenn eine Arbeit gelungen ist. Das beste Beispiel für das Gespür eines Kurators sah ich im Jagd- und Naturmuseum in Paris (Musée de la Chasse et de la Nature).

Sie können Ihr Action-Board auch in Form einer Pinterest-Pinnwand gestalten. Ich bevorzuge die Arbeit mit Papier, aber auch die digitale Version können Sie für sich zur Schau stellen – etwa als Hintergrundbild auf Ihrem Computer oder Handy. Ich habe schon die verschiedensten Boards gemacht und meine Lieblingsmethode gefunden. Kaufen Sie im Baumarkt oder im Bastelshop eine Leichtschaumplatte in der Größe 90 × 60 cm. Sie können Sie auch kleiner zurechtschneiden. Ich überziehe meine gern mit Stoff, darum kaufe ich Platten, die eine selbstklebende Seite haben. Kleben Sie den Stoff darauf und besorgen Sie sich einige lange Pinnnadeln. Schon ist Ihr Board bereit. Die Platten sind sehr leicht und die Nadeln lassen sich einfach hineinstecken und herausziehen. So kann sich Ihr Board also zusammen mit Ihnen verändern – genau so soll es sein.

Suchen Sie im Internet und in Zeitschriften (und in diesem Buch) nach Zitaten und Bildern, die Sie ansprechen und inspirieren. Durchforsten Sie Flohmärkte und Trödelläden nach alten Ephemera (Drucksachen für den kurzen Gebrauch, zum Beispiel Postkarten, Einladungen, Reklameblätter) und anderem Kleinkram. Ich sammle Gegenstände mit einer aufgedruckten Nummer eins – Zahlenschilder von alten Tankstellen, eine Eins von einer Cricket-Anzeigetafel und ein altes Preisschild. Ich bin eins mit mir! Außerdem mache ich Fotos von Momenten, die mein Solo-Leben einfangen: ich, wie ich vom Schlafzimmerfenster aus den Morgenhimmel betrachte oder wie ich im Winter mit einem Glas Wein vor meiner kleinen Feuerstelle sitze und Marshmallows röste; oder ein Bild meines frisch bezogenen weißen Betts. Das sind die Freuden des Alleinseins, die mein gut verbrachtes Single-Leben darstellen und die neben meinen Zukunftsplänen auf meinem Board hängen. Sie können auch Tickets, Ansichtskarten und Kinkerlitzchen (oder tchotchkes, wie meine jüdisch-amerikanische Freundin sagen würde) anbringen. Es gibt keine Regeln – es ist Ihr Board. Manchmal gestalte ich auch kleinere Boards zu spezifischen Themen.

Es ist interessant, das Board nach einiger Zeit wieder aufmerksam zu betrachten: Was hat sich verändert, was gilt nach wie vor und was hat sich mittlerweile erledigt? Sie verändern Ihren Weg unbewusst und instinktiv, wie wenn Sie beim Fahren auf einer geraden Straße mit dem Lenkrad leicht die Spur korrigieren. Ein kleiner Stups in die richtige Richtung.

Das Notizbuch-System

Ich habe immer mehrere Notizbücher im Einsatz. Wahrscheinlich haben Sie Ihr eigenes System, aber meines sieht folgendermaßen aus: Ich habe ein gebundenes A4-Tagebuch für persönliche Gedanken (ein wunderschönes Buch mit marmoriertem Einband und einem Schließbändchen, das ich in Italien gekauft habe). Wissen Sie noch, wie wir in der Schule auf Schmierpapier Nebenrechnungen gemacht haben? In meinem Tagebuch mache ich meine privaten »Nebenrechnungen«. Ich schreibe auf, wie es mir geht, ich motiviere mich und ich sammle darin inspirierende Ideen, die ich irgendwo aufgeschnappt habe. Es hilft mir, Dinge zu klären und meine Gedanken zu ordnen. Ich muss aber nicht jeden Tag etwas hineinschreiben.

> *»Du musst in der Gegenwart leben, dich in jede Welle stürzen, deine Ewigkeit in jedem Moment finden. Die Narren stehen auf ihrer Insel der Möglichkeiten und halten nach einem anderen Land Ausschau. Es gibt kein anderes Land. Es gibt kein anderes Leben als dieses.« – Henry David Thoreau*

Ich verwende noch vier andere Notizbücher:

- Einen länglichen, schmalen Spiralblock für meine To-do-Listen, mit eigenen Seiten für Beruf, Schreiben, Haushalt usw.
- Ein A5-Moleskine-Notizbuch für meine Handtasche. Im Buchrücken steckt ein Stift, damit ich jederzeit Empfehlungen, interessante Beobachtungen oder sogar Sätze aus dem Radio notieren kann. Ich fülle etwa ein Notizbuch pro Monat. Dann lese ich meine Notizen durch und übertrage die wichtigsten in ein anderes Notizbuch.
- Einen winzigen Spiralblock für Einkaufslisten und Ähnliches
- Einen Post-it-Block für meine drei Tagesaufgaben.

Ich bevorzuge Notizbücher aus Papier, aber meine computerbegeisterten Freunde schwören auf Evernote, eine plattformübergreifende App, die man als Tagebuch, Notiz-Tool, digitale Kartei, Rezepteliste und für vieles mehr verwenden kann.

Eigene Rituale

Aristoteles sagte: »Wir sind das, was wir wiederholt tun.« Darum sollten wir das, was wir wiederholt tun, auch gut machen. Und dafür gibt es Rituale. Seitdem ich allein lebe, habe ich unbewusst einige Gewohnheiten und Rituale entwickelt. Sie verleihen meinem Leben eine gewisse Struktur, die ich mag. Was ist der Unterschied zwischen einem Ritual und einer Gewohnheit? Gute Frage, junger Grashüpfer. Beides sind Handlungen, die wiederholt werden, aber ein Ritual hat einen bestimmten Zweck und wird auf eine gewisse Weise zelebriert. Ein Ritual macht man absichtlich, eine Gewohnheit entwickelt sich automatisch. Ein Ritual kann zur Gewohnheit werden, aber nur selten wird eine Gewohnheit zum Ritual. Alles klar?

»Ritual und Gewohnheit … scheinen zwei Seiten einer Medaille zu sein. Während die Gewohnheit versucht, das Chaos des Alltags überschaubarer und kontrollierbarer zu machen, durchdringt das Ritual das Banale mit einer magischen Komponente.« Maria Popova von BrainPickings.org

Die einfachste Methode, um kleine Rituale in Ihren Alltag zu integrieren, ist das Festlegen eines morgendlichen Ablaufs, der Sie auf den Tag vorbereitet. Hier sind einige Ideen:

- Was Sie morgens als Erstes sehen und machen, ist entscheidend. Auf meinem Nachttisch stehen immer frische Blumen und ein Foto meiner Kinder. Auf meinem Schreibtisch steht mein Action-Board, das ich gut sehen kann. Bevor ich aus dem Bett steige, stelle ich mir den kommenden Tag vor und beschreibe ihn mit einem positiven Adjektiv.
- Öffnen Sie direkt nach dem Aufstehen die Vorhänge und trinken Sie ein Glas Wasser mit Zitronensaft, das Sie sich schon abends ans Bett gestellt haben. Falls Sie etwas Interessantes geträumt haben, schreiben Sie es gleich auf. Meditieren Sie 10 Minuten lang oder lassen Sie eine tibetische Klangschale ertönen, um in Schwung zu kommen.
- Viele Menschen machen nach dem Aufstehen Qigong-Übungen für eine belebende Wirkung. Probieren Sie das zehnminütige »Morning Qi Ritual« von Lee Holden auf YouTube aus. Oder strecken Sie sich einfach nur gut durch.
- Ich bereite immer schon am Vorabend mein übliches Werktags-Frühstück vor (Joghurt mit Beeren und Haferflocken).

> *»Jeden Tag webt ein Faden ein Stück vom Jahr.«*
> *– Holländisches Sprichwort*

- Ich mache 20 schnelle Arbeiten im Haushalt – ich räume den Geschirrspüler aus, ich sortiere die Wäsche, ich räume Papierkram weg, ich bringen den Müll hinaus, ich füttere den Hund usw. Ich erledige zuerst die Kleinigkeiten, um bereit für den Tag zu sein.
- Manche Leute mögen Affirmationen, andere nicht. Wenn Sie sie mögen, besorgen Sie sich ein Buch mit täglichen Affirmationen, die Sie ansprechen. Oder ziehen Sie eine Orakelkarte (mehr dazu im Kapitel »Spiritualität«, S. 201).
- Manche Leute schreiben »Morgenseiten« (auch eine Idee aus Julia Camerons Buch *Der Weg des Künstlers*). Das sind drei Seiten handschriftlicher Bewusstseinsstrom – Sie schreiben einfach alles auf, was Ihnen in den Sinn kommt. Julia Cameron beschreibt sie als »Staubsauger für das Gehirn«. Wenn Sie all Ihre negativen Gedanken zu Papier bringen, werden sie Sie während des Tages nicht stören und Sie können sich wichtigeren Gedanken widmen.
- Mein morgendliches Ritual wird gestört, wenn ich: am Abend zuvor zu viel trinke, verschlafe, ein zu großes Frühstück esse, nach dem Aufstehen gleich meine E-Mails oder sozialen Medien checke oder Frühstücksfernsehen gucke. Darum mache ich das auch nie.

Am Abend mache ich das 15-minütige Ritual »die violette Stunde«. Es markiert gegen 18 Uhr das Ende des Arbeitstags und den Beginn des Abends. Dann wird es Zeit, emotional und mental zu entspannen.

Dieser Begriff stammt aus Bernard DeVotos Buch *The Hour*: »Das ist die violette Stunde, die Stunde des Schweigens und des Staunens, wenn die Gefühle glimmen und die Tapferkeit neu geboren wird, wenn die Schatten entlang des Waldes dunkler werden und wir glauben, jeden Moment das Einhorn erblicken zu können, wenn wir nur ganz genau hinsehen.«

Die violette Stunde muss nicht mit Alkohol zelebriert werden, aber das Zubereiten eines Getränks passt gut als Teil des Rituals. Machen Sie Musik an – und Ihr Handy und den Computer aus – und schmiegen Sie sich in den Abend. Für mich ist das wie eine sanfte Abendmeditation.

Nicht nur ich finde Rituale und Gewohnheiten nützlich: »Es ist eine einfache Handlung, die zur Gewohnheit wird, wenn man sie jeden Tag auf die gleiche Weise macht – sie wird wiederholbar und einfach. Die Wahrscheinlichkeit sinkt, dass ich sie auslasse oder anders mache … tägliche Rituale animieren Sie, anzufangen. Das Ritual kann eine heiße Tasse Kaffee sein, die Sie auf die Veranda tragen, oder Rockmusik, die einen Maler dazu anspornt, Farbe auf eine Leinwand zu schleudern, oder die Stille eines Kräutergartens, die den Koch in eine kulinarische Trance versetzt. Bewegt man sich innerhalb dieser Gewohnheiten, bleibt einem gar nichts anderes übrig, als etwas zu tun. Das ist der Pawlow'sche Reflex: Folgen Sie der Gewohnheit und ziehen Sie einen kreativen Nutzen daraus.« Twyla Tharp, *The Creative Habit: Learn It and Use It for Life*

Die Gewohnheit ist die verantwortungsvolle, aber etwas langweiligere Schwester des Rituals. Um allein zu leben und erfolgreich zu sein, benötigen Sie Disziplin. Es fällt mir nicht leicht, diszipliniert zu sein, aber wenn Sie Disziplin als das Pflegen nützlicher Gewohnheiten definieren, wirkt der Gedanke daran viel weniger bedrohlich, sondern machbar.

Tragen Sie die Verantwortung

Sie sind dafür verantwortlich, dass Ihr Leben funktioniert. Verantwortungsbewusste Menschen geben nicht auf. Wenn Probleme in ihrem Leben auftauchen, finden Sie eine Lösung. Manchmal muss man sich darauf besinnen, wie stark man eigentlich ist. Um mich daran zu erinnern, trage ich ein Schmuckstück, auf dem mein Name steht. Es ist schwer zu beschreiben, aber seitdem ich allein lebe, hat mein Vorname eine größere Bedeutung entwickelt. Er ist alles, was ich habe. Er beschreibt mich mit einem Wort. Er ist meine Visitenkarte und mein Wesen. Er ist das Symbol meiner Unabhängigkeit. Ich trage einen silbernen Anhänger, auf dem der Name »Jane« steht. Ich trage ihn jeden Tag.

Suchen Sie online nach »Schmuck mit Namen« – zum Beispiel auf Etsy. Suchen Sie aus, was am besten zu Ihnen passt: eine Kette, ein Armband oder ein Ring. Vielleicht möchten Sie auch andere Wörter oder einen Spruch eingravieren lassen. Falls Sie schon mehr als genug Schmuck besitzen, können Sie auch eines Ihrer Schmuckstücke gravieren lassen.

Geben Sie sich Raum

Wir sind nicht auf der Welt, um uns kleiner zu machen. Bahnen Sie sich Ihren eigenen Weg und denken Sie in großen Dimensionen. Bestellen Sie nicht das Gedeck. Schwingen Sie auf einer höheren Frequenz, drehen Sie den Strom auf, ziehen Sie Steigeisen an. Fordern Sie sich selbst heraus und greifen Sie nach den Sternen.

Ich würde mich freuen, wenn Sie mir von Ihrer Solo-Reise berichten. Schreiben Sie mir auf www.janemathews.com.au

Ein paar Worte zum Abschluss

Der chinesische Philosoph Lao Tse sagte: »Zufriedenheit ist der größte Schatz.« Um glücklich zu werden, muss man sich das wünschen, was man bereits hat. Manchmal verbringe ich so viel Zeit damit, meine nächste Reise zu planen (Stadtplan, Spazierwege, Speisekarten, die Öffnungszeiten der Museen usw.), dass ich meinen Alltag ganz vergesse. Carpe diem.

Wir haben die Pflicht, den Ruf der alleinstehenden Menschen in der Gesellschaft zu verbessern. Wir müssen wandelnde Reklametafeln für unsere Single-Gemeinschaft sein!

Jeder Tag ist ein Neubeginn. Das Wichtigste ist das, was Sie heute tun.

Genießen Sie das Leben in Ihrer Gesellschaft. Ich glaube an Sie.
Sie haben alles im Griff.

Invictus von William Ernest Henley

Das lateinische Wort invictus bedeutet »unbezwingbar«. Henleys Gedicht beschreibt jeden Menschen, der schon einmal schwere Zeiten überstanden hat.

Der Engländer William Ernest Henley verlor bereits als Jugendlicher seinen Vater, einen Buchhändler. Im Alter von 12 Jahren erkrankte er an Tuberkulose und man musste ihm ein Bein unterhalb des Knies amputieren. Der andere Fuß konnte in einer schweren Operation gerettet werden. Während seiner Genesung begann er, Gedichte zu schreiben. Eines davon war *Invictus*, dessen Thema der Überlebenswille in großen Krisen ist. Nelson Mandela sagte das Gedicht während seiner 27-jährigen Gefangenschaft auf – es machte ihm Mut und gab ihm die Kraft, in seiner kleinen Zelle durchzuhalten.

Die erste Strophe beschreibt die Verzweiflung, die als Dunkelheit erscheint. Henley bittet nicht um Hilfe, aber er bedankt sich (wie ein Agnostiker) bei »den Göttern, die es geben mag« für die enorme Kraft, die er bereits in sich trägt. In der zweiten Strophe steht er immer noch erhobenen Hauptes da, beklagt sich nicht, auch wenn die Schläge auf ihn einprasseln. Lieber lässt er sich verprügeln, als aufzugeben. Er ist tapfer und stellt sich seinen Problemen. Die dritte Strophe deutet schon an, dass die kommenden Jahre noch Schlimmeres bereithalten – auch den (tatsächlichen oder metaphorischen) Tod. Aber seine innere Stärke hat ihn bereits darauf vorbereitet und er fürchtet sich nicht – nicht jetzt und nicht in der Zukunft.

Die letzte Strophe bezieht sich auf das Jüngste Gericht, den Tag, an dem unsere bösen Taten aufgelistet werden. Henley erkennt, dass er selbst dann die alleinige Verantwortung für seine Seele, sein Schicksal trägt. Seine Belastbarkeit und seine Selbstbeherrschung geben ihm die volle Kontrolle über sein Schicksal.

Denken Sie daran: Nur Sie entscheiden, welchen Weg Sie gehen.

Invictus

Aus der Nacht, der dunklen Plag,
schwarz wie die Hölle, danke ich
den Göttern, die es geben mag,
dass ich unbezwingbar bin.
Im harten Griff der Grausamkeit
zuckte oder schrie ich nicht.
Ich nahm die Schläge und das Leid,
mein Kopf voll Blut, doch ungebeugt.
Jenseits von Zorn und Tränen droht
der schattenhafte Schrecken noch,
doch trotz der Jahre voller Not,
sich Furcht nicht jetzt, nicht später lohnt.
Auch wenn das Himmelstor nicht groß
und Strafen lang geschrieben steh'n.
Ich bin der Herr über mein Los:
Meiner Seele Kapitän.

Schlusswort

Ganz ehrlich: Das Leben verläuft nie komplett nach Plan. Ich schreibe gerade die letzten Seiten dieses Buchs und meine Tochter im Studentenalter ist wieder bei mir eingezogen und lebt bis auf Weiteres bei mir. Ich liebe sie bis in die Haarspitzen ihres Köpfchens, das sich erst um vier Uhr morgens auf ihr Kissen legt. Doch ich merke auch, wie glücklich ich allein war. Ich hatte mir beigebracht, das Alleinsein zu genießen, und ich vermisse es. Aber Sie lesen noch von mir.

Literatur

Abey, A. und A. Ford, How Much is Enough?, A&B Publishers, Sydney, 2007.

Achor, S., The Happiness Advantage: The Seven Principles of Positive Psychology that Fuel Success and Performance at Work, Currency, 2010.

Anderson, C. M. und S. Stewart, Flying Solo: single women in midlife, W.W. Norton, New York, 1995.

Anderson, J., A Weekend to Change Your Life, Broadway Books, New York, 2006.

Anderson, J., Ein Jahr am Meer: Aus dem Leben einer unvollendeten Frau, dtv, München, 2002.

Baker, J., A Man is Not a Financial Plan: investing for wealth and independence, Allen & Unwin, Sydney, 2007.

Baumgartner, S., My Walden: Tales from Dead Cow Gulch, Crossing, 1992.

Brandreth, G., The 7 Secrets of Happiness: An Optimist's Journey. Short Books Ltd, 2013.

Buchan, M., Over it: How to live above your circumstances and beyond yourself, SPARK Publications, Charlotte, 2013.

Buettner, D., The Blue Zones: Lessons for living longer from the people who've lived longest, National Geographic Society, Washington, 2010.

Cagan, S., Quirkyalone: A Manifesto for Uncompromising Romantics, HaperOne, 2006.

Cameron, J., Der Weg des Künstlers, Knaur MensSana, München, 2009.

Carnegie, D., Wie man Freunde gewinnt: Die Kunst, beliebt und einflussreich zu werden, Fischer 2011.

The Complete Cooking for Two Cookbook, America's Test Kitchen, Boston, 2014.

Crowley, C. und H. S. Lodge, Jedes Jahr jünger: Drehen Sie die biologische Uhr zurück und bleiben Sie schön, fit und attraktiv, mvg-Verlag, München, 2015.

Dahl, Roald, Charlie und der große gläserne Fahrstuhl, Rowohlt, Reinbek, 2003.

Deresiewicz, W., »Solitude and Leadership«, Vortrag vom Oktober 2009, Transkription unter: TheAmericanScholar.org.

DeVoto, B., The Hour: A Cocktail Manifesto, Tin House Books, 2010.

Dickinson, Emily, »Wüstlingin, himmelsluftberauscht«, https://wildgans.wordpress.com/2014/03/19/wustlingin-himmelsluftberauscht/

Eker, T. H., So denken Millionäre: Die Beziehung zwischen Ihrem Kopf und Ihrem Kontostand. Heyne, 2010.

Elrod, H., Miracle Morning: Die Stunde, die alles verändert, Irisana, 2016.

Falk, F., Gestatten: Single – Oder warum Frauen nicht allein sein wollen, Diana-Verlag, München, 2011.

Feldon, B., Living Alone and Loving It, Fireside, New York, 2003.

Ferrari-Adler, J., Alone in the Kitchen with an Eggplant: Confessions of cooking for one and dining alone, Riverhead, New York, 2007.

Fisher, L., Celebrating Time Alone: Stories of splendid solitude, Beyond Words Publishing, Hillsboro, 2001.

Goethe, Johann Wolfgang von, Iphigenie auf Tauris, http://gutenberg.spiegel.de/buch/iphigenie-auf-tauris-3620/2.

Goldner, N., Living Solo, im Eigenverlag veröffentlicht, 2013.

Harris, M., The End of Absence: Reclaiming What We've Lost in a World of Constant Connection, Penguin, 2015.

Harrison, K., 5:2 Your Life: Get healthy, happy and slim, Orion, London, 2014.

Hartley, A., Love the Life You Live: Ten steps for happier living, a life coaching process, Hart Publishing, Mona Vale, 2000.

Haruf, K., Unsere Seelen bei Nacht, Diogenes, 2018.

Harv Eker, T., So denken Millionäre: Die Beziehung zwischen Ihrem Kopf und Ihrem Kontostand, books4success, Kulmbach, 2011.

Hawthorne, Nathaniel, Das Haus mit den sieben Giebeln, Manesse, 2014, https://buchpost.wordpress.com/2017/11/03/fundstueck-von-nathaniel-hawthorne/.

Hickman, M., Healing After Loss: Daily Meditations For Working Through Grief, William Morrow Paperbacks, 1994.

Holland, J., Moody Bitches: Die Wahrheit über die Pillen, die wir nehmen, den Schlaf, der uns fehlt, den Sex, den wir vermissen, und was uns wirklich verrückt macht, Bertelsmann, 2017.

Johnson, F., »Going it Alone«, in: Harper's Magazine, April 2015.

Keller, G. und J. Papasan, The One Thing: Die überraschend einfache Wahrheit über außergewöhnlichen Erfolg, Redline, München, 2017.

Klinenberg, E., Going Solo: The extraordinary rise and surprising appeal of living alone, Penguin, New York, 2012.

Lawson, N., How to Eat, Random House, New York, 1998.

Lesser, E., The Seeker's Guide, Villard Books, New York, 1999.

Maitland, S., Das Buch der Stille, edition steinrich, Berlin, 2017.

Milne, A. A., Ich und Du, der Bär heißt Pu, Sanssouci Verlag, 1999. http://www.christa-schuenke.de/proben/lp_milsne.htm

Moriarty, L., Vergiss ihn nicht, Bastei Lübbe, 2010.

Morrow Lindbergh, A., Muscheln in meiner Hand, Piper, München, 2012.

Orman, S., Women and Money: Owning the power to control your destiny, Spiegel & Grau, New York, 2007.

Pape, S., The Barefoot Investor: Five steps to financial freedom, Pluto Press, Melbourne, 2007.

Pollan, M., Lebens-Mittel: Eine Verteidigung gegen die industrielle Nahrung und den Diätenwahn, Goldman, 2009.

Pooley, C., Chianti zum Frühstück: Eine Frau hört auf zu trinken und fängt an zu leben, Beltz, 2018.

Robinson, K., Begeistert leben: Die Kraft des Unentdeckten, Ecowin, Salzburg, 2014.

Rubin G., Das Happiness-Projekt: Oder: Wie ich ein Jahr damit verbrachte, mich um meine Freunde zu kümmern, den Kleiderschrank auszumisten, Philosophen zu lesen und überhaupt mehr Freude am Leben zu haben, Scherz Verlag, 2010.

Rufus, A., Party of One: The loners' manifesto, Avalon Travel Publishing, Chicago, 2003.

Rufus, A., Unworthy: How to stop hating yourself, TarcherPerigee, New York, 2015.

Schacter-Shalomi, Z., From Age-ing to Sage-ing, Little, Brown & Company, New York, 2014.

Shakespeare, William, Othello, Übersetzung von Wolf Graf Baudissin, http://gutenberg.spiegel.de/buch/othello-2185/1.

Shulman, A. K., Drinking the Rain, North Point Press, New York, 1995.

Smith, D., One is Fun! Coronet Books, London, 1987.

Solomon, A., Saturns Schatten: Die dunklen Welten der Depression, Fischer, Berlin, 2019.

Streb, E., How to Become an Extreme Action Hero, The Feminist Press, 2010.

Tharp, T., The Creative Habit: Learn It and Use It for Life, Simone & Schuster, 2006.

Thoreau, Henry David, Walden oder das Leben in den Wäldern, http://gutenberg.spiegel.de/buch/walden-oder-leben-in-den-waldern-5865/8.

Tolstoi, Leo, Krieg und Frieden, Übersetzung von L.A. Hauff, https://gutenberg.spiegel.de/buch/krieg-und-frieden-4040/170.

Tripp, M., The Eighth Passenger, Wordsworth Editions Ltd, 2002.

Waugh, J., The Solo Traveler's Handbook, Full Flight Press, Toronto, 2011.

Whitmore Hickhan, M., Healing After Loss: Daily meditations for working through grief, Harper Collins, New York, 1994.

Woolf, Virginia. Mrs Dalloway. Fischer, 2008.

Yalom, I. D., In die Sonne schauen: Wie man die Angst vor dem Tod überwindet, btb, München, 2010.

Yonan, J., Serve Yourself: Nightly adventures in cooking for one, Ten Speed Press, New York, 2011.

Yonan, J., Eat Your Vegetables, Ten Spreed Press, 2013.

Danksagung

Ich bedanke mich bei meiner Agentin Fiona Inglis von Curtis Brown, die immer an dieses Buch geglaubt hat. Vielen Dank an alle bei Murdoch Books, die meine Worte in die Welt getragen haben, ganz besonders an Corinne Roberts, Jane Price, Julie Mazur Tribe, Madeleine Kane, Fleur Anson, Lou Playfair und Carol Warwick.

Vielen Dank auch an meine Kinder, Alex und Kate, und an all die wunderbaren Solisten, denen ich während der Arbeit an diesem Buch begegnet bin.

Wir sind schon ein ganz besonderes Völkchen.

Sachverzeichnis